W0175232

Léo Malet
STOFF FÜR VIELE LEBEN
Autobiographie

Aus dem Französischen
von Andrea Jossen

Publiziert bei
Edition Nautilus

Editorische Notiz: Léo Malet, geboren 1909, Vagabund, Anarchist, Surrealist, Chansonnier, Verfasser von circa 50 Kriminalromanen, veröffentlichte 1943 mit „120, rue de la Gare“ den ersten der berühmten Nestor-Burma-Krimis. Es folgte eine Serie von Paris-Krimis, die als „Die neuen Geheimnisse von Paris“ bezeichnet werden. Die „Schwarze Trilogie“, geschrieben 1947/48, nimmt mit ihren surrealistischen Einflüssen eine Sonderstellung in der Krimiliteratur ein. Malet erhielt für seine Kriminalstories drei Preise, vier seiner Bücher wurden verfilmt. Léo Malet lebt heute in Paris.

Titel der Originalausgabe: La vache enragée, (c) Editions Hoëbeke.
Umschlaggestaltung unter Verwendung eines Motivs aus der Fantomas-Serie.

Edition Nautilus Verlag Lutz Schulenburg
Hassestr. 22 · 2050 Hamburg 80

1. Auflage 1990 · ISBN: 3-89401-173-4
Printed in Germany

Mein Geburtshaus im Faubourg de Celleneuve, Rue du Bassin 6, gezeichnet von meinem Onkel Laurent Refreger. Er war ein talentierter Aquarellist und schickte uns Ansichten der Schützengräben aus dem Ersten Weltkrieg.

DIE WIEGE

Ich wurde am 7. März 1909 in Montpellier (Herault) geboren. Montpellier ist eine alte Universitätsstadt und die Geburtsstätte bedeutender Persönlichkeiten wie Auguste Comte und Alexandre Cabanel, dem Maler. Es ist nicht ausgeschlossen, daß auch ich eines Tages im *Petit Larousse illustré* unter den bedeutenden Persönlichkeiten Montpelliers aufgeführt sein werde.

Ich stamme aus einer sehr bescheidenen Familie. Mein Vater, Jean-Marie Gaston Malet, war Büroangestellter und meine Mutter, Louise Nathalie Refreger, war Schneiderin – wie die Mutter von Landru, dem berühmten Frauenmörder. Viele berühmte Leute hatten eine Schneiderin als Mutter. Damals erlernten alle Mädchen aus dem Volk diesen Beruf.

Ich war zwei Jahre alt, als mein Vater und mein kaum sechs Monate alter Bruder starben. Mein Vater zuerst, am 27. Mai 1911. Er war 21 Jahre alt. Das Beerdigungsinstitut hängte schwarze Tücher in der Wohnung auf. Zwei Tage danach war mein Bruder an der Reihe und ein Jahr später meine Mutter. Wir kamen kaum dazu, diese trostlosen Tücher abzunehmen.

Dank meines Bruders bin ich heute achtzig Jahre alt. Meine Eltern verhätschelten ihn, weil er der Jüngere war, und wie das damals so üblich war, ließen sie ihn im Ehebett schlafen. Ich war anderthalb und wurde in ein anderes Zimmer verbannt. Und weil meine Eltern beide Tuberkulose hatten, sprangen die Bazillen von Robert Koch fröhlich zwischen ihnen hin und her und machten ab und zu Zwischenstation auf dem Neugeborenen. Ein grausiges Ballett. Das Ende der Geschichte: Alle drei starben. Nur ich nicht. Weil man mich verbannt hatte.

Von meiner Mutter bleibt mir nur eine einzige Erinnerung, welche die Psychoanalytiker sicher interessieren wird. Es war kurz vor ihrem Tod, sie war erst 21. Der Arzt hatte ihr eben eine Spritze gegeben und schloß seinen Koffer. Ich kam ins Zimmer. Es saßen ein paar Leute da, sie sagten nichts und nickten mit dem Kopf, wie in einem Alptraum. Meine Mutter lag auf dem Bauch, ihr Hintern war nackt und auf der weißen Rundung perlte ein Blutstropfen. Dieses Bild ist mir geblieben. An meinen Vater kann ich mich überhaupt nicht erinnern.

DER OPA

Nach dem Tod meiner Eltern nahm mich mein Großvater mütterlicherseits als Vormund auf und erzog mich. Da ich als einziger überlebt hatte, schauten mich die Verwandten, Freunde und Bekannten immer voller Mitleid an. „Der wird's auch nicht lange machen, der wird auch bald abkratzen." Meine Großmutter Marie bemutterte mich und kaufte die besten Fleischstücke, die sie bekommen konnte.

„Mit dem Kleinen ist's bald aus!"

Sie hatte Angst, daß ich auch sterben würde.

Meine Großmutter arbeitete als Aufseherin auf einer Hühnerfarm an der Route de Toulouse, einige Kilometer von Montpellier entfernt. Dort liefen Tausende von Hühnern frei herum, bevor sie auf dem Markt verkauft wurden. Hinter dem Rücken des Besitzers aßen wir jeden Tag Hühnerfleisch – garantiert ohne Hormone.

Mein Großvater war Küfer. Mit seinem Bärtchen sah er ein wenig wie Lenin und Poincaré zugleich aus. Er arbeitete regelmäßig und muß genug verdient haben, um gut leben zu können, ohne ein Krösus zu sein. Er war ein kleiner Bohemien und benahm sich anders als die andern Familienmitglieder. Zum Beispiel wäre sein Bruder, der in Marseille Posthalter war, nie am selben Tag zweimal ins Theater gegangen wie mein Großvater. An einem Sonntagnachmittag ging er mit mir ins Theater und wir schauten uns „Die Regimentstochter" an, aßen dann in einem Restaurant etwas Kleines und sahen uns am gleichen Abend „Die Tochter von Madame Angot" an; zwei Operetten nacheinander. Mein Großvater besorgte die Karten von einer Art Schwarzhändler, der mehrere Karten auf einmal kaufte und sie am Abend mit einem Zuschlag weiterverkaufte, was den Zuschauern das lange Anstehen vor dem Schalter ersparte.

Mein Großvater vermittelte mir die Freude am Lesen. Er war kein Intellektueller, las aber unheimlich viel. Viele Jahre später verfaßte ich unter seinem Namen Mantel- und Degenromane, als Huldigung an den „Opa" und an den Mann, ohne den ich vielleicht nie eine Zeile geschrieben hätte. Ich bedaure, daß er nie meinen Namen unter einem Buchtitel gelesen hat, er wäre sicher sehr glücklich darüber gewesen. Leider hatte ich bis zu seinem Tod 1931 noch nichts veröffentlicht. Im allgemeinen bedaure ich nicht viel, aber das tut mir wirklich leid. Ich hätte ihm gern diese Freude gemacht.

Mein Großvater starb mit 65. Von 15 bis 60 Jahren baute er Fässer. Ich hörte ihn oft sagen:

„Wenn ich doch nur 20.000 Francs hätte!"

Damals hätte man mit 20.000 Francs ein kleines Landhäuschen mit Reben kaufen können, auf denen gerade so viel Wein wächst, wie man trinken kann, ein gebrauchtes Jagdgewehr und das

Mein Großvater, Omer Refreger (1867–1931).

Recht, nicht mehr jeden Tag, außer sonntags, um sechs Uhr in der Früh aufstehen zu müssen. Mein Großvater starb mit 65 in einer dunklen Erdgeschoßwohnung, während das Mittelmeer knapp zehn Kilometer entfernt unter der Sonne glänzte. Den Wein, den er trank, kaufte er beim Krämer um die Ecke, und er war gepanscht. Er hörte nur durch Zufall, daß die Jagd eröffnet oder geschlossen war. Als er sechzig war, stand er nicht mehr um sechs Uhr früh auf, weil ihn ein Herzschlag eines Morgens an seinen Stuhl gefesselt hatte. Er konnte weder sprechen noch sich bewegen.

Ich erbte eine Uhr von ihm, das war alles. Eine Uhr, die er während eines Schießwettbewerbs beim Militär gewonnen hatte. Er hatte sie nicht mit seinem Beruf verdient. Als er starb, blieben ihm von seinem Beruf nur die verkrüppelten Hände.

DIE TÄTOWIERTE MARCELLE

Ich verlor meine Unschuld mit sechs Jahren, wie ich das in meinem Gedicht *Vie et survie du vampire* erzähle. Ich war auf dem Land. Anna, die Tochter von Freunden meiner Familie, ein Mädchen von zwölf Jahren, befahl mir, mich in eine Grube zu legen – später hätte man ein Grab gesagt. Ich mußte meine Hose ausziehen, sie setzte sich auf mich und ich spürte eine süße Hitze in meinem Glied. Danach gab sie mir einen „Kristallstöpsel", damit ich meiner Familie nichts von unserem Spiel erzählte. Einen „Kristallstöpsel"! Arsène Lupin ... Es war wirklich Bestimmung.

Meine sexuelle Ausbildung begann früh. Ich muß vierzehn oder fünfzehn gewesen sein, als ich in ein Bordell in der Rue Fontaine in Montpellier ging. Dieses Etablissement war mir von einem älteren Freund empfohlen worden und schien mehr oder weniger illegal zu sein. Man trat in eine Art Eßzimmer, wo an einem Tisch mit einem Fransenteppich ein paar mehr oder weniger schöne Frauen in sehr korrekter Kleidung saßen und auf Kundschaft warteten. Ich entschied mich für eine von ihnen und erklärte ihr, daß ich unerfahren sei. Sie sagte zu mir: „Das wird sich schon machen lassen."

Wir machten es auf die normal möglichste Art. Ich empfand nichts. Was mich nicht daran hinderte, ein paar Tage später wieder hinzugehen und mit der gleichen Frau ins Geschäft zu kommen. Diesmal war es gut.

Später konnte man mich in einem offiziellen Bordell mit der traditionellen roten Laterne hinter dem Bahnhof von Montpellier antreffen: *Chez Emma.* Dieser Name stand auf einem Metallschild über dem Eingang. Ich wurde ein fleißiger Besucher dieses Etablissements. Dort verliebte ich mich eines Tages in Marcelle, eine reizende Brünette des Hauses. Auf ihrem Arm war eine Tätowierung, die sie unter einem Tuch versteckte. Wir wurden Freunde. Als wir eines Abends in ihr Zimmer gingen, gab sie mir die 10 oder 12 Francs wieder zurück und sagte:

„Nimm das. Von jetzt an kostet es dich nichts mehr. Du bezahlst unten und ich geb dir das Geld wieder zurück."

Im Bordell. Zeichnung von Aldebert für *Le Travail rien de tel,* eine Erzählung von Léo Malet, veröffentlicht in *La Rue,* Nr. 4, 18. Mai 1946.

Sie schrieb mir ein paar Briefe, die sie mir bei meinen Besuchen gab und nicht mit der Post abschickte. Sie waren voller Schreibfehler. Ich weiß nicht, ob die Legende stimmt, daß die Prostituierten Töchter von höheren Offizieren sind, bei Marcelle traf das jedenfalls nicht zu, was aber die Ehrlichkeit ihrer Gefühle nicht beeinträchtigte. Eines Tages gab sie mir sogar 50 Francs:

„Morgen gibst du das der Puffmutter und sagst, du möchtest die ganze Nacht bleiben."

Es klappte wie am Schnürchen. Diese Idylle dauerte ein paar Wochen. Als ich eines Abends kam, um dasselbe Theater zu spielen, öffnete mir die Puffmutter die Tür und sah mich böse an:

„Mein Kleiner, ich geb dir einen Rat, bleib nicht hier, verschwinde!"

Später erfuhr ich, daß der „Mann" von Marcelle einige Zeit fort gewesen – vielleicht im Gefängnis – und nun wieder zurück war. Ich hörte nie mehr etwas von Marcelle. Sie verließ dieses Haus sehr schnell, wie es das Gesetz des Milieus vorschrieb. Wenn ein solches Abenteuer vorkam, ließ man die Frauen nicht im selben Haus. Man schickte sie in eine andere Stadt, weit weg von dem Ort, an dem sich alles ereignet hatte.

DIE GRUNDSCHULE

Meine Erinnerungen an die Schule sind ziemlich schwach. Ich weiß noch, daß ich in den Kindergarten am Boulevard des Arceaux ging, nahe der Schokoladenfabrik Matte. Überall stank es grauenhaft nach Kakao und Zucker. Ich kann Schokolade heute noch nicht ausstehen. Später ging ich in die Auguste-Comte-Schule in der Rue Emile Zola. Ich konnte schon früh lesen und schreiben. Ich las immer, Bücher interessierten mich von Anfang an. Mit dem Lesen kommt die Lust zu schreiben. Talent? Niemand in meiner Familie schrieb, niemand war Künstler. Ich bin zweifellos die Ausnahme.

Im Alter von acht, neun Jahren schrieb, illustrierte und publizierte ich kleine Romane, die sehr von meiner Lektüre beeinflußt waren. Ich nahm ein Schulheft, faltete es, nähte die Blätter zusammen und so entstanden kleine Bücher von sechzehn Seiten mit illustrierten Titelseiten. Ich zeigte sie meinen Lehrern, insbesondere Herrn Reverdy, dem Direktor der Schule, der mich ermutigte. Er machte sogar noch mehr für mich. Ich durfte vor den Sommerferien für die ganze Schule ein Kasperletheater organisieren. Dafür hatte mir Reverdy die Kasperlefiguren seines Sohnes geliehen, der im Ersten Weltkrieg gestorben war. Heute glaube ich, daß die Lehrerschaft der Schule, die Jules Ferry besuchte, nicht nur sehr sympathisch, sondern auch den Schülern näher war als die heutigen Lehrer.

Ich machte auch so etwas wie eine magische Laterne. Ich schnitt ein Fenster aus einer Schuhschachtel, machte Papierfiguren, klebte sie aneinander, malte so eine Geschichte – sicher einen Mantel- und Degenroman – und zog diese Figuren am Schuhschachtelfenster vorbei.

Mit elf Jahren ging ich zur Erstkommunion. Niemand aus meiner Familie war sehr gläubig oder ein regelmäßiger Kirchgänger, aber die Erstkommunion war eine Tradition, an der man festhielt. Ich besuchte gleichzeitig den Katechismusunterricht und den Kurs, der mir den Schulabschluß garantieren sollte. Mein Großvater machte sich Sorgen. Dieses republikanische Diplom war sehr wichtig für ihn. Er ging zum Pfarrer und sagte ihm:

„Léon muß dieses Jahr noch zur Erstkommunion. Ich will nicht, daß er wegen dem Katechismusunterricht das Jahr nicht besteht. Also geht er dieses Jahr oder überhaupt nie!"

Der Pfarrer antwortete: „Machen Sie sich keine Sorgen."

So bekam ich mehr oder weniger gut vorbereitet das Fleisch Christi zu schlucken. Vom Katechismusunterricht bleibt mir eine genaue und ziemlich seltsame Erinnerung: Der Priester erzählte uns die Geschichte einer Dame, die gewisse kleine Sünden beichtete. Jedesmal, wenn sie eine Sünde zugab, kroch eine kleine Schlange aus ihrem Mund, fiel auf den Boden und wand sich. Plötzlich aber erschien zwischen den Lippen der Beichtenden der Kopf einer Riesenschlange: eine große Sünde, die sie zu beichten anfing. Sie wollte aber mit ihrem Bekenntnis nicht ganz heraus und schluckte die Schlange wieder. Sofort stürzten sich die

Meine Mutter Louise (1890–1912) ist wahrscheinlich die Frau links. Mein Onkel war sich auch nicht sicher. Der Mann ist mein Vater Gaston (1890–1911).

oben links: In der Grundschule Auguste-Comte, Rue Emilie-Zola. Sie wurde von M. Reverdy geleitet.

unten links: Als Erstkommunikant.

kleinen Schlangen, die neben den Füßen des Beichtvaters lagen, auf die Frau und hopp! verschwanden sie wieder im Körper der Sünderin. Ich konnte mir die Szene sehr plastisch vorstellen. Es war fast wie eine Collage von Max Ernst. Die ganze Geschichte hatte eine erotische Seite. Das Bild einer Schlange, die aus dem Mund einer Frau kommt, ist verdächtig; es müßte vielleicht einmal analysiert werden.

Nach der Grundschule ging ich in die Sekundarschule Michelet, in der Nähe der Esplanaden, praktisch unterhalb des Bahnhofs von Palavas, dessen kleine Eisenbahn Dubout für die Ewigkeit festgehalten hat. Wir wurden auf das Diplom vorbereitet. Der Unterricht war anders als in der Grundschule. Ein Lehrer kam, gab seine Stunde und ging wieder. Dann kam ein anderer Lehrer. Kurz, es waren keine engeren Kontakte mit ihnen möglich. Mit einem Französischlehrer hatte ich kein Glück, es klappte von Anfang an nicht. In der Woche nach den Sommerferien mußten wir den üblichen Aufsatz schreiben: „Meine Ferien". Vier Seiten. Ich hatte die Ferien bei der Schwester meines Großvaters verbracht, deren Mann einen großen Weinberg verwaltete. Ich erzählte über die Weinlese und erhielt eine ausgezeichnete Note. Zwei Wochen später jedoch, beim zweiten Aufsatz, – ich kann mich nicht mehr an das Thema erinnern – versagte ich kläglich, denn ich hatte kein Modell mehr. Anstatt das einfach einer vorübergehenden Schwäche zuzuschreiben, beschuldigte der Lehrer mich, den ersten Aufsatz von jemandem abgeschrieben zu haben.

Diese Ungerechtigkeit blockierte mich. Und ich schwänzte die Schule, sooft ich konnte. Man warf mich übrigens auch sehr schnell hinaus! Ich gab drei (handgeschriebene!) Exemplare einer Zeitschrift namens *L'Echo du chahut* heraus, mit Kopien von Zeichnungen und Witzen aus *Merle blanc,* einer satirischen Zeitschrift, die dem *Canard enchaîné* Konkurrenz machte. Ich verteilte sie heimlich an drei Mitschüler. Einer von ihnen hatte nichts besseres zu tun, als sein Exemplar schnellstens zum Direktor zu bringen: „Malet hat mir das hier gegeben."

Skandal! Ich wurde für einige Tage aus der Schule ausgesperrt. Natürlich erzählte ich meinem Großvater nichts davon und ging am Morgen weg wie immer. Anstatt in die Schule zu gehen, spazierte ich in der Umgebung von Montpellier herum. Als ich dann wieder zur Schule mußte, hatte ich mich so ans Schwänzen gewöhnt, daß ich damit weitermachte. Ich war nicht der einzige, wir waren eine kleine Gruppe. Wir gingen über die Eisenbrücke auf die andere Seite der Esplanade, hinter die Zitadelle, an einen Ort vor der Stadt, aufs Land. Dort faulenzten wir, horchten auf die nächste Turmuhr und warteten, bis es Zeit war, heimzugehen.

Das dauerte einige Tage, bis mein Großvater einen Brief vom Direktor erhielt, der ihn über meine wiederholte Abwesenheit informierte.

So verlief mein erstes Jahr nicht besonders gut. Ich blieb sitzen. Im zweiten Jahr schwänzte ich nur noch von Zeit zu Zeit.

Ich hatte keine Ahnung, was ich werden wollte. Eines Tages stellte mir mein Großvater die wichtige Frage: „Was willst du einmal werden?"

Ich wußte es nicht, ich war unentschlossen. Er schlug mir vor: „Werde Priester. Bei der Beichte lernst du alle Geheimnisse der Weiber kennen!"

Was für gute Ideen mein Großvater doch hatte!

Zu studieren hatte ich keine Lust, ich zog es vor, sofort arbeiten zu gehen. Ein paar Monate arbeitete ich bei Bokanowski (Grand-Rue, Stoffe aller Art) als Verkäufer, das heißt, als Hilfsverkäufer. Heutzutage haben Eltern viel zu große Ambitionen für ihre Kinder. Auch wenn man es mit einem Genie wie mir zu tun hatte, fand man damals den Beruf eines Stoffverkäufers gut genug! Mir gefiel es in diesem Laden, nicht wegen der Stoffe, die interessierten mich überhaupt nicht, sondern wegen der weiblichen Angestellten: Es gefiel mir mitten unter Frauen, auch heute noch ...

Ein Stöffchen für 150 Francs pro Meter, aus dem ich 50 Zentimeter für ein Muster geschnitten hatte, kostete mich die Karriere.

Danach verhalf mir ein Mitschüler von Michelet zu einem Posten bei der Bank, bei der er arbeitete. Bank Castelnau, Boulevard du Jeu-de-Paume. Ich verdiente dort 200 Francs im Monat, 50 mehr als bei Boka. Aber meine Arbeit war obskur.

Stadtansicht von Montpellier. Die drei Grazien auf dem *Place de la Comédie.*

Der Besitzer der Hühnerfarm, auf der meine Großmutter arbeitete, hatte sich wegen einer Halbweltdame ruiniert, mußte die Farm verkaufen und ging in die Fremdenlegion. Meine Großeltern zogen nach Montpellier hinein, wo meine Großmutter eine Stelle als Concierge im Stadtzentrum, Rue Fabre Nr. 4, in der Nähe von der Place de la Comédie fand. Im Gegensatz zur Größe der Wohnungen in den oberen drei Stockwerken dieses bürgerlichen Wohnhauses war die Loge meiner Großeltern ein richtiges Rattenloch, wie alle Conciergelogen damals. Im Erdgeschoß war eine riesige 25-Zimmer-Wohnung zu vermieten, zu der meine Großmutter als Concierge einen Schlüssel hatte, damit Interessenten sie besichtigen konnten. Donnerstags durfte ich dort spielen. Es war wunderbar, sich in dieser Flucht von leeren Zimmern und seltsamer Akustik zu bewegen. Im großen Innenhof gab es ein wenig Grün, Spaliere, Holzgitter auf den Mauern, ein paar Pflanzen ... und irgendwo in einem Nachbarhaus spielte jemand auf dem Klavier „Für Elise". Es gehört sich anscheinend, dieses Stück von Beethoven zu verhunzen. Jedesmal, wenn ich es höre, fühle ich mich wieder in diesen Garten, in diesen Hof zurückversetzt und in den Garten von *Peter Ibbetson,* dem Roman-Meisterwerk von George du Maurier, in diese Szene, in der der Held und die Frau, die er als Kind liebte, jeder auf einer Seite des Gitters stehen. Die Wohnung wurde schließlich an einen gewissen Herrn de Girard vermietet, der so etwas war wie der Vertreter des Herzogs de Guise, dem Anwärter auf den französischen Königsthron. Alle Bewohner dieses Hauses waren übrigens Monarchisten, von Roussel, dem Eigentümer, bis zu seinem Schwager Batigue, dessen Sohn Jacques sich in den fünfziger Jahren einen Namen als Untersuchungsrichter in Marseille gemacht hat. Mein Großvater war der einzige Sozialist im Haus. Und ich, ich begann den *Libertaire* zu lesen.

DIE ILLUSTRIERTEN

In der Schule lernte ich lesen und rechnen. Schreiben aber lernte ich vor allem beim Lesen von *La Jeunesse illustrée, Les Belles Images, L'Epatant, Le Petit Illustré, L'Intrépide, Le Bon Point amusant, Diabolo-journal, Le Cri-Cri,* alles Kinderzeitschriften mit Texten. Sie waren zwar nicht hinreißend, aber wenigstens korrekt geschrieben. *La Jeunesse illustrée* war eine Zeitschrift mit vielen Illustrationen, wie auch *Les Belles Images,* für die Benjamin Rabier zeichnete. Ich bin Fan von Benjamin Rabier. Heute, wo der Comic in ist, wäre es nicht schlecht, wenn man den Erfinder der *Vache qui rit* wiederentdecken würde. Ich las auch *L'Epatant,* aber nur selten, da ich ein braves Kind war. *L'Epatant* mit seinen *Pieds-Nickelés* hatte einen eher schlechten Ruf. *L'Espiègle Lili* hatte

N° 536. — 11e Année. - 10 Centimes - 1er Juin 1913.

La Jeunesse illustrée

LE VOYAGE A LA LUNE (2e Suite), par Benjamin RABIER

Gustave, qui s'était endormi, fut réveillé au milieu de la nuit par un ronflement sinistre. Sur la route, s'avançait un monstre dont les yeux fantastiques lançaient des éclairs.

Vite le voyageur grimpa sur un arbre pour se mettre à l'abri du monstre qui disparut dans la nuit. Il se réveilla le matin assis sur une branche d'arbre, en compagnie d'une chouette qui le regardait d'un air inquiet.

« Reprenons le récit de nos impressions de voyage » dit Gustave en tirant son calepin, et voici ce qu'il nota au hasard de sa promenade : « *Ici les pêcheurs tirent de l'eau, en guise de poisson, de vieilles savates.*

„Schreiben aber lernte ich vor allem beim Lesen von *La Jeunesse illustrée, Les Belles Images,* L'Epatant, le Petit Illustré ..."

eine wunderschöne Titelseite von Giffey mit einem Mädchen in einem sehr kurzen Rock. Ich weiß nicht, was ich mir eingebildet hatte, aber ich kaufte es nur einmal. Ich fand darin nicht, was ich gesucht hatte (was hatte ich gesucht?). Vielleicht hätte ich nicht aufgeben sollen. Wenn ich meine Cousinen besuchte – ich hatte Cousinen, jedermann hat Cousinen – durchblätterte ich *La Semaine du Suzette,* die sie abonniert hatten. Aber das packte mich nicht. Diese Jugendzeitschriften waren keine Comics, sie zeigten eine Reihe von Bildern mit einem Text darunter. Es waren eigentlich illustrierte Texte, anders als Bücher. Wären es Comics mit Lautworten gewesen, hätte ich wegen meiner Faulheit nur „Wrumm! Zack!" sagen können und hätte nie Romane geschrieben.

Etwas später, mit zwölf, las ich *Le Petit Mousse* von Arnould Galopin, eine Fortsetzungsgeschichte.

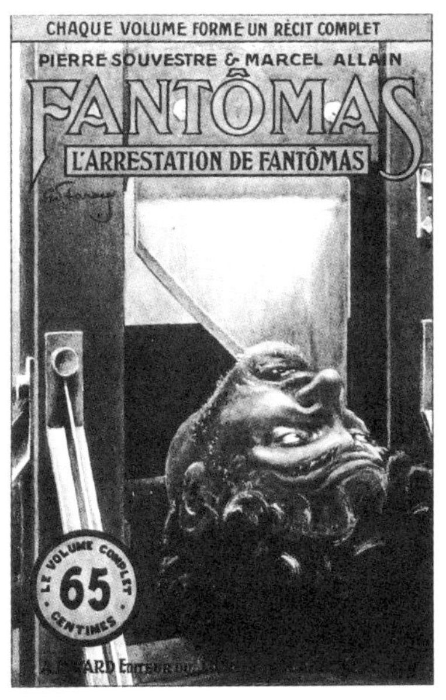

Ich verschlang alle Abenteuerromane, füllte meine Geschichtshefte mit Rothäuten. Mein Großvater gab mir alles, war er in die Hände bekam, von Victor Hugo bis zu den „Drei Musketieren“, und auch beliebte Romane von damals, wie *La Porteuse de pain, Chaste et flétrie,* usw. Ich las die Gesellschaftsromane meiner Mutter, die meine Großmutter aufbewahrt hatte, die Fortsetzungsromane von *La Pochette Rouff,* wie „Der Turm der sündigen Frauen“ von Alexandre Dumas und Félix Gaillardet, *La Dame en Noir* von Emile Richebourg, *Mademoiselle 100 Millions* (die Geschichte eines Mannes, den man in einem Ofen verbrannte, Landru-Methode lange vor Landru), *Les Deux Orphelines,* alles Melodramen von damals. Diese Autoren waren mir lieber als Jules Verne. Sicher, er war ein großer Schriftsteller, aber belehrend, und ich fand ihn überhaupt nicht amüsant. „Die drei Musketiere“ oder „Zwanzig Jahre danach“ sind voll Handlung, man schläft beim Lesen nicht ein. Und außerdem waren diese Romane wunderschön illustriert! Buridan, der versucht, Marguerite von Burgund zu verführen, das ließ mich schon damals träumen ...

Sie hätten sehen sollen, wie diese Romane aussahen! Und was für Papier! *Fantômas* war winzig geschrieben, die Gestaltung war ein Durcheinander und schwerfällig, die Zeilen tanzten auf dem Papier. Man machte sich beim Lesen die Augen kaputt. Ich verdächtigte den Verleger Arthème Fayard immer, mit der Druckfarbe sparen zu wollen. Er war bei der rechtsextremen *Action française,* vielleicht wollte er die Arbeiter noch blinder machen.

Ich muß kaum zehn gewesen sein, als ich Arsène Lupin kennenlernte. Er hatte mir schon lange aus den Schaufenstern der Buchhandlungen zugewinkt, von seinen 95-Centimes-Ausgaben mit den großartigen Titelseiten von Léo Fontan. Ich war hellauf begeistert und verschlang all seine Abenteuer, die spannenden Höhepunkte der Verfolgung in „Der Kristallstöpsel“ und mit Tränen in den Augen natürlich die letzten Seiten von „Die hohle Nadel“, wo Lupin in der Dunkelheit verschwindet, mit der blonden Last seiner toten Geliebten beladen.

„Gehen wir, Victoire.“

„Gehen wir, mein Kleiner.“

„Adieu, Beautrelet“, sagte er.

Und beladen mit der kostbaren, schrecklichen Last ... schweigend, wild ... wandte er sich zum Meer ...

„Adieu, Beautrelet“, was für ein herzzerreißender Vorwurf in einem einfachen Satz.

Ich konnte vielleicht nicht von Anfang an den Wert dieser Romane schätzen, den Spott, das Feuer, die Ironie, die Frechheit und die Galanterie des berühmten Gentleman-Diebes, aber ich glaube, ich hätte später nie Krimis oder Abenteuerromane gelesen, wenn Arsène Lupin mir nicht solch verführerische Aussichten eröffnet hätte, ich hätte auch nie selbst welche geschrieben.

Sehr viel später las ich auch „Biribi“ und „Der Dieb“ von Georges Darien, und Jack London.

Von meinem ersten Film erinnere ich Leute, die an einer Fassade herumklettern und auf einem Dach herumrennen: „Die Vampire“ von Louis Feuillade. Man sah den Journalisten-Spürhund im Bett. Entweder hatte er Fieber oder war betrunken. Verstohlen nahm er einen Spiegel unter seinem Kissen hervor und sah damit, wie das

Dienstmädchen ein Schlafmittel in seine Arznei schüttete. Ich weiß nicht mehr, was nachher geschah. Im Pathé-Kino in Montpellier, Boulevard de l'Esplanade (wo sehr viel später, 1942, *120 Rue de la Gare* gezeigt wurde) sah ich *Tue-la-mort, Judex* und „Die drei Musketiere" von Diamant-Berger, mit Aimé-Simon Girard in der Rolle von d'Artagnan. Ich verliebte mich in die Gräfin Chevreuse, für die ich immer noch eine Schwäche habe. Übrigens sind wir eng vertraut, ich nenne sie Marie ... Apropos Jugendliebe: in Gaston Leroux' *Tue-la-mort* spielte Madeleine Aile die Rolle der Canzonette, der Tochter des Schmugglers. Ich glaube, sie wurde auch 1909 geboren. Damals war ich vierzehn und mit meinen gleichaltrigen Freunden verpaßte ich keine Episode von *Tue-la-mort,* nur um Canzonette zu sehen; wir waren alle in sie verliebt. Als ich Jahre später Madeleine Leroux bei einem Empfang traf, sagte ich ihr, daß ich als Junge in sie verliebt gewesen sei. Das machte ihr überhaupt keinen Eindruck!

MONTMARTRE RUFT

Mein erstes Lied schrieb ich mit fünfzehn und ich war sehr stolz darauf. Es war ein *Chanson rosse* mit dem Titel *Y a des poires chez nous.* Eine Parodie auf eine amerikanische Leier von damals mit dem Refrain: „Nein, wir haben keine Bananen mehr, heute gibt es keine Bananen ..." Alle sangen es damals. Ich antwortete mit „Bei uns gibt's Birnen ...", ein Wortspiel mit Birnen, was in Argot Dummköpfe bedeutet. Mein Großvater zahlte für den Druck 150 Francs, das war eine stolze Summe damals. In Montpellier gab es einen belgischen Pianisten namens Baussart, der ein Jazz-Ensemble leitete und in einem Dancing in Montpellier spielte. Er schrieb auch Lieder und suchte Texter, denen er versprach, daß sie in die Autorengesellschaft aufgenommen würden. Er schrieb für sie die Musik zu den fünf oder sechs Liedern, die es brauchte, um Mitglied zu werden. Baussart schrieb die Musik zu *Y a des poires chez nous.* Meine Inspiration hörte bei diesem ersten Lied auf. Ich weiß nicht, ob es Erfolg hatte, es wurde ein paar Mal von Albertin gesungen, dem Schnulzensänger, der am Café Riché an der Place de la Comédie

Le gai One-Step

Y A DES POIRES CHEZ NOUS

Chanson rosse
créée
par le fin diseur

ALBERTIN'S

Paroles
de
Léo MALET

Musique
de
A. BAUSSART

Editions musicales : A. BAUSSART
Villa Causse – Avenue de l'Agriculture
MONTPELLIER (Hérault)

Impr. GUIDICELLI – Marseille

auftrat. Ich selbst habe ihn dieses Lied nie singen gehört.

Damals besuchte ich alle Vorstellungen von Barret in der Rue de Verdun, im *Eldorado,* das später in ein Kino umgebaut wurde. In diesem Variététheater wurden Kabaretts aus Paris aufgeführt: *Le Coucou, Le Perchoir, La Boîte à Fursy* (Fursy war ein bekannter Sänger, der am Boulevard Clichy in Paris ein Montmartre-Kabarett hatte und ein paar Mal im Jahr nach Montpellier kam). Die Chansonnier-Theater gefielen mir sehr gut. Ich träumte davon, es so wie sie zu machen, ich wollte satirische Lieder machen. Ich glaubte, ich sei begabt. Und dann Montmartre, das gelobte Land!

Mit vierzehn fing ich wegen Montmartre an, Pfeife zu rauchen. Das sah nach einem echten Künstler aus Montmartre aus. Die wurden immer mit großen Hüten dargestellt, mit Künstlerschleife und riesigen Pfeifen. Ich sagte mir, man ist Montmartrer oder man ist es nicht! Bei der ersten Pfeife wurde mir hundeelend, aber ich wollte nicht aufgeben und stopfte eine zweite. Das Resultat war schrecklich, ich machte mich leichenblaß auf den Heimweg, mir war kotzübel. Ich mußte mich nicht übergeben, aber mir war wirklich schlecht. Als ich daheim ankam, waren meine Tante und andere Verwandte zu Besuch, die dieses Unwohlsein dem Studium zuschrieben. Am nächsten Tag rauchte ich wieder. Diesmal ging es gut, mir wurde nicht schlecht und seither rauche ich Pfeife, leider.

Le Merle blanc veröffentlichte Chansons von Noël-Noël. Sie gefielen mir und ich schickte ihm eines meiner Lieder. Er antwortete mit einem netten Brief, den ich lange mit mir herumtrug und der schließlich vom vielen Falten und Öffnen zerfiel. Noël-Noël ermutigte mich. Alle ermutigten mich. Meine wirkliche Berufung, nämlich die, Romane zu schreiben, zeigte sich erst 1941. Ausgelöst von äußeren Umständen, die für manche schrecklich waren: dem Krieg. Eine Berufung, die auf 150 Millionen Toten beruht!

linke Seite: Umschlag der Notenblätter für *Y'a des poires chez nous.*
umseitig: „Ein Pamphlet? Ein Geschichtsbuch? Ein philosophisches Werk? Alles in einem. *A nous deux, patrie!* ist eine Art Gruselfilm, in dem Menschen, Ereignisse, soziale Gruppen und Ideologien vorkommen, die 1900–1914 'blutige Schweinereien' verursachten – den Ersten Weltkrieg.
Mit persönlichen Erlebnissen, Andekdoten und Gefühl illustriert André Colomer in *A nous deux, patrie!* die Grundlagen seines Anarchismus." (Ankündigung des Buches als Beilage im *Insurgé* vom Donnerstag, 25. Mai 1925.)

ANDRE COLOMER

La Conquête de soi-même

A nous deux, Patrie !

PARIS
AUX ÉDITIONS DE
L'INSURGÉ
259, Rue de Charenton (12e)
1925

DAS GEHEIMNIS UM PHILIPPE DAUDET

Am Samstag, dem 24. November 1923, gegen 16 Uhr 30, am Abend eines nebligen und kalten Tages, hielt das Taxi Nr. 7657 E, das Richtung Barbès fuhr, vor dem Haus Nummer 126 des Boulevard Magenta an. Taxifahrer Bajot informierte Brigadier Lhuissier und den Polizisten Raffali, daß sein Fahrgast, den er bei der Bastille aufgenommen hatte, sich eine Kugel durch den Kopf gejagt habe. Im Taxi fand man leblos und mit einem Revolver vor den Füßen einen fünfzehnjährigen Jungen. Die Beamten transportierten den Verletzten zur Lariboisière, wo er gegen 18 Uhr starb, ohne das Bewußtsein wiedererlangt zu haben und ohne identifiziert worden zu sein. Er trug keine Papiere bei sich. Die Kleidermarken, die einen Hinweis auf seinen Namen hätten geben können, waren herausgerissen worden.

Die Zeitungen meldeten am folgenden Tag diesen banalen Zwischenfall mit drei Zeilen. Die Mutter eines Jugendlichen, der seit fünf Tagen verschwunden war, las sie. Mit einer schrecklichen Vorahnung ging sie in Begleitung ihres Mannes zur Lariboisière und erkannte ihren Jungen. Der Vater wollte die peinliche Autopsie verhindern, er glaubte, sein Sohn habe sich selbst gerichtet. Die Leiche wurde den unglücklichen Eltern übergeben.

Zwei Tage später, am 26. November, stand in der Zeitung, daß Léon Daudet, Abgeordneter von Paris, den schmerzvollen Verlust seines 15-jährigen Sohnes Philippe melden müsse. Das Begräbnis fand am Mittwoch, dem 28., in der Kirche Saint-Thomas-d'Aquin statt.

Am 1. Dezember pflasterten die Zeitungsverkäufer die Straßen mit dem Extrablatt der Zeitung *Le Libertaire.* Der ganzseitige Leitartikel von Georges Vidal lautete: „Léon Daudet versteckt die Wahrheit." Vidal berichtete, daß ihn am 22. November in der Zeitung ein junger Unbekannter besucht hatte, der sich als Anarchist bekannte und sich bereit erklärte, ein Attentat zu begehen. Dieser junge Unbekannte hieß Philippe Daudet.

Foto: Philippe Daudet
rechte Seite: Titelseite des *Libertaire* vom 2. Dezember 1924, auf der die Todesumstände Philippe Daudets erklärt werden.

Und so begann eine Affäre, die jahrelang die Köpfe der Franzosen erhitzen und das Land in zwei Lager teilen sollte: in die Vertreter der Selbstmord-Theorie und die Vertreter der Theorie des Polizeiverbrechens. Einige Jahre zuvor hatte man sich für oder gegen die Unschuld des Hauptmanns Dreyfus gestritten. Nur handelte es sich diesmal nicht um einen trockenen, kühlen, zurückhaltenden, wenig sympathischen Offizier ohne menschliche Wärme, sondern um einen jugendlichen Poeten mit dem roten Stern auf der Stirn.

BEI DEN ANARCHOS

Es war ein außergewöhnliches Ereignis, die ganze Presse sprach davon, bis zum schlechtest gemachten Blatt des hinterletzten Dorfes. In Montpellier schrieben *Le Petit Méridional* und *L'Eclair* die ersten Seiten voll, jede Zeitung vertrat die These, die ihr politisch am besten paßte. Ich war von dieser Geschichte gefesselt. Vielleicht, weil

EDITION SPÉCIALE

DEUXIÈME SÉRIE. — CINQUIÈME ANNÉE. — N° 253 bis. Le Numéro : 20 Centimes DIMANCHE 2 DECEMBRE 1923.

le libertaire

ABONNEMENTS

POUR LA FRANCE :		POUR L'EXTÉRIEUR :	
Un an . . .	10 fr.	Un an . . .	15 fr.
Six mois . .	5 fr.	Six mois . .	8 fr.

Les anarchistes veulent instaurer un milieu social qui assure à chaque individu le maximum de bien-être et de liberté adéquat à chaque époque.

Pour l'Administration du *"Libertaire"* et de la *"Revue Anarchiste"* s'adresser à Georges VIDAL

HEBDOMADAIRE ANARCHISTE
9, RUE LOUIS-BLANC. — PARIS (10e)
Chèque postal : Férandel 586-65 Paris

Pour la Rédaction du *"Libertaire"* et de la *"Revue Anarchiste"* s'adresser à André COLOMER

LA MORT TRAGIQUE DE PHILIPPE DAUDET, ANARCHISTE

Léon Daudet, son père, étouffe la vérité

C'est une douloureuse histoire d'enfant, le drame d'une jeune conscience libérée — hélas ! — dans la Mort.

Mais les forces de réaction ne veulent pas lâcher — même mortes — leur proie. Elles s'acharnent à étouffer les derniers cris de leur victime. Encore une fois les anarchistes écarteront les voiles épais du mensonge pour que la vérité

Nous mangeâmes dans un petit restaurant voisin et nous causâmes.

— Je ne te dirai pas mon nom, déclara mon jeune camarade, car j'ai des raisons pour ne pas le donner. Je désire demeurer inconnu, pour le moment.

Nous parlâmes littérature, nous parlâmes paysages : Provence, Bretagne. Il arrivait du Havre.

Nous parlâmes anarchie :

— Je ne comprends pas, me disait-il, n'a changé en rien mes sentiments. Je suis à bout. Ma vie m'est devenue indifférente...

" Je m'appelle Philippe "

Et nous causions toujours. L'après-midi s'avançait. J'avais à travailler. L'inconnu me demanda du papier, écrivit une lettre, la mit sous enveloppe, et me dit :

— Si tu apprends qu'il m'arrive

a tenté de se suicider, boulevard Magenta, dans un taxi, en se tirant une balle de revolver à la tête. Etat grave. Lariboisière ». Le lendemain, lundi, je priais un camarade d'aller prendre des renseignements à Lariboisière. Là, il fut éconduit assez vertement et on lui laissa à entendre que cette affaire ne le regardait pas le moins du monde. Enfin, le mardi 27, l'*Action Française* annonçait la mort de Philippe Daudet, fils aîné de Léon Daudet. Et, dès lors, les

[illegible]

Publiant ici cette lettre, nous ne faisons qu'obéir à la volonté dernière d'un mort, et d'un mort qui nous est certainement plus cher, Madame, qu'il ne peut l'être à d'autres. Une mère n'ignore jamais complètement ce que pense son enfant, et je suis sûr, Madame, que vous saviez depuis longtemps combien humain et combien libertaire était le cœur de votre fils, vous devez pleurer aujourd'hui. Et votre fils avait les yeux humides en me parlant de vous. Il vous

[illegible] de la légende [illegible] et rompu au vocabulaire de nos idées.

Ah menteur, qui osez salir votre victime ! Vampire, qui osez profaner la mémoire des morts ! VOUS EN AVEZ MENTI ! Nous, vers qui Philippe Daudet est venu se réfugier et chercher un réconfort que nous n'avons pu lui donner, car votre mentalité l'avait blessé mortellement, nous, dis-je, nous vous [illegible]

Philippe Daudet so alt war wie ich. Vielleicht war das auch schon ein Wink des Schicksals: Kriminalgeschichten, das sind solche Kurznachrichten. Am Tag vor seinem Tod ging Philippe Daudet zu den Leuten vom *Libertaire,* der Wochenzeitschrift der anarchistischen Union, und traf Georges Vidal, der später ein Freund von mir wurde. Wenn man von dem Ereignis sprach, zitierte man immer den *Libertaire.* Ich wollte sehen, was das für eine Zeitung war, kaufte sie und fand darin das Echo meiner Gedanken. Gedanken, die man hat, wenn man jung ist und ein großes Herz hat. Ich war vierzehn Jahre alt und, wie Bernard Shaw sagte, wer mit sechzehn kein Anarchist ist, hat kein Herz, wer es mit vierzig noch ist, hat keinen Verstand. Ich wollte diese Leute kennenlernen. Unten auf der vierten Seite der Zeitung stand: „Lulu, wie geht's Toto? ... Ich habe Bücher für dich, komm sie abholen ... Verschiedenes: die soziale Studiengruppe von Montpellier versammelt sich jeden Donnerstag in der *Prolétarienne*". Das war das einzige Bistro seiner Art in Montpellier, eine Genossenschaft für Anarchisten und Sozialisten. Ich ging hin und sagte: „Guten Tag, Genossen."

So ging das bei den Anarchisten.

„Setz dich."

„Ich teile eure Ideen."

„Das ist gut."

Wir kamen ins Gespräch. Und so wurde ich Mitglied der libertären Gruppe von Montpellier, nahm an ihren Aktionen teil, verkaufte mit ihnen Zeitungen, verteilte Flugblätter, klebte Plakate. Damals setzte man sich für die Amnestie der Meuterer des Schwarzen Meeres ein.

Der bekannteste der militanten Anarchisten von Montpellier war Vaillaud. Er war systematisch in allen sozialistischen oder kommunistischen Versammlungen der Kontrahent. Er war älter als die meisten von uns, kräftig und Küfer wie mein Großvater. Eines Abends rief jemand im Stadttheater etwas von den obersten Reihen und mein Großvater sagte zu mir:

„Ah, das ist der berühmte Vaillaud!"

Ganz Montpellier schien ihn zu kennen. Er galt als der Spinner der Stadt.

Die Anarchisten nannten mich Léo, nie Léon. Ich benutzte diese

Abkürzung sehr schnell. Ich fand, daß Léo Malet besser klingt als Léon Malet.

L'INSURGE

Im Mai 1925 klebte ich Plakate für eine Vortragsreihe von André Colomer über das Thema: „Zwei Ungeheuer, Gott und das Vaterland, vernichten die Menschheit". André Colomer war der „Redaktionschef" vom *Libertaire* und Leiter der *Revue Anarchiste.* Er vertrat in der Daudet-Affäre die These des Vaters, was den Genossen vom *Libertaire* nicht gefiel. Sie glaubten an einen Selbstmord. Es kam zum Bruch und Colomer gründete im Februar 1925 eine neue Wochenzeitschrift: *L'Insurgé.* Ich hatte sein Buch *A nous deux, patrie* gelesen und war sehr beeindruckt von seiner großen lyrischen Kraft. Man spürte den Dichter, besonders im bemerkenswerten Kapitel über die tragischen Banditen, die Bonnot-Bande. Ich lernte ihn am Schluß der Konferenz kennen, die übrigens in einer Schlägerei mit Leuten der *Action française* und den Kommunisten endete, und sagte ihm, daß ich Poet sei. Colomer antwortete mir:

„Schick mir deine Gedichte. Ich werde dir sagen, was ich von ihnen halte."

Sie gefielen ihm nicht allzu schlecht. Er gab mir den Rat, daran zu arbeiten und mich mittels der berühmten Anthologie von Van Bever und Léautaud mit den Dichtern vertraut zu machen. Wir schrieben einander. Er schickte mir jede Woche ein Paket mit *L'Insurgé*-Nummern, die ich dann an Zeitungsständen verteilte. Am Sonntag verkauften wir sie auf der Place de la Comédie oder den Esplanaden.

Im Sommer 1925 rief mich der Direktor der Bank Castelnau zu sich und hielt mir eine Art Moralpredigt. Er sagte mir, daß er mich sehr schätze, daß er mir meine politischen Ideen nicht verbieten wolle, auch wenn sie den seinen nicht entsprächen, daß ich mich aber in seine Bankkunden versetzen solle. Wenn diese sähen, daß einer der Bankangestellten solch eine aufrührerische Zeitung verkaufe wie dieses Anarchistenblatt, dann verliere er sein Vertrauen in die Bank. Das war natürlich nur eine Ausrede. Die Kunden konnten vielleicht sehen, daß ich diese Zeitung verkaufte, in der Bank aber bekamen sie mich nie zu Gesicht, denn ich war Kopist, das heißt, ich kopierte die Briefe mit einer Art Presse, bevor sie abgeschickt wurden. Dazu hatte man mich in eine dunkle Abstellkammer gesteckt, zu der die Kunden, die am Schalter ihre Wertpapiere hinterlegten, keinen Zutritt hatten.

Ich mußte weg, es kribbelte mir in den Zehen. Seit einiger Zeit bat ich meinen Großvater um die Erlaubnis, nach Paris gehen zu dürfen, um dort Chansonnier zu werden. Mein Großvater war nicht einverstanden. Ich entschied mich und Ende November, nachdem ich den Lohn von der Bank Castelnau erhalten hatte, stieg ich in den Zug, ohne jemandem etwas zu sagen. In Paris angekommen, ging ich direkt zu Colomer. Die Daudet-Affäre war also der Siegel meines Schicksals.

DAS RÄTSEL

Warum wurde soviel Lärm um diese Daudet-Affäre gemacht? Sicher einmal, weil sie geheimnisvoll war, aber auch wegen der Person des Vaters, Léon Daudet, royalistischer Abgeordneter in Paris, Anführer der *Action française,* der tatkräftigen Rechten, die in der Republik eine verwahrloste Bettlerin sahen: „Die verwahrloste Bettlerin, wir werden sie hängen, es lebe der König! Es lebe Léon Daudet, mit seinen dicken Eiern." Dies sangen die Studenten der *Action française,* die man *Camelots du roi* nannte. Daudet war ein großer Polemiker, der mit feuriger Energie, mit unglaublichen Aufdeckungen die Verwaltung und die republikanische Polizei angriff und unerbittlichen Haß auslöste. In Anspielung auf die Syphilis, die er von seinem Vater Alphonse – dem Autor der „Briefe aus meiner Mühle" – geerbt hatte, sagten seine Feinde von ihm, daß er äußerst reaktionsschnell sei, vor allem beim Wassermann-Test.

Am 20. November ging der junge Daudet, der schon einige Male von zuhause weggelaufen war, anstatt zur Schule zum Bahnhof Saint-Lazare und nahm den Zug nach Le Havre. Dort hielt er sich zwei Tage auf. Am 22. November kam er nach Paris zurück, ging aber nicht nach Hause. Am Nachmittag kam er zum *Libertaire,*

Rue Louis-Blanc und erklärte Georges Vidal – ohne seinen Namen zu nennen, er sagte später nur, sein Vorname sei Philippe –, daß er seit langem seine politischen Ideen teile und bereit sei, für die „Sache" ein Attentat zu machen. Die Anarchisten waren perplex: Wer war dieser junge Fanatiker? Ein Provokateur? Ein „Reingläubiger", der die Konsequenzen seiner Taten nicht einschätzen konnte? Wie dem auch sei, er erschien am Samstag, dem 24. November, wieder beim *Libertaire* und gab Vidal einige Blätter (Gedichte mit dem Titel *Parfums maudits*) und einen verschlossenen Brief, den dieser erst später öffnen sollte. In diesem Brief, den der *Libertaire* veröffentlichte, stand: „Meine geliebte Mutter. Es tut mir leid, daß ich dir solch großen Kummer bereite, aber ich bin schon seit langem Anarchist. Ich habe nicht gewagt, es zu sagen. Jetzt ruft mich die Sache und ich glaube, es ist meine Aufgabe, das zu tun, was ich mache. Ich liebe dich sehr. Philippe."

Am Samstagnachmittag, dem 24., ging er zu Le Flaouter, einer Buchhandlung am Boulevard Beaumarchais 46. Der Besitzer dieses Ladens war ein Waffenschieber und Pornoheftverkäufer, und, wie vor Gericht bewiesen wurde, ein Polizeispitzel im Dienste von Auguste Lannes, Schwager von Poincaré und Generalkontrolleur des Sicherheitsdienstes. Zu Le Flaouter sagte Philippe Daudet dasselbe wie zu Vidal. Er sprach von der „Sache", einem Anschlag, usw. Er verlangte nach einem Buch. Der Ladenbesitzer hatte es aber nicht auf Lager und versprach ihm, es bis zum Nachmittag besorgen zu können. Er solle noch am selben Tag um 16 Uhr wiederkommen. Sobald Philippe weg war, ging Le Flaouter zu Lannes und erzählte ihm alles.

Um die Buchhandlung wurden auffällig viele Polizisten aufgestellt (acht Inspektoren für einen fünfzehnjährigen Jungen). Das Ganze war so offensichtlich, daß Philippe Daudet, als er am Nachmittag zur Buchhandlung wollte, es sofort bemerkte. Er konnte aber ungehindert wieder gehen. Und eine halbe Stunde später lag der junge Mann sterbend in der Lariboisière, mit einem Loch in der Stirn.

Nach den Enthüllungen vom *Libertaire* reagierte Léon Daudet natürlich verzweifelt. Zuerst beschuldigte er die Anarchisten des Mordes und später glaubte er an ein Polizeiverbrechen. Seine These lautete folgendermaßen:

Während des Prozesses Bajot gegen Daudet zieht das Gericht in die Buchhandlung Le Flaoutter am Boulevard Beaumarchais.

Die erklärte Feindin von Léon Daudet, die Sicherheitspolizei, habe gewußt, daß sein Sohn von zuhause weggelaufen sei. Sie habe Philippe am 20. November bei seiner Rückkehr aus Le Havre abgefangen und zu Le Flaouter gebracht. Dort habe sie ihn bis zum Samstag festgehalten und dann umgebracht, nachdem man ihn gezwungen habe, sein Glaubensbekenntnis zum Anarchismus zu schreiben, das später im *Libertaire* veröffentlicht wurde. (Das sei alles mit Hilfe des „Gesindels der Polizeihelfer und Spitzel" der Rue Louis-Blanc geschehen.) Das Verbrechen sei im Keller der Buchhandlung verübt worden, der für eine solche Tat ziemlich geeignet war. Nachdem man ihm die Papiere und alles, was einen Hinweis auf seine Identität hätte geben können, abgenommen habe, sei der sterbende Philippe Daudet ins Taxi des Polizeispitzels Bajot verfrachtet worden, der den Auftrag gehabt habe, auszusagen, er habe in seinem Taxi einen Schuß gehört, als er in der Nähe der Lariboisière war.

Am 2. Dezember reichte Léon Daudet eine Klage wegen Mordes und Entführung Minderjähriger gegen Unbekannt ein. Nach mehr als dreizehnmonatiger Untersuchung ließ Richter Barnaud verkünden, das Verfahren werde eingestellt. Am 25. Januar 1925 klagte Léon Daudet die Inspektoren, welche die Buchhandlung Le Flaouter „überwacht" hatten, und Marlier, einen korsischen Präfekten und ehemaligen Direktor der Sicherheitspolizei, an. Der Abgeordnete Laugier wurde mit der Untersuchung der neuen Klage beauftragt. Am 30. Juli stellte er die Untersuchung ein. In der Zwischenzeit war der Taxifahrer Bajot es müde, täglich als falscher Zeuge und Polizeispitzel angeklagt zu werden und reichte gegen den Führer der *Action française* eine Klage wegen Ehrverletzung ein.

Der Prozeß wurde am 26. Oktober 1925 vor dem Geschworenengericht in Paris eröffnet und dauerte neunzehn Sitzungen lang, davon zwei Nachtsitzungen. Am 15. November wurde Léon Daudet zu fünf Monaten ohne Bewährung, zu 1.500 Francs Buße und zu 24.000 Francs Genugtuung für Bajot plus Gerichtskosten verurteilt. Er brach aus dem Gefängnis La Santé aus und machte damit die Verwaltung lächerlich. Nach dreißig Monaten Exil in Belgien kehrte er nach Frankreich zurück.

Mit drei Thesen wurde versucht, das Rätsel zu lösen:

Diejenige von André Colomer und den Anarchisten, die glaubten, Philippe Daudet sei von einem Polizeispitzel in die Buchhandlung Le Flaouter geschickt worden. Dort seien einige Polizisten gewesen, es sei zum Kampf gekommen, bei dem der junge Mann tödlich verletzt worden sei. Als man entdeckt habe, wer der Vater dieses jungen Mannes war, habe man sich aus Angst vor einem Skandal dazu entschlossen, das Verbrechen wie einen Selbstmord aussehen zu lassen.

Die offizielle These vom Selbstmord, nach der sich die Anarchisten seiner bedient hätten, um einen aufsehenerregenden Skandal hervorzurufen. Der junge Mann habe ihre Absichten erkannt und sich aus

Skizze der Gerichtsverhandlung, Gegenüberstellung von Colomer und dem Buchhändler Le Flaoutter, erschienen in *Le Matin,* 1. November 1925.

Verzweiflung selbst gerichtet.

Und diejenige von René Bréval, 1959 veröffentlicht *(Philippe Daudet a bel et bien été assassiné),* nach der die Polizei ihm in der Buchhandlung eine Falle gestellt habe. Mit einer Waffe in der Hand fragten sie ihn nach seinem Namen. Daudet? Vor ihnen stand der Sohn ihres Erzfeindes. Die Polizisten hatten eine Idee: Sie würden ihn anklagen, den Präsidenten der Republik ermorden zu wollen, drohten ihm mit der Guillotine und setzten ihn so unter einen riesigen emotionalen Druck. Dann legte man ihm nahe, sich zu töten, oder besser gesagt, man befahl es ihm.

Diese These ist eigentlich nicht sehr einleuchtend, denn Philippe Daudet war nicht so dumm, sich den Argumenten der Polizei einfach zu beugen.

In der Buchhandlung Le Flaouter muß etwas anderes passiert sein.

Ich vertrat Colomers These. Was für eine ungewöhnliche Geschichte: für einen Mord sprachen ebensoviele Punkte wie für einen Selbstmord. Wunderbar, unlösbar.

LA VACHE ENRAGEE

An einem eiskalten Wintertag, mit Nebel und ein bißchen Schnee, um das Gemälde zu vervollständigen, kam ich mit 105 Francs in der Tasche in Paris an. Es war der 1. Dezember 1925, 9 Uhr morgens. Am Vortag hatte ich meinem Großvater einen Zettel hinterlassen und war in Montpellier um 7 Uhr abends in den Zug gestiegen – damals war das eine richtige Expedition. Ich nahm die Métro, um zu Colomer in die Rue de Charenton zu fahren. Dabei mußte ich feststellen, daß die Métro, von der man mir Unglaubliches erzählt hatte – daß die Menschen darein gestopft seien wie Sardinen – leer war! Es muß etwa 9.20 Uhr gewesen sein. Ich dachte mir, daß die Leute, die aus Paris zurückkamen, Märchen über die Hauptstadt erzählten.

Colomer empfing mich mit den Worten:

„Was machst du denn hier? Bist du mit der Métro gekommen? Gut, nicht? Für 9 Groschen kannst du hundert Mal um Paris fahren, wenn du willst. Du siehst zwar nichts von der Stadt, aber du kannst träumen."

„9 Groschen?" stammelte ich.

Und erzählte, wie ich bei jedem Umsteigen zur Kasse gerannt war, mich mit einem Seufzer von 9 Groschen meines Reichtums getrennt hatte, um wieder in die Tiefen der Untergrundbahn zu stürzen.

Colomer nahm mich in der Rue de Charenton 259 auf, wo sich gleichzeitig seine Wohnung und der Sitz vom *Insurgé* befanden. Am ersten Abend schlief ich auf dem Sofa, auf dem schon Germaine Berton und Emile Cottin geschlafen hatten. Germaine Berton war eine zwanzigjährige Anarchistin, die mit einem Revolver Marius Plateau, den Anführer der *Camelots du roi* und Mitstreiter Léon Daudets, erschossen hatte (damals bekämpften sich die Royalisten und Anarchisten erbittert). Emile Cottin, den ich später gut kennenlernte, war berühmt für seinen Attentatsversuch auf Clémenceau.

Bei Colomer traf ich Anarchisten, die mir vom *Foyer Végétalien* in der Rue Tolbiac erzählten, wo man billig schlafen und essen könne:

Künstlerschleife, Pfeife und breitrandiger Hut: ich trug die vollständige „Uniform“ des perfekten Montmartre-Chansonniers.

Ein Bett im Schlafsaal kostete 15 Francs die Woche, billiger als im bescheidensten Hotel, das Essen 1,50 Francs. Aber Achtung, nur Gemüse.

Die Vegetalier essen nur Gemüse, während die Vegetarier auf Eier, Fisch usw. nicht verzichten. Es gab auch „fanatische" Vegetalier, die behaupteten, daß man Gras nur auf allen Vieren genießen könne, an einem Tisch zu essen, sei ketzerisch. Diese Art Leute lernte ich in Paris kennen.

Am nächsten Morgen ging ich in die Rue Tolbiac. Im Erdgeschoß befand sich ein Restaurant, im ersten Stock der Schlafsaal. Damals gab es zwei Vegetalierheime in Paris. Das eine in der Rue Tolbiac wurde von Theosophen geführt (sie wollten jedoch nicht unbedingt jeden bekehren) und das andere in der Rue Mathis (genannt *Les Rhumatisants*) von Anarchisten. Man aß dort den bekannten Basconesen-Salat, den Vater Butaud in seiner anarchistischen Kolonie in Bascon erfunden hatte. Ich nahm mir im Tolbiac-Heim ein Bett, wo neben Anarchisten eine ganze Bande von mehr oder weniger verdächtigen Männern hauste. Dann machte ich mich auf Arbeitssuche.

Damals gab es kleinere Fabriken, die am Morgen Männer einstellten und sie am Abend auszahlten. Ich fand für einige Tage Arbeit in Pantin, wo ich für Félix Potin Flaschen waschen mußte. Angesichts meines jämmerlichen Zustandes war es gut, jeden Tag bezahlt zu werden. Wenn ich erst nach zwei Wochen Arbeit meinen Lohn bekommen hätte, wäre ich vor Erschöpfung gestorben.

Auch in der Fabrik hatte ich immer vier oder fünf Lieder bei mir, die ich in Montpellier geschrieben hatte. Eines Tages sagte ich zu Colomer: „Eigentlich bin ich hierher gekommen, um Chansonnier zu werden. Kennst du jemanden, dem du mich empfehlen könntest?"

Ich wußte, daß André Colomer aus seiner Studienzeit viele Leute kannte. Wenn gegen Ende des Monats kein Geld mehr in der Zeitungskasse war, machte er manchmal die Runde bei seinen Mitstudenten aus *Louis-le-Grand.* Unter anderem kannte er Louis Jouvet und Georges Lecomte von der Académie française, die ihm freundlicherweise 200 oder 300 Francs gaben, um den Drucker zu bezahlen.

Colomer riet mir, zu Vincent Hyspa zu gehen. Er komme aus Narbonne, fast aus meiner Heimat.

„Besuch ihn im *Noctambule* in der Rue Champollion im Quartier Latin. Er ist nett. Wenn er kann, wird er dir helfen."

Vincent Hyspa, ein Chansonnier aus der Zeit vom *Chat Noir,* war eine außergewöhnliche Persönlichkeit mit einem weißen Bärtchen. Er trug Monologe mit beißendem Spott vor und stellte sich wegen seinem Toulouser Akzent als belgischer Conférencier vor.

Ich ging zu ihm und erklärte ihm meine Lage. Hyspa sagte, ich solle ins *Vache enragée* in Montmartre gehen, am Place Constantin-Pécqueur:

„Verlangen Sie nach dem Chef Maurice Hallé und sagen Sie ihm, ich habe Sie geschickt. Er sucht junge Talente."

Am Nachmittag des 25. Dezembers 1925 ging ich ins Cabaret *La Vache enragée.* Mit seinen karierten Vorhängen sah es aus wie ein richtiges Bistro. Durch eine Art Doppeltür kam man in einen ziemlich großen Raum. Beim Eingang stand eine Theke, an den Mauern hingen Darstellungen von Kühen mit Bullen und dicken Schutzmännern mit Schnäuzen. Sie waren von Malern aus Montmartre gezeichnet worden, von denen manche am *Foire aux Croûtes,* dem Bildermarkt in Montmartre, teilnahmen, wie zum Beispiel Tap, der jede Woche die Titelseite des bekannten Klatschblattes *Aux Ecoutes* illustrierte. Viele Linke verkehrten hier, auch Anarchisten. Ich setzte mich, bestellte ein Bier, das ziemlich teuer war – man bezahlte keinen Eintritt. Ich war ein bißchen betrunken, denn am Vorabend hatten Colomer, seine Frau Madeleine, Georges Vidal, Hélène Ardent, eine junge Dichterin, die bei der *Edition des Humbles* ein Buch veröffentlicht hatte, und Maurice Wullens, Direktor dieses Verlags, und ich bis morgens früh gefeiert. Ich verlangte nach dem Chef und sah einen kleinen Mann mit Brille und einer großen Künstlerschleife auf mich zukommen: Maurice Hallé, Dichter aus Beauce und Bürgermeister der freien Gemeinde von Montmartre. Ich zeigte ihm mein Schulheft mit den Liedern. Er warf einen kurzen Blick darauf und muß sie weniger schlecht gefunden haben, als ich sie einschätzte. Er fragte mich: „Wann wollen Sie anfangen?"

„Wann Sie wollen."

„Heute abend."

Ich trug also noch am selben Abend Lieder vor, an die ich mich nicht mehr erinnere; sie waren zwar nicht sehr gut, wurden aber ein

G. C. A., Paris 744. Montmartre — Sur la Place Constantin-Pecqueur (Ancᵗ Fontaine-du-Bût).

Place Constantin-Pecqueur, 1906. Dort, wo man die Bäckerei sieht, befand sich ab 1919 das Cabaret *La Vache enragée,* in dem ich im Dezember 1925 meine Karriere als Chansonnier begann.

großer Lacherfolg wegen meiner schrecklichen Aussprache. 1925 bekamen die Pariser den südländischen Dialekt nicht oft zu hören. Viele Leute glaubten, ich sei Ausländer. Und außerdem ist der Akzent aus Montpellier anders als der aus Toulouse oder Marseille, Béziers oder Sète! Er ist etwas Besonderes. Nach 1930 gewöhnten sich die Pariser wegen Marcel Pagnol an diesen Dialekt und 1936 wegen des bezahlten Urlaubs. Als die Leute selbst an die Côte d'Azur fuhren, entdeckten sie alle Akzente des Midi. Ich verlor ihn mit der Zeit. Haben Sie Yves Montands merkwürdigen Akzent schon einmal gehört? Er muß lange dagegen angekämpft haben. Er hat es nicht ganz geschafft und das klingt nun irgendwie seltsam.

An diesem Abend bekam ich Applaus ... keinen wirklichen ... es wurde nicht geklatscht. *La Vache enragée* befand sich in einem Erdgeschoß, wie jedes Cabaret, das etwas auf sich hielt. Darüber befanden sich bürgerliche Wohnungen, deren Mieter gerade noch die Klänge des Klaviers ertrugen, das die Chansonniers begleitete, aber Applaus ging über ihre Kräfte. Anstatt zu klatschen, hob man den Arm, bewegte die Hände wie Marionetten und machte „Drrriiinn", wie Schellen.

Ich sang einige Lieder zur aktuellen Lage. *Chansons rosses,* sagte man damals. Immer dieselben Zielscheiben: Die Sängerin Mistinguett mit dem Klavier, das sie im Mund hatte; die Schauspielerin Cécile Sorel, deren Namen man zu Cécilsorel zusammenzog und das o betonte; die antike Geburt von Hugues Capet, die nicht mit der Schönheitskönigin zu verwechseln ist; den Schriftsteller Maurice Rostand nannte man Mauricette oder Rostante; den Kommunisten Marcel Cachin nannten wir la Cachinchinoise usw.; Abgeordnete, Politiker ... Ich war nicht besonders gut. Die letzten Vertreter dieser Art Chansonniers waren Robert Roca, der übrigens auch im *Vache enragée* angefangen hatte, aber sehr viel später als ich, mit seiner *Boîte à sel*; Pierre-Jean Vaillard im *Théâtre des Deux Anes* und Maurice Horgues vom *Oreille en coin ...*

Es gab gute und schlechte Cabarets, jene, in denen man am Umsatz beteiligt war, und andere, in denen man überhaupt nichts bekam. *La Vache enragée* gehörte zur zweiten Kategorie.

Manchmal bat ich Maurice Hallé um 50 Francs. Tagsüber stellte ich Gipsplatten her oder wusch Flaschen bei Félix Potin. Am Abend sang ich im *Vache enragée.* Manchmal lud mich Maurice Hallé samstags zum Mittagessen ein. Manchmal zahlte er mir ein Glas. Mehr nicht.

Ich steckte wirklich in der Scheiße. Aber Scheiße, ich war jung ...

Ich lief mit völlig kaputten Schuhen herum. Voll Mitleid sagte die Frau von Maurice Hallé eines Tages zu mir: „Sie können doch nicht mit solchen Schuhen herumlaufen! Kommen Sie morgen mit mir, wir werden Ihnen ein Paar Schuhe besorgen."

Ich ging nicht mit ihr in den Laden, denn wegen der Löcher in den Socken wagte ich es nicht, meine Schuhe auszuziehen. Sie kam aus dem Laden in der Avenue de Clichy und schenkte mir ein Paar.

„Passen sie?"

1923 von der Freien Gemeinde des alten Montmartre herausgegebene Briefmarke mit dem abgezehrten Emblem der *Vache enragée,* gezeichnet von R. Lacoux.

„Ja, sehr gut“, sagte ich, um abzulenken. Sie paßten überhaupt nicht, sie waren viel zu klein. Obwohl ich schrecklich litt, verkaufte ich sie nicht. Ich machte sie kaputt und kaufte mir ein Paar Espadrilles. Maurice Hallé machte ein echtes Drama aus dieser Geschichte. Er erzählte sie übrigens zwanzig Jahre später im *France-Dimanche!*

Maurice Hallé hatte seine Fehler. Man warf ihm viele vor, zuviele, um sie aufzuzählen, ich aber fand, daß er gut war, weil er mich als Chansonnier akzeptiert und behalten hatte! Weil er Inhaber eines Cabarets war, behandelten ihn manche seiner Feinde gerne als „Limonadenverkäufer“ und sprachen ihm seine Dichterqualitäten ab. Er hatte einen Gedichtband *Par la grand'route et les chemins creux* geschrieben, der an den berühmten Gaston Couté erinnert, der auch aus der Beauce kam wie er. Maurice Hallé hatte es nach Montmartre gezogen wie mich, mit dem Unterschied, daß er gleichzeitig arbeitete und seine Gedichte schrieb. Er war Kupferschmied gewesen, hatte man mir gesagt, und nach Paris gekommen, um das Geld für die Rückzahlung der Schulden seines Vaters zu begleichen, der bankrott gemacht hatte. Er aß, was gerade auf den Tisch kam und legte sein Geld auf die hohe Kante.

All das geschah in den revolutionären Kreisen vor dem ersten Weltkrieg: Maurice Hallé hatte Gaston Couté, Gustave Hervé, einen Journalisten und Antimilitaristen, und Almereyda, den Vater von Jean Vigo, gekannt. Er hatte bei der Zeitschrift *Guerre sociale* gearbeitet, beim *Bonnet rouge* usw. Ich weiß nicht, warum Maurice Hallé am Montmartre ein Cabaret eröffnet hatte. Am Anfang schloß er sich mit Roger Tozini zusammen, einem anderen bekannten Chansonnier, später zerstritten sie sich jedoch. Es gab viele solcher Palastrevolutionen am Montmartre. Später kam es sogar zu einem richtigen Bruch: Pierre Labric, von dem ich später noch sprechen werde, trennte sich von Maurice Hallé, verließ den Place Constantin-Pécqueur, ging zum Place du Tertre und gründete dort die freie Gemeinde des alten Montmartre mit ihrem berühmten „Vorsteher", die es heute noch gibt. Der eigentliche Gründer der freien Kommune aber war Jules Depaquit, ein Maler, Zeichner und Dichter. Eine illustre Persönlichkeit, wie es viele im Viertel gab, die von man weiß nicht was lebten.

Es war wirklich leicht zu erkennen, daß ich aus der Provinz kam, so naiv war ich! Ein Sonntag Anfang 1926, Wahlen ... im Quartier de la Bourse stellten sich Paul Reynaud und Jacques Duclos zur Wahl. An diesem Sonntag war ich mit Pierre Labric in einem kleinen Bistro gegenüber der Rue Caulaincourt und wartete neben dem Telefon auf die Wahlresultate des zweiten Bezirks. Pierre Labric! Noch so eine Persönlichkeit, dieser Pierrot! Sein Lieblingswort war „gerissen". „Der da, der ist gerissen! Ich habe ein gerissenes Ding gemacht." Da konnte Maurice Hallé nur mit den Schultern zucken – er zuckte oft mit den Schultern. Eine Marotte von ihm, er hatte viele.

Pierre Labric war, soweit ich mich erinnern kann, Sportjournalist und selbst Sportler. 1923 vollbrachte er eine Leistung, von der man in ganz Frankreich sprach: er fuhr mit dem Fahrrad die Eiffelturm-treppen hinunter. Labric kannte viele Leute von der Presse. An diesem Wahlabend telefonierte er herum, um Informationen zu

oben links: Vincent Hyspa. Er schickte mich zu Maurice Hallé (Karikatur von Léandre).
rechts: Pierre Labric als Bürgermeister der Freien Gemeinde des alten Montmartre, nach seinem Zerwürfnis mit Maurice Hallé.
unten: Postkarte zum Andenken an die sportliche Leistung Labrics.
umseitig: Maurice Hallé, wie ich ihn gekannt habe, karikiert von Tap auf der Titelseite seiner Zeitung, die sich ebenfalls *La Vache enragée* nannte.

1re Année. - N° 1 | Le numéro : 5 SOUS (On ne rend pas de monnaie) | Vendredi 18 Mai 1917

Journal intermittent, paraissant quand il y a de l'argent
Organe officiel de la Bohème de Montmartre
Fil spécial (non barbelé) avec le Quartier latin et Montparnasse

BUREAUX :	Directeur : Maurice HALLÉ	ABONNEMENTS :
11, Rue Girardon, 11		Six mois. . . . . . 6 francs
(Montmartre)	Rédacteur en chef : R. TOZINY	Un an . . . . 12 francs

Les Gueules de Montmartre

Le Chansonnier Maurice HALLÉ

erhalten. Büro eins, soviele Stimmen für Duclos. Büro zwei, soviele Stimmen für Reynaud usw. Das Resultat zeichnete sich langsam ab. Ich fing an, mein Lied zu schreiben. Endergebnis: Duclos wurde gewählt.

Ich schrieb kein Loblied auf ihn (er war nicht mein Freund), aber ein Lied, das mit dem Sieg von Duclos endete. Und sang es sofort im *Vache enragée* und informierte somit das Publikum über die Wahlergebnisse im Quartier de la Bourse.

Ich überlegte erst später. Ich war sehr naiv gewesen! Es wäre doch ganz einfach gewesen: ich hätte am Nachmittag einfach zwei Versionen schreiben können, eine mit Duclos als Sieger, die andere mit Paul Reynaud. Dann hätte ich am Abend nicht auf die Ergebnisse warten und das Lied in einer knappen Viertelstunde schreiben müssen! Ich hätte etwas besseres schreiben können. Wie naiv ich doch war! Und wie ehrlich!

René-Paul Groffe sang ebenfalls im *Vache enragée.* Er spielte auch im *Noctambules* in der Rue Champollion und konnte Guillaume Apollinaire nicht ausstehen. Auch der alte Maader war im Cabaret, ein zittriger Herr mit durchsichtiger Haut, sehr nett und sehr nachsichtig. Er wohnte in der Rue Caulaincourt und verkaufte jeden Abend sein Gerede. Er hatte die meisten Lieder und Monologe geschrieben, die Drenem, der berühmte Komiker, sang und vortrug.

Ich erinnere mich auch an Géo Joussain, der im *Perchoir* und im *Théâtre de Dix-Heures* auftrat. Ein begabter Kerl, von schöner Gestalt, schlank, elegant, vornehm, sehr wohlhabend, ein bißchen eingebildet. Ein Lied aus seinem Repertoire gefiel mir gar nicht. Der Schluß ging so:

„Man kann Dummköpfe
nicht davon abhalten,
sich selbst zu töten."

Das störte mich, denn ich hatte Respekt vor Selbstmördern, es sind nicht alles Dummköpfe. Zwei oder drei Jahre danach – ich war schon seit langem nicht mehr im *Vache enragée* – begegnete ich einem Ehemaligen der freien Gemeinde, der mir das Neueste über alle Leute erzählte, auch über Géo Joussain.

„Joussain? Weißt du nicht, daß er sich am Leuchter seines

Eßzimmers erhängt hat?“ Gelächter.

Allerlei Leute kamen ins *Vache enragée*. „Seriöse“ Leute wie Potier von Hachette, oder auch Politiker. Man konnte dort Georges Pioch von der Liga für Menschenrechte antreffen. Er war ein Redner für die Linke, Pazifist und 110 Kilogramm schwer. Im Laufe einer Diskussion über irgendein humanitäres Thema soll er sich auf die Brust geschlagen und geschrien haben: „Wir, die hungernden Leute!“ Dieser arme Georges Pioch wurde bei der Befreiung geschnitten. Er hatte nicht kapiert, daß es sich nun gehörte, auf die Deutschen zu spucken. Er war Pazifist geblieben und nicht in Stalin verliebt.

Georges Pioch brachte Emile Cottin einmal in ernste Schwierigkeiten. Der Dicke hatte sich mit seinen Freunden der Gruppe um Cottin angeschlossen: ein paar junge Leute, die zu den Versammlungen vom *Insurgé* kamen, vielleicht noch Louis Louvet, genannt Titi, und seine Gefährtin Simone Larcher. Zwischen den Auftritten diskutierten sie miteinander und dann ging Pioch. Am nächsten Tag konnte man auf der ersten Seite der Tageszeitung *La Volonté*, bei der Georges Pioch arbeitete, folgendes lesen: *„Ich begegnete gestern in einem Montmartre-Cabaret einem herzensguten, jungen Mann mit Idealen: Emile Cottin. Er schien seine langen Jahre im Gefängnis inmitten des herzlichen Kreises seiner anarchistischen Freunde vergessen zu haben ...“* usw. Madeleine Colomer schimpfte:

„Was für ein Idiot! Diese Journalisten sind doch alle gleich! Sie schätzen die Folgen ihrer Artikel nicht ab!“

„Ich finde den Artikel gut!“ entgegnete ich.

„Du bist genauso blöd wie die! Cottin ist zwar begnadigt worden, aber er hat ein Aufenthaltsverbot in Paris. (Er war Schreiner und sein alter Meister hatte ihn wieder aufgenommen.) Die Polizei weiß, daß er hier ist, unternimmt aber nichts. Wenn jetzt überall erzählt wird, daß Cottin in Paris ist und die Gruppen besucht, muß die Polizei etwas tun. So ein Artikel ist ein Festessen für Léon Daudet.“

Tagelang herrschte große Aufregung, doch dann beruhigten sich die Gemüter. Cottin nahm seine Arbeit wieder auf. Ich sah ihn oft. Léon Daudets Artikel, den Madeleine Colomer befürchtet hatte, erschien nie. Vielleicht las niemand Georges Piochs Artikel.

Bevor sie 1923–24 das *Vache enragée* besuchten, waren die Anarchisten im *Grenier de Gringoire* in der Rue des Abbesses. Es war ein wirklich anarchistisches Cabaret, das zu seiner politischen Meinung stand und von Charles d'Avray geführt wurde, wenn man bei den Anarchisten von Führung sprechen darf. Avray war ein alter militanter Chansonnier. Er hatte *Triomphe de l'anarchie* und *Le peuple est vieux* geschrieben:

Crénom de Dieu! Qu'a-t-il donc dans les yeux!
Le peuple est vieux!
Ah! Que le peuple est vieux!
(„Herrgott, hat es denn Sand in den Augen!
Das Volk ist alt geworden!
Ach, wie alt ist es geworden!")

1926 muß das letzte Jahr vom *Grenier* gewesen sein. Philippe Daudet war kurz vor seinem Tod, im November 1923, dort gewesen. Er hatte das Rendezvous mit Georges Vidal verpaßt und sich von Charles d'Avray ein paar Francs geben lassen. Das *Grenier de Gringoire* überlebte diese mehr oder weniger gute Werbung durch die Daudet-Affäre nicht.

Charles d'Avray (1878–1960), anarchistischer Chansonnier und „Direktor" vom *Grenier de Gringoire.*

umseitig: Titelseite des *Grand Guignol.* Der Direktor, Georges Anquetil, besaß auch „Interargus" (Privatpolizei, Überwachungen, Ermittlungen). *Le Grand Guignol* war eigentlich eine Erpresserzeitschrift. Erpressungen auf jeder Seite. Wenn diese Zeitschrift eine Untersuchung über die Bank X durchführte, wußte jeder, was das bedeutete. Und wenn plötzlich, von einem Tag auf den andern, nichts mehr über die Bank geschrieben stand, wußte man, daß der Bankier gezahlt hatte ... Sehr zum Vergnügen der Leser war *Le Grand Guignol* gespickt mit ziemlich giftigen Kommentaren. Es war viel von Kokain die Rede: Damals hatten Betäubungsmittel bei Leuten von Rang und Namen verheerende Folgen.

GUIGNOL
NE SERAIT
PAS SURPRIS
SI....
MAIS IL
SERAIT BIEN
ÉTONNÉ
SI....

SI M. Clément Vautel, qui gagne actuellement ce qu'il veut, plaçait ses bénéfices en bons immeubles de rapport.

SI, malgré le démenti de sa famille, l'ex-impératrice Zita se décidait à accepter les offres que lui fit une grande Compagnie cinématographique américaine. La rente qu'on lui sert est, en effet, absolument insuffisante.

SI notre grande coquette nationale songeait à offrir sa démission à M. l'Administrateur général de la Comédie-Française. Elle veut partir en beauté.

SI M. B..., leader du parti communiste, s'était vu interdire cet été par Moscou l'accès de telle plage fleurie, sous prétexte que cela ferait mauvais effet dans le public (!)

SI l'on revoyait la belle Otero sur la scène, la saison prochaine.

SI la lutte entre le Casino de Paris et le Moulin-Rouge se précisait cet hiver. M. Volterra aurait juré de faire payer cher sa défection à Miss... Mais est-il si méchant que cela ?

SI les nouveaux directeurs de cette grande scène lyrique avaient demandé à quelques membres du gouvernement s'ils n'avaient pas d'artistes à leur recommander.

SI M. Mussolini avait amorcé des conversations pour faire un voyage officiel à Paris cet hiver.

SI le Casino d'Ostende avait réalisé, cette saison, de fort beaux bénéfices. Il y eut des parties très animées, plus animées qu'à Deauville. Cela a donné l'éveil à quelques capitalistes qui chercheraient à s'intéresser à l'affaire.

SI M. Henry Chéron était fort ennuyé. On assure qu'il souffrirait d'une maladie d'estomac, ce qui l'empêcherait de faire de ces bons gueuletons qui sont sa joie.

SI telle Duchesse, pourvue d'un nom historique, s'intéressait à un commerce d'antiquités. Mais ce ne sera pas rue de... Grammont.

SI l'on voyait beaucoup moins sur les champs de courses cet ancien ministre des Finances. Sa fortune n'est pas immense et le turf lui aurait coûté près de deux cents billets, l'an dernier.

SI M. Henri de Rothschild avait trois pièces prêtes. Mais on ne les verra pas toutes au théâtre de la rue Pigalle. Le baron préfère se disséminer.

SI Mgr Dubois avait dû interdire aux membres du clergé parisien de s'immiscer dans des affaires commerciales, comme certains le faisaient. Des plaintes seraient même parvenues jusqu'à l'archevêché.

SI une nouvelle maison de couture voyait le jour cet hiver, qui aurait pour raison sociale le nom d'une grande fantaisiste de music-hall.

SI M. Maginot songeait à quitter la France plusieurs mois pour faire un grand voyage autour du monde. Sans doute voit-il qu'il n'y a rein à fricoter pour lui en ce moment. Mais Maxim's ne lui manquera-t-il pas ?

SI deux Compagnies d'assurances — et non des moindres — s'intéressaient à un quotidien nouveau pour lequel on réunit des fonds depuis plusieurs mois.

SI le maréchal Lyautey, dont les rares amis multipliaient les démarches à Paris en sa faveur, réussissait à se maintenir au Maroc. D'ores et déjà, on le considère, non seulement comme brûlé, mais comme fini.

SI M. de Monzie ne facilitait pas l'accès de la Comédie-Française à un ou deux « jeunes », qui lui sont chaudement recommandés.

SI le parti socialiste ne faisait pas l'impossible pour faire reparaître de façon quotidienne son organe officiel, actuellement hebdomadaire.

SI le fakir Tahra Bey n'était pas le plus vil mercant du monde. Il a demandé à un éditeur 625,000 francs pour délivrer des bouts de papier talismans.

SI cet homme de lettres connu, qui rata l'Académie et dont les « errements » ne sont point un secret, n'était pas à la recherche d'une nouvelle âme-sœur, ou frère plutôt.

SI telle grande cantatrice — la plus nationale de nos cantatrices — n'avait pas pris une culotte de luxe à Deauville. Et l'on assure que pour en récupérer le prix, elle aurait enlevé ladite culotte en compagnie d'un richissime étranger.

SI telle amusante comédienne, bonbon à la voix acidulée, ne s'était pas mis en tête de recueillir l'héritage moral de la pauvre Louise Balthy. On a remarqué que dans une seule phrase, elle avait dit cinq fois : « M... ! » Une façon comme une autre d'être à la Maud.

SI des descentes de police étaient effectuées dans certain endroit bien femmé, proche de la porte Saint-Martin. Nombreux sont, en effet, les hommes politiques qui y fréquentent.

SI un écrivain apprécié, pour se faire de l'argent, ne cherchait pas à liquider ses manuscrits et un certain nombre d'autographes de bons amis non moins célèbres.

SI la grande danseuse franco-russe — nommerons-nous l'*Isadorable ?* — ne cherchait pas un engagement même à l'œil à Paris. Mais jusqu'à présent, elle n'a rien vu venir.

SI le torchon ne brûlait pas entre M. Doriot et M. Marcel Cachin, ce dernier trouvant que le premier tire trop la couverture à lui.

SI tel établissement théâtral du boulevard de Strasbourg ne changeait pas de main. Les dernières saisons n'auraient, en effet, pas été brillantes, ce qui expliquerait tout.

SI telle poétesse, qui a vécu quelque peu éloignée du monde depuis quatre ou cinq ans, ne songeait pas à y faire une rentrée sensationnelle cet hiver.

SI pour les vacances, cette charmante comédienne n'avait pas fait cœur net. Elle a liquidé son protecteur et ses deux amants et elle est partie pour la Suisse où elle est encore. C'était tout indiqué !

SI les anciens et les nouveaux directeurs de l'Opéra-Comique ne se disputaient pas à coup de billets de banque les grandes vedettes de l'art lyrique. Et l'on assure que ce ne sont pas les nouveaux directeurs qui l'emportent dans cette lutte d'un nouveau genre.

Merkwürdig! Wenn man mich fragt: „Wovon lebten Sie in den Jahren 1925–26, als Sie Vagabund, Hilfsarbeiter und Chansonnier waren?“, so weiß ich heute, mehr als sechzig Jahre später, selber keine Antwort darauf. Ich weiß wirklich nicht, wovon ich lebte! Es gab immer jemanden, den man um 5 Francs bitten konnte. Heute kommt man mit 5 Francs nicht weit. Damals aber konnte man dafür einige Kleinigkeiten essen, wie ich sie in der Schlachterei in der Rue Marcadet kaufte.

Damals arbeitete ich als Handlanger im 17. Bezirk und hatte in der Rue Marcadet ein Hotelzimmer gemietet, ich blieb immer am Montmartre. Ich weiß nicht mehr, wieviel das Zimmer kostete, aber ich hatte nicht viel Geld und mußte mit dem Essen sparen. Abends aß ich meistens Pastete mit einem Stück Brot. Das Brot kostete 9 Sous und die Schlachterei verlangte 2 Francs für die Pastete. Die Tochter der Chefin bediente mich, ich muß ihr gefallen haben. Ich habe später oft an dieses Mädchen gedacht und wollte sie in einem meiner Romane spielen lassen. Sie gab mir immer ein Stück mehr.

Als Kind hatte ich Frostbeulen. Als Vagabund hatte ich keine! Vielleicht dank dieser famosen Pastete ... vielleicht aß ich weniger Fett in meiner Kindheit! Bevor ich zum ersten Mal unter einer Brücke übernachtete, war ich 48 Stunden herumgelaufen und konnte nicht mehr aufrecht stehen. Es lag Schnee in Paris! Ich packte mich unter eine Brücke, ich mußte einfach schlafen! Ich dachte, ich würde nie mehr aufwachen. Aber was hätte ich tun sollen? Als ich am nächsten Morgen wach wurde, hatte ich nicht einmal einen Schnupfen, während man mich zuhause in Wolldecken gewickelt hatte!

Es ist äußerst schwierig zu sagen, was ich während meiner ersten Monate in Paris machte. Ich arbeitete ein paar Tage in einer Firma, bis ich entlassen wurde oder selbst ging. Wenn man bei Félix Potin, wo ich Flaschen wusch, am Morgen zu spät kam, fand man die Tore verschlossen. Man durfte erst am nächsten Morgen wiederkommen. Dann wurde man wieder genommen. Anstellung am Morgen, Lohn am Abend. Die Wirtschaftskrise kam erst 1930–31. 1925–26 fand man noch leicht Arbeit ... außer vielleicht in den

Zeichnung von Léo Malet, 1961 in einer Broschüre der Ecole Estienne veröffentlicht.

Markthallen. Ich hatte es dort versucht. Unmöglich! Die starken Männer der Markthallen waren in einer geschlossenen Gesellschaft organisiert. Sie bildeten eine richtige Bande. Man konnte nicht einfach sagen: „Kann ich Ihnen helfen, die Kisten auszuladen?“

Ich überlebte recht und schlecht, arbeitete hier und dort als Handlanger und täuschte manchmal Arbeitsunfälle vor. Viele Anarchisten lebten vom Versicherungsbetrug. Man ließ sich in einer Firma anstellen, nach zwei Tagen ging man auf die Toilette und rieb sich den Arm mit Glaspapier. Dann trug man etwas herum, einen Zementsack, eine Kiste oder ein Holzstück und ließ sich damit fallen: „Autsch!“

Alle in der Werkstatt schrien: „Er ist verletzt, er ist verletzt!“

Viele Arbeiter wußten, worum es ging und halfen nach. Der Vorarbeiter, der auch nicht auf den Kopf gefallen war, sagte: „Was ist los? Ab zur Versicherung! Ich nehme einen andern."

Jemand steckte einem die Visitenkarten eines Quacksalbers zu, der auf Arbeitsunfälle spezialisiert war. Damals gab es in Paris Arztpraxen, auf deren Schild mit roten Buchstaben auf weißem Grund „Arbeitsunfälle" geschrieben stand. Die Uniformen der Krankenschwestern waren vielleicht nicht von blendender Sauberkeit, aber die Verbände wurden nicht zweimal verwendet. Der Arzt bekam von der Versicherung 3 Francs pro Tag und gab dem Verletzten barmherzig einen Franc davon. Es gab damals keine Sozialversicherung, die Arbeitgeber waren bei Privatunternehmen versichert: L'Abeille, La Providence ... Auf die Karteikarte schrieb der Arzt: „Benötigt tägliche Pflege" und sagte zum Verletzten: „Komm in zehn Tagen wieder."

Während dieser Zeit ließ man sich von einem Arbeitgeber anstellen, der bei einer anderen Versicherung war, und hoppla! wieder ein Unfall. Die ganz Gewitzten versuchten es sogar bei einer dritten Firma und bekamen für den ganzen Tag Faulenzen drei halbe Löhne.

Einmal vermittelte mir Pierre Labric über Potier, den Dienstchef am Quai de Javel, eine Stelle als Träger bei Hachette. Dieser Verlag hat eine wichtige Rolle in meinem Leben gespielt. Bevor er meine Bücher herausgab, arbeitete ich als Träger und Packer für ihn. Ich muß damals schlechtes Blut gehabt haben, denn jedesmal, wenn ich mich schnitt, bekam ich eine Entzündung. Ausgerechnet am ersten Tag schnitt ich mich und bekam einen schlimmen Umlauf am Daumen. Ich sagte nichts und fuhr fort, Bücher herumzutragen. Als der Vorarbeiter meinen Daumen sah, sagte er:

„Ich kann dich nicht behalten mit diesem Ding am Daumen. Das ist gefährlich. Geh zur Versicherung."

Ich hatte es nicht einmal absichtlich getan! Ein Mitarbeiter gab mir die Adresse eines Arztes am Quai de Seine. Ich ging zu ihm: „Sechs Tages Unfallgeld. Willst du neunzigprozentigen Alkohol? Oder Watte? Ich kauf sie dir wieder ab. Bonbons?" Er schrieb alles aufs Rezept und die Versicherung blechte. Ich traute mich nicht zu Hachette, bis der Daumen geheilt war. Ich sagte mir: Potier muß eine schlechte Meinung von mir haben. Kaum findet er für mich eine Arbeit, werde ich krank.

Er meint sicher, ich mache das absichtlich.

In der Zwischenzeit traf Labric Potier: „Wie geht's Malet?"

„Der hatte schon am zweiten Tag einen Arbeitsunfall."

Als ich Labric traf, schimpfte er: „Man findet Arbeit für euch und ihr rennt noch am gleichen Tag zum Arzt."

Maurice Hallé war bei der Schimpftirade dabei und stimmte ihm zu: „Alle gleich! Sie wollen nichts tun."

Ich muß sie zum Teufel gejagt haben. Später jagten sich die beiden gegenseitig zum Teufel.

Das war eine Welt! Mein Daumen schmerzte, ich hatte wegen meiner blöden Gewissenhaftigkeit die Arbeit verloren und dann wurde ich auch noch beschimpft. Es kam ihnen nicht in den Sinn, daß ich ein Opfer der Umstände sein könnte, ein Pechvogel.

Die Sozialversicherung machte dieser Art von Betrug (Arbeitsunfall, Versicherungsgeld) im Jahr 1930 ein Ende. Die Zeitung *L'Ami du peuple* vom Parfumhändler François Coty hatte eine Kampagne gegen diese Quacksalber unternommen. Es waren Ärzte, wenn man aber wirklich krank war, ging man besser nicht zu ihnen.

Ich blieb meist nicht lange im selben Hotel. Wenn ich genug hatte, um die erste Woche zu bezahlen, war nicht mehr genug für die nächste da. Auch wenn man mir noch eine oder zwei Wochen Kredit gab, ließ man mich doch verstehen, daß ich am Schluß bezahlen mußte. Hatte ich in der Zwischenzeit Arbeit gefunden, tat ich das, sonst machte ich mich aus dem Staub.

Ich schlief nur im Freien, wenn ich keine andere Wahl hatte. Ich versuchte, dem so lange wie möglich aus dem Weg zu gehen, denn die Folgen waren schrecklich. Die Kleider wurden schnell schäbig. Nach ein paar Tagen sah man wie ein richtiger Clochard aus und konnte deshalb nur selten Arbeit finden. Wenn man nur die Kleidung hat, die man auf dem Leib trägt, und im Freien übernachtet, ist man blitzartig ein Asozialer. Hat man ein Obdach, kann die Kleidung bis zu drei Jahren überleben.

Eine lustige Anekdote über zerknitterte Kleider: Nachdem ich mit einem Clochard, der mein Freund geworden war, die Nacht in den Markthallen verbracht hatte, sagte ich zu ihm: „Es ist kalt. Komm, wir gehen in die Bibliothek Sainte-Geneviève zum Aufwärmen."

Ich verbrachte dort oft ganze Tage. Die Bibliothek war öffentlich und man brauchte keine Lesekarte. Wir traten ein. Mein Freund war sicher noch nie in seinem Leben in einer Bibliothek gewesen. Nach fünf Minuten begann er, ziemlich laut zu reden.

Die anderen Leser machten „pssst", aber er war nicht aufzuhalten. Die Bibliothekare kamen und warfen uns hinaus.

Da standen wir beide auf der Place du Panthéon, im Wind und Regen. Meinem Clochard schien es zu gefallen, denn er jubelte: „Sehr gut!"

Als hätte er das große Los gezogen. Er nahm die Aufschläge seiner Jacke und begann, rückwärts gegen Wind und Regen zu laufen.

„So glätte ich meine Jacke."

Das war sein Bügeleisen.

Trotz dieser Anekdote war das Leben nicht immer lustig. Wenn's wirklich nicht mehr ging, fuhr ich nach Montpellier zu meinem Großvater zurück und erholte mich dort ein paar Monate lang.

Wenn ich keine Arbeit hatte, streunte ich herum. Nach meiner Ankunft in Paris war ich nach den Plänen der Métro herumspaziert. Ich fand das interessant: Man ist auf der Straße, sieht einen Métroplan an der Haltestelle, liest darauf, wie man zur nächsten Haltestelle kommt, und geht so von Châtelet bis Arts-et-Métiers und so weiter. So lernte ich ganz Paris kennen.

LA PETITE ROQUETTE

Mit dem Vagabundenleben, das ich im Frühling 1926 führte, mußte es schlecht enden. Ich legte mich eines Abends müde unter die Sully-Brücke (heute mache ich immer ein Zeichen des Grußes, wenn ich mit dem Taxi darüber fahre). Es war die grüne Minna, die mich dort abholte – ein merkwürdiges Taxi. Ich schlief den Schlaf der Gerechten, bis ein Clochard der älteren Generation sich zu mir gesellte. Er war betrunken und begann, die *Marseillaise* oder irgend so ein Lied zu singen. Stimmbandübungen dieser Art bringen immer Ärger! Blaue Uniformen auf Stahlrössern waren in der Gegend, sie kamen unter die Brücke, um zu schauen, wer da die Nachtruhe störte. Sie verlangten meine Papiere. Ich hatte zwar eine Identitätskarte, ja sogar ein Familienbüchlein, aber kein Geld und keinen festen Wohnsitz. Das reichte für eine Anklage wegen Vagabundierens. Die Blauen nahmen mich mit, zuerst zum Polizeiposten und dann zum Tour pointue am Quai des Orfèvres, wo ich mit andern Clochards zusammen eine Dusche mit Kernseife verpaßt bekam. Dann hatte ich die Ehre, die anthropometrische Abteilung kennenzulernen: Fingerabdrücke und Fotos von vorne, von rechts und von links. Angesichts meines jugendlichen Alters fuhr man mich zum Gefängnis La Petite Roquette, einer Anstalt für junge Kriminelle. Der Zellenwagen wurde von Pferden gezogen. Als er durchs Tor fuhr, hörte ich ein Kind seine Mutter fragen, was das für ein Wagen sei. Sie antwortete: „Da steckt man Kinder hinein, die nicht brav sind."

Ich war zwei Monate in Haft, ohne auch nur den Schatten eines Richters zu sehen. Lediglich der Pflichtverteidiger besuchte mich, aber auch nur, um mir die Leviten zu lesen und mich zu fragen, ob mein Großvater mir Geld schicken könne. Was ich bejahte.

Es war schrecklich dort. Ich war ein 17jähriger Vagabund und sie drohten mir, mich bis 21 in eine Besserungsanstalt zu stecken. Danach sollte das tödliche Getriebe weitergehen, im Militärdienst, in den Infanterieregimentern in Afrika, den berühmten *Bataillons d'Afrique*. Durch die Gesellschaft, in die man dort geriet, mußte man ja kriminell werden.

Ich verbrachte meine Tage allein in der Zelle. Wir mußten arbeiten, das heißt, Schnüre zu Knäueln zusammenbinden. Die Türen hatten Gucklöcher, riesige Schlösser, enorme Schlüssel, die einen schrecklichen Lärm machten, wenn die Wärter sie ins Schloß steckten. In der Zelle gab es einen Eimer, eine Pritsche und Gitter vor dem Fenster. Abends um 17 Uhr mußte man seine Kleidung vor die Zellentür in den Gang der Abteilung legen. Das Nachthemd der Strafverwaltung war mit StV beschriftet und kratzte fürchterlich.

Die tägliche Brotverteilung ging folgendermaßen vor sich: Der Wärter riß die Tür auf, langte in einen Sack, holte ein Brot heraus und warf es dem Gefangenen hin. Das erste Mal wich ich diesem Wurfgeschoß aus. Das Brot flog durch die Gitterstäbe hindurch, zerbrach das Fensterglas und landete auf dem Hof. Ich muß wohl nicht sagen, daß ich es nie zurückbekam. An diesem Tag aß ich kein Brot. Die Verwaltung verrechnete das Fenster mit 15 Francs. Ich

Das Jugendgefängnis *Petite Roquette:* die Kapelle, in der jeder Gefangene seine kleine Zelle hatte. Der Innenhof und links eine Zellentür.

fand das teuer. Jeden Sonntag mußte man zur Messe. Als ich mich das erste Mal weigerte, bekam ich einen Tritt in den Hintern und wurde mit Gewalt in die Kapelle gebracht.

Das Gefängnis für Frauen war Saint-Lazare – Saint-Lago im Dialekt von Belleville. Das alles steht heute nicht mehr. Aus der Petite Roquette, übrigens nicht „Gefängnis" genannt, sondern „Anstalt für junge Häftlinge" (was für ein Unterschied!), wurde nach dem Abbruch vom Saint-Lazare das offizielle Frauengefängnis – bis es auch abgerissen wurde.

Ich war also wegen Vagabundierens eingesperrt und hatte die Wahl des Umgangs mit allen möglichen Verbrechern. Außer dem „Tod den Bullen, es lebe die Freiheit", das man immer wieder hören konnte, gab es so viele große „Ehrenworte", daß einem schwindlig davon wurde.

Das „Ehrenwort" ist eine Bestätigung, ein Glaubensbekenntnis, das die sentimentale Landschaft eines Vagabunden hinter Gittern beglückt. Ein Vagabund, der sein Wort bricht, ist wie ein Ritter, der den Adel aufgibt. Nun, so sollte es sein, denn in Wirklichkeit ... Jedenfalls, schöne Worte!

Zum Glück in meinem Unglück wollte mein Großvater, daß ich herauskam. Die Gefängnisverwaltung mußte ihm geschrieben haben.

Ein einziges Mal hatte ich einen fürchterlichen Weinkrampf. Es war 7 Uhr abends, ich war schon seit zwei Stunden im Bett. Gerade hatte ich meine Tränen abgewischt, hörte ich im Gang rufen: „7143!" Das war meine Gefangenennummer. „7143! Entlassen!" Jemand pochte an die Zellentür, öffnete sie mit einem Höllenlärm und wiederholte: „Du bist entlassen, beeil dich!" Ich mußte meine Sachen packen, im Unterhemd mit nackten Füßen nach unten zum Buchhalter rennen, der mir die 15 oder 25 Francs gab, die ich mit meinen Schnüren verdient hatte. Neben meiner Identitätskarte und dem unbeschriebenen Strafregister gaben sie mir meinen Entlassungsschein, eine Art Zeugnis. Und dann stellten sie mich auf die Straße, zusammen mit einem anderen Jungen, der auch entlassen wurde, niemand weiß warum. Wir übernachteten in der Nähe

„Ich kam aus dem Knast ..."

der Markthallen. Es war Juli. Am nächsten Tag schaffte ich es irgendwie, mir von einem Chansonnier, den ich vom *Caveau de la République* kannte, 50 Francs zu beschaffen.

SCHWARZFAHREN

Als ich aus dem Knast kam, hatte ich Angst, wieder dort zu landen. Wenn ich noch länger ohne festen Wohnsitz, ohne Arbeit, ohne Geld und mit meinem Aussehen herumlungerte, würde das früher oder später wieder geschehen. Die drei Monate in einer Kartonschachtel des Gefängnisses hatten meine Kleider nicht gerade verschönert. Ich entschloß mich wegzugehen.

In der Nacht kam ich am Gare de Lyon an. Die Bistros an der Bastille wurden gerade mit Lampions geschmückt. Es war bald der 14. Juli. Ich plante die Route meiner Reise: 10 Centimes kostete damals – 1926 – die Bahnsteigkarte.

Ich war schon schwarz gefahren, aber noch nie erwischt worden, vielleicht weil ich so zuversichtlich gewesen war. Aber diesmal hatte ich Angst.

Es schlug Mitternacht, als der Bummelzug nach Dijon mit einem Heidenlärm zu seiner zwölfstündigen Reise aufbrach. Er rumpelte über die Weichen. Ich legte mich hin, um ein bißchen zu schlafen, bis zum Morgengrauen war ich vor den Schaffnern sicher.

Der verlorene Sohn kehrt heim, zerlumpt, verlaust und mit etwa 40 Francs in der Tasche.

Nachdem es hell geworden war, hielt ich bei jeder Station Ausschau nach dem Schaffner. Es war schwieriger als die anderen Male. Zwei oder drei Haltestellen vor Dijon erschrak ich. Der Zug war wieder angefahren, eine Tür wurde zugeschlagen. Ich versteckte mich schnell unter einer Bank, der Beamte schaute sich nur flüchtig um und entdeckte mich nicht. An der nächsten Station stieg er aus, und ich kam ohne weitere Zwischenfälle in Dijon an. Dort wartete ich auf den nächsten Zug, den Schnellzug nach Marseille.

Ich saß schon seit einer Weile gelangweilt auf einer Bank und sagte mir, daß es schlecht aussah, als plötzlich ein Offizier auftauchte: „Sind Sie von meiner Truppe?" fragte er trocken. „Papiere!"

Schon bevor er den Mund geöffnet hatte, hatte ich sie hingehalten. Damals zögerte ich nicht, sobald ich eine Uniform sah, zeigte ich meine Papiere, ich war sicher, daß man sie verlangen würde. Nachdem er sie geprüft hatte, gab er sie mir mit einem verächtlichen Blick zurück:

„Siebzehn!" sagte er. (Als wollte er sagen: „Sie sollten sich schämen ... armes Frankreich", usw.) „Sie gehören nicht zu meiner Truppe."

Dann ging er. Dieser Zwischenfall paßte mir gar nicht. Etwas später sah ich einen einfachen Soldaten. Er schien wie ich auf den Schnellzug zu warten. Ich ging zu ihm. Er sah ein wenig durchtrieben und nicht allzu dumm aus. Ich fragte ihn, wohin er wollte und er antwortete: „Marseille".

„Gut", sagte ich. „Ich steige in Tarascon aus. Ich fahre schwarz und schlage dir folgendes vor: Wir reisen zusammen, du sitzt auf der Bank, ich darunter und wenn wir in Tarascon sind, sagst du mir Bescheid ..."

Ich bestach ihn mit einer Zeitung voll nackter Frauen und einem Paket Zigaretten. Er war einverstanden.

Das war keine großartige Idee, aber ich hatte Angst. Übrigens sind alle, die behaupten, sie fahren schwarz wie die Paschas und nähmen dem Schaffner allen Wind aus den Segeln, indem sie sagten, sie seien der Herr Bahndirektor persönlich, Angeber. Es kommt auf die Kleidung an. Ich war Vagabund und fuhr immer schwarz, gekleidet wie ein Bettler, dem Gefängnis oder im schlimmsten Fall die Guillotine blüht, wenn Gott und Teufel sich gegen dich zusammentun.

Als der Zug einfuhr, setzten wir uns wie abgemacht auf und unter die Bank, das Abteil füllte sich und los ging's, die Federung drückte in meine Rippen.

Die Zeit ging vorbei, der Schaffner auch. Noch ein Besuch vor Tarascon und das Ganze wäre vorbei gewesen. Gerade als ich an ein glückliches Ende der Reise glaubte, entdeckte mich eine alte Schachtel und schrie: „Da ist ein Mann unter der Bank."

Ein anderes Miststück, deren stinkende Schuhe meine Nase schon seit langem reizten, sprang wie von der Tarantel gestochen auf. Es gab einen Moment der Stille, währenddem ich den Schlafenden mimte. Ich sah, wie gelbe Schuhe davonliefen und begleitet von einem schwarzen Paar, dem des Schaffners, zurückkamen. Dann wurde ich aufgefordert, aus meinem Versteck zu kommen. Ich gehorchte und stellte mit einer gewissen Befriedigung fest, daß mich alle Leute ängstlich ansahen. Nur der Schaffner blickte mißtrauisch in mein süßes Gesichtchen eines klassischen Familienmörders. Am liebsten wäre ich es gewesen ...

Ich folgte dem Schaffner durch den Mittelgang. Die neugierigen Blicke einer Bande von Dummköpfen verfolgten uns. Vor allem die Frauen wollten wissen, was ich getan hatte. Zerlumpt und verdreckt von meinem Aufenthalt unter der Bank, muß ich unwiderstehlich sexy gewesen sein. Als wir in das erste leere Abteil kamen, forderte mich der Schaffner auf, mich hinzusetzen: „Finden Sie es schlau, ohne Billet zu fahren?" schimpfte er.

Ich verneinte, es sei nicht schlau, ich hätte einfach keine andere Wahl gehabt, ich sei eben aus dem Gefängnis entlassen worden, ich sei aber kein Verbrecher, man habe mich freigelassen, weil mein Großvater nach mir verlangt habe, ich wolle zu ihm fahren, um seine Augen zu schließen, denn er liege im Sterben, unsere Familie

Illustration von L.-M. Jullien, *Un bruleur de dur dur de dur,* November 1947 in *La Rue,* Nr. 12.

sei wirklich vom Schicksal schwer getroffen, mein Vater, meine Mutter, mein Bruder, meine Schwester und meine Großmutter, alle seien tot, die ersten seien gestorben, als ich drei gewesen sei, die anderen später, usw. Eine rührselige Geschichte, der Schaffner weinte beinahe mit: „Sie sind kein schlechter Mensch."

Er hatte das Wichtigste begriffen, ich bestätigte ihn. Nein, ich sei kein schlechter Mensch. Ich fing wieder an, meine Familie sterben zu lassen, meine erfundene Schwester inbegriffen, und sprach gerade über die Augen, die ich zu schließen hatte, als der Zug in Mâcon einfuhr.

„Sie müssen hier aussteigen", sagte der Schaffner.

Er ging mit mir zum Bahnhofsvorsteher, erklärte ihm das Ganze, schüttelte mir väterlich die Hand und sagte im Gehen: „Ich mache keine Meldung."

Ich war mit ein paar Kratzern davongekommen.

Sobald er weg war, wurde der Bahnhofsvorsteher garstig. Er rief die Bullen und schrie, ich schulde den Betrag der Reise von Paris bis hier. Ich versuchte, meine Verwandtschaft zum dritten Mal sterben zu lassen, den Bahnhofsvorsteher ließ das aber kalt. Er wiederholte, ich schulde ihm 80 Francs. Ich bot ihm an, die Summe zurückzuzahlen, sobald ich in der Stadt Arbeit gefunden hätte. Das gefiel den Polizisten natürlich, sie sind vernarrt in die Arbeit, das wissen alle. Ein Bulle sagte, das sei die richtige Einstellung und gab mir ein paar Tips für freie Stellen.

Am nächsten Morgen fand ich mit den gefälschten Arbeitszeugnissen, die ich immer dabei hatte, eine Stelle als Handlanger beim Motorradfabrikanten Monet-Goyon. Die Nacht mußte ich trotzdem im Freien verbringen.

Als ich meinen ersten Lohn bekam, dachte ich weder an den Bahnhofsvorsteher noch an ein Zimmer. Ich aß im nächsten Arbeiterrestaurant und kaufte mir eine Pfeife, zwei Pakete Tabak und Zigaretten. Anstelle des Kaffees trank ich einige Pernods.

Ziemlich benebelt ging ich zu Madame Blanche. Ihr Etablissement befand sich an einer steilen Straße.

Es war ein gewöhnliches, muffiges Bordell, in dem es nach nassem Staub und Patschuliseife roch. Der Scheißladen hatte nicht mal ein mechanisches Klavier. Ich wollte wieder gehen, als ich Männer aus der Fabrik sah. Ich setzte mich zu ihnen und begann, große Sprüche zu machen. Ich mußte an den Bahnhofsvorsteher denken, lachte und erzählte die Geschichte. Cricri, eine Blondine mit gelben Augen, lachte mit. Sie rief zwei Freundinnen zu uns, die in einer Ecke vergeblich versuchten, einen rochengesichtigen Tierhändler aufzutauen, und ich fing meine Geschichte wieder von vorne an. Die ganze Bande hier mußte sich wirklich langweilen. Ein Gast wie ich bedeutete eine willkommene Abwechslung. Alle hörten mir zu. Madame Blanche ließ sich hinter ihrer Theke und ihrem Make-up zu einem Lächeln herab. Ich nahm den Mund voll, erzählte mein Leben, von meiner Pechsträhne und allem und sang einige Lieder. Mit feuchten Augen sagte die Puffmutter, ich hätte wirklich eine gute Einstellung, ihr Mann sei in meinem Alter auch so gewesen, er sei jetzt übrigens tot. Sie bot mir ein Glas an und sagte, daß ich hier übernachten könne, wenn ich wolle, das sei besser als draußen, und ich würde hier jeden Tag etwas zu trinken und eine Bank bekommen und wenn es sich ergäbe, auch ein Bett.

Es dauerte einen Monat. Ich hatte jetzt ein Zuhause: Alle mochten mich, obwohl ich ein wenig schmutzig war. Jeden Abend erwarteten mich ein paar Gläschen und eine Bank, die Puffmutter, Cricri, Loulou und Suzette, sie alle wünschten mir lächelnd guten Abend. Das unberufsmäßige Lächeln einer Hure hat mir immer schon das Herz erwärmt. Ich traf im Bordell auch Typen aus der Fabrik. Sie konnten meine Adoption nicht fassen.

Es gibt Leute, die urteilen, ohne zu wissen, wovon sie sprechen. Ich kam nie vor zwei Uhr ins Bett und hatte morgens große Mühe aufzustehen. Meistens kam ich zu spät zur Arbeit, und eines Tages hatten der Chef und ich genug. Ich verlangte meinen Lohn. Meine Arbeitskollegen waren nette Kerle. Sie hätten merken müssen, daß meine Kleidung nicht dem Beruf entsprach, den sie mir unterschieben wollten. Denn später erfuhr ich, daß sie nach meiner Kündigung sagten: „Er hätte nicht arbeiten müssen – als Mädchenhändler.“

So war der Dichter mit 17 Jahren. Ein harter Kerl. Knallhart.

Nach diesen paar Monaten in Mâcon machte ich mich wieder auf den Weg nach Montpellier, zu Fuß und mit dem Zug, als Schwarzfahrer natürlich. Ich landete in Lyon. Unterwegs arbeitete ich als Handlanger in verschiedenen Fabriken. In Montplaisir arbeitete ich in der Coignet-Fabrik.

Illustration von L.-M. Jullien, *Un bruleur de dur dur de dur,* November 1947 in *La Rue*, Nr. 12.

Ich arbeitete schon die zweite Woche in dieser Chemiefabrik in der Gegend von Lyon und verbrannte mir die Hände an den Phosphorblöcken, die ich in den Wasserfässern zu zerkleinern hatte. Das machte man mit einem Kaltmeißel und einem Hammer. Sobald ein Block mit der Luft in Berührung kam, brannte er. Man mußte aufpassen, nicht zu große Stücke aus der Brühe auftauchen zu lassen. Wir standen mit den Füßen im Wasser, denn ständig rieselte ein Feuerwehrschlauch, um die häufigen Brände zu löschen. Wir bekamen einen Franc die Stunde, plus dreimal 50 Centimes für verschiedene Prämien, also 2 Francs 50 insgesamt.

Eines Morgens kam ein Araber in die Halle, der Vorarbeiter stellte ihn vor ein Faß, gab ihm Schere und Hammer und erklärte ihm die Arbeit. „Langsam“, riet er ihm mit arabischem Akzent. Belkacem sagte, er habe verstanden und legte los. Ein faustgroßes Stück Phosphor sprang ihm ins Gesicht. Er ließ alles fallen und wälzte sich schreiend im Wasser. Diese arabischen Schreie gehen einem unter die Haut. Wir rannten zu ihm, denn ein Lattenrost hatte ebenfalls Feuer gefangen, und löschten den Brand. Belkacem schrie weiter. Als wir ihn zur Krankenstation trugen, schrie er immer noch. Am nächsten Tag erfuhren wir, daß er erblindet war. Sie müssen ihm eine Entschädigung gegeben haben, und da sein legaler Lohn 1 Franc betrug, kann er sich nicht viele Liebesdienerinnen geleistet haben, um sich über den Verlust seines Augenlichtes hinwegzutrösten!

Ich suchte bei Berliet in Vénissieux Arbeit, immer noch in der Gegend von Lyon. Es blieb beim Versuch. Man stellte niemanden ein. Zweimal machte ich Aufenthalt in Lyon, das erste Mal nach Mâcon und das zweite Mal, einige Monate später, von Valence her kommend.

VALENCE

Mein Freund Jean Lolhé d'Artigolle – das ist kein Pseudonym! –, den ich von der sozialen Studiengruppe aus Montpellier her kannte, schrieb mir eines Tages nach Montpellier, wo ich mich zwischen zwei Reisen ausruhte, daß er in Valence einen Laden geerbt habe und jemanden „wie mich" suche, der mit ihm das Geschäft liquidiere. Zusammen mit dem Brief schickte er Geld für Auslagen. Er hatte sich mit einer älteren Dame befreundet, die ihn als Alleinerben bestimmt hatte. Das Ganze war eine geheimnisvolle Geschichte, die Familie der alten Dame hatte sich sogar überlegt, eine Autopsie vornehmen zu lassen. Ich blieb einen oder zwei Monate in Valence. Wir verkauften alles: Hüte, Parfums, Stoffe. Wir verschleuderten die Ware. Eines Nachts verschwanden wir, jeder in eine andere Richtung und hinterließen ein Schild auf der Ladentür: „Bis auf weiteres geschlossen". Ich sah Artigolle nur noch einmal, 1939, wieder, am Tag der Kriegserklärung. Ich glaube nicht, daß ich den Namen der Wohltäterin oder den Namen des Ladens erwähnen sollte (ich habe schon zuviel ausgeplaudert).

DIE SCHWARZE FAHNE

Als ich wieder einmal in Montpellier vor einer neuen Reise in neuen Kleidern meine Kräfte sammelte, ging ich zur sozialen Studiengruppe, deren Sitz immer noch in der *Prolétarienne* war.

Ich hatte da einen bretonischen Freund, den Matrosen Dargy, der auf dem Bau arbeitete und auf „Arbeitsunfälle" spezialisiert war. Er sagte mir eines Tages: „Du, ich glaube, ich habe eine gute Idee. Wir könnten uns mit ein paar Freunden zusammentun, Versicherungen absahnen und das Geld sammeln, um ein Schiff zu kaufen. Ich kenne mich ein bißchen aus in der Seefahrt. In zwielichtigen Bars in Saint-Malo könnten wir eine Mannschaft aus Gaunern zusammenwürfeln. In Bordeaux könnten wir Wein aufladen und ihn den Amerikanern verkaufen." (Damals war dort drüben Prohibition.)

Ich wandte ein: „Gut. Aber dort sind die Küsten sicher überwacht!"

Er erwiderte mir trocken, als sei das selbstverständlich: „Ja, und darum werden wir eine kleine Kanone haben!"

Das gefiel mir. Ich war dabei, sagte ihm aber, er dürfe das Wichtigste nicht vergessen: Die schwarze Fahne mit dem Totenkopf der Glücksritter der Meere, die wir im Kampf hissen würden. Zuhause angekommen nahm ich einen alten Fetzen, eine dieser schwarzen Schuluniformblusen heraus, schnitt aus einem weißen Leintuch einen Totenkopf heraus und machte mich mit Begeisterung ans Nähen. Ich sah mich schon auf hoher See mit dem Wind in den Haaren. Wenn wir vor der Küste Amerikas auf Grenzwächter stoßen würden, würden wir die Flagge, die Jolly Roger auf den Mast stecken und eine Salve abschießen! „Und dann sah man etwas Schwarzes wie einen großen Vogel am Tau der Masten flattern und sich an der Mastspitze strecken: das Totentuch, die poetische Fahne, die schwarze Fahne mit dem Totenkopf der Glücksritter der Meere." *(Le Capitaine Coeur-en-berne,* unbekanntes und verkanntes Werk von Léo Malet.)

Ausflug aufs Land, nach Chelles-sur-Marne, 1925. Oben links mit Hut: Georges Vidal; in der Mitte: André Colomer und seine Frau Madelaine, genannt Hauteclaie und ihre Kinder; rechts mit Strohhut: Sébastien Faure.

Glücklicherweise klappten die Geschäfte meines Freundes Dargy nicht, was allem ein Ende machte. Sonst würde ich mich vielleicht seit 1926 in den Tiefen vor den Karibischen Inseln befinden und auf der Speisekarte der Fische stehen, auf dem Bauch ein schönes Schild: „Unschuldiges Opfer der Literatur."

DER ILLEGALISMUS

Die Anarchisten diskutierten in den zwanziger Jahren viel über das Für und Wider des Illegalismus. Die Bonnot-Bande war wieder ein Thema, da gleichzeitig mehrere Bücher über sie erschienen waren – *A nous deux, Patrie!* von André Colomer, *Les Bandits tragiques* von Victor Méric und *Les Loups dans la ville* von E. Armand. Die Diskussion wurde durch die Kampagne aktualisiert, die der Journalist Albert Londres für Eugène Dieudonné führte, der, nur knapp der Guillotine entkommen, seit 1912 in der Strafkolonie saß und dessen Unschuld, die von Raymond-la-Science, einem Mitglied der Bonnot-Bande, vor Gericht bezeugt worden war, fast zweifellos feststand. Dazu kam der Fall unserer beiden Genossen Sacco und Vanzetti in Amerika, die 1920 verurteilt worden waren und von Revision zu Revision auf ihre wissenschaftliche Röstung warteten, während die Cachin-Bolschewiken ihr schreckliches Schicksal für ihre gemeinen, politischen Ziele ausnutzten. Außerdem war da noch der Fall Pierson: Ein junger Bursche, der 1925 mit einem Kameraden namens Bierre die Post von Cormeilles-en-Parisis überfallen und dabei einen Briefträger erschossen hatte, der sich ihnen in den Weg gestellt hatte. Sie waren zum Tode verurteilt worden und warteten auf die Begnadigung durch Gaston Doumergue, den Präsidenten der Republik. Im *Club des Insurgés* war eine große Versammlung zu diesem Thema abgehalten worden, während der André Colomer mit wallender Mähne ausgerufen hatte: „Der Briefträger wollte Geld verteidigen, das nicht ihm gehörte. Pierson hat diesen Dummkopf erschossen. Das war gut so." Riesenapplaus.

In dieser Atmosphäre gefielen sich die Haarspalter, eine weit verbreitete Rasse bei den Anarchisten, darin, alte Polemiken wieder aufleben zu lassen, welche die „Individualisten" verschiedener Richtungen gegen die Libertär-Kommunisten, die Syndikalisten der anarchistischen Union und manchmal sogar die verschiedenen Individualisten gegeneinander stellten.

Die tragischen Banditen waren eine literarische Falle! Wenn man 16 ist, läßt man sich fangen, begeistern. Die Bonnot-Bande wurde eine Legende, sie wurde verherrlicht. Sie verkörperte die wahre Revolte. Und außerdem hatte sie den ersten motorisierten Überfall ausgeübt. (Eines Tages, Mitte der dreißiger Jahre, sagte ich zu Jacques Prévert, es wäre erstaunlich, daß es noch keinen Film über die Bonnot-Bande gäbe. Er sagte, daß er auch schon daran gedacht, die Idee aber fast sofort wieder aufgegeben habe. Das Spektakel von flüchtenden Autos mit 30 Stundenkilometern sei ihm eher lächerlich vorgekommen und hätte der Glaubwürdigkeit des Films geschadet, insbesondere zu einer Zeit, in der die ersten

PREMIERE ANNEE. — N° 3. 25 CENTIMES JEUDI 21 MAI 1925.

L'INSURGÉ

ABONNEMENTS :
France. 6 mois, 6 fr.; 1 an, 12 fr.
Extérieur. 6 mois, 9 fr.; 1 an, 18 fr.
Chèque postal Colomer 724-45.

Journal d'action révolutionnaire et de culture individualiste

Rédaction et Administration :
259, Rue de Charenton, 259 PARIS
Téléph.: Diderot 49-82, de 18 h. à 20 h.
Le Mercredi toute la journée

Hebdomadaire, paraissant le Jeudi
sous la direction d'André COLOMER

Devant le Mur

Voici le Mur. Il ne cesse de clamer l'héroïque martyre des insurgés de la Commune, tombés debout dans leur révolte.

Nous y venons. Oui, nous aussi, anarchistes, avec tout notre individualisme de pensée ; nous plus que tout autres, compagnons de l' « Insurgé » — fils intellectuels de ce Jules Vallès qui sut combattre avec les Fédérés de la Commune.

Devant le Mur, nous ne venons pas pour nous incliner suivant le geste rituel d'une nouvelle religion. Devant ce Mur, nous venons apprendre, au contraire, à rester toujours droits dans la vie, droits sous toutes les tempêtes

« En Italie, en Espagne, en Amérique, elle tourmente les esprits de liberté.

« La vieille machine de mort s'est rajeunie. Le fascisme l'active. Plus terriblement que jamais, elle fonctionne à travers le monde, broyant tout, sur son passage, des œuvres de vie.

« Compagnons, il faut l'anéantir. Compagnons, il faut la détruire.

« *Avant toutes choses*, l'action révolutionnaire vous appelle.

« Que sera votre beauté morale, si vous n'avez pas la force de la faire respecter ?... Que pourra votre idéalisme devant les mitrailleuses de la soldatesque ?

Encore les Saigneurs !

Gangsterfilme zu sehen waren, wie *Scarface* usw., in denen die Autos viel schneller fuhren.)

1912 konnte man noch hoffen, die Gesellschaft zu verändern, indem man Hals über Kopf losstürzte, um sie durch etwas Besseres zu ersetzen. Auch wenn man heute, ohne ihnen Unrecht zu tun, sagen kann, daß die tragischen Banditen, wie Colomer die individualistischen Banditen nannte, keine großen Ideologen waren – Bonnot war ein gewöhnlicher Räuber –, verkörperten sie doch eine spezielle Art der Revolte, die von einer Hoffnung ausging. Wenn jedoch der Illegalismus lediglich darin besteht, aus ideologischen Gründen einen Geldboten oder eine Bank zu überfallen und dann 20 Jahre lang hinter Gittern zu sitzen, ist das vielleicht nicht der beste Weg, seine Individualität zu beweisen.

linke Seite: Titelseite vom *Insurgé,* der von André Colomer gegründeten Wochenzeitschrift.
Illustration des Buchumschlags von *Les Bandits tragiques,* von Victor Méric.

JEANNE D'ARC

Als Sacco und Vanzetti 1927 hingerichtet wurden, war ich wieder einmal in Montpellier. Auf der ganzen Welt kam es zu Demonstrationen für die beiden Italiener. In Südfrankreich explodierten hier und da einige nicht sehr böse Bomben, zwei davon in Montpellier. Eine hatte den Gehsteig vor der Polizeiwache lädiert, die andere mit einer schwachen Ladung den Fuß der Statue von Jeanne d'Arc am Boulevard Louis-Blanc. Aus unerfindlichen Gründen wurde ich verdächtigt und auf den Polizeiposten im Rathaus bestellt. Dort sagte ein Inspektor zu mir: „Sie werden verdächtigt, diese Statue in die Luft gesprengt zu haben. Übrigens hat Schutzmann Soundso gehört, wie sie mit einem gewissen Dargy in einem Türeingang ein Komplott geschmiedet haben. Sie sagten zu ihm: 'Ich werde das Fahrrad nehmen und sie in die Luft jagen!' Dann trennten Sie sich."

Ich kann mich nicht mehr so gut daran erinnern, aber im großen und ganzen waren das seine Worte.

Ich antwortete ihm: „Da haben Sie Pech, ich kann gar nicht Fahrrad fahren!" (Das stimmt immer noch.)

Schließlich befahl man mir, mich zur Verfügung zu halten und so weiter. Einige Monate später war ich mit Freunden mehr oder weniger betrunken in der Rue Maguelone und begegnete diesem Schutzmann. Ich warf ihm vor, falsch gegen mich ausgesagt zu haben, worauf er mir antwortete: „Entschuldigen Sie, ich wollte nur meine Pflicht tun."

Er hätte mich an diesem Abend wegen Trunkenheit in der Öffentlichkeit festnehmen können, was er nicht tat. Wie dem auch sei, es kam nie heraus, wer den Fuß der Statue von Jeanne d'Arc gekitzelt hatte.

Jahre später wurde ich bei einer Razzia festgenommen. Als der Polizeikommissar meinen Ausweis sah, sagte er zu seinen Kollegen: „Schauen Sie sich den da an! Der unschuldige Blick eines Bombenwerfers!"

Offenbar sehe ich nun einmal so aus.

l'en dehors

nouvelle époque, fait suite à l'œuvre entreprise depuis mai 1901 par l'ère nouvelle, hors du troupeau, les Réfractaires, par delà la mêlée, etc

mensuel un fascicule : 1 franc (France, colonies, protectorats) 1 fr. 25 ailleurs

Frontispiz vom *En-dehors,* der anarchistisch-individualistischen Zeitschrift Armands.

IDISTEN, ESPERANTISTEN UND CO.

Wir diskutierten weiterhin viel über Sacco und Vanzetti. Es gab weniger Demonstrationen, aber die Folgen waren ernsthafter. Wurde man erwischt, wurde man nicht mehr am selben Abend oder am Tag darauf freigelassen. Es gab große Schlägereien und Polizeiaufgebote, wie 1932 in Paris, als die Polizei während einer kommunistischen Versammlung im *Bal Bullier* mit Totschlägern zuschlug.

Aber das war nicht das tägliche Brot. Die Anarchisten beschäftigten sich mit weniger aufsehenerregenden Dingen, mit dem Ido zum Beispiel. Noch ein Beweis dafür, daß die Welt auf dem Kopf steht: Man erfindet eine internationale, künstliche Sprache, das Esperanto, damit sich die Bewohner der ganzen Welt verständigen können. Eine schöne Idee. Aber, wie immer, meint einer, Esperanto sei nicht gut genug und erfindet Volapük. Und ein dritter Spaßvogel erfindet Ido, und die Esperantisten und Idisten und Volapüker machen sich Konkurrenz. Noch vierzig solch künstlicher Sprachen und uns wird's sicher besser gehen!

In der Passage Choiseul gab es einen Esperantoklub, ich habe jedoch nie jemanden kennengelernt, der Esperanto sprach.

ANTIPARLAMENTARISCHER KANDIDAT

1928 war ich Kandidat für die Parlamentswahlen in Montpellier. Zwei, drei Leute aus der libertären Gruppe ließen sich mit der Parole: „Geht nicht zur Wahl!“ als antiparlamentarische Kandidaten aufstellen. Wir riskierten nicht, gewählt zu werden. Damals brauchte man für die Kandidatur kein Geld wie heute. Eine Anmeldung beim Bürgermeisteramt oder in der Präfektur genügte und erlaubte uns, Plakate aufzuhängen, ohne Stempelsteuer bezahlen zu müssen.

Ich war minderjährig. Alle Kandidaten wurden akzeptiert. Natürlich wäre die Wahl ungültig gewesen, hätte ich genug Stimmen bekommen. Damals setzten die Kommunisten bei allen Abstimmungen Frauen auf die Liste. Frauen durften nicht wählen, konnten aber gewählt werden, das heißt, sie konnten es versuchen.

E. ARMAND (1872–1962)

Der Anarchismus ist eine seltsame Kultursuppe, in der es Halbverrückte genau wie Apostel geben kann. Ich lernte Anarchisten kennen, die zwar nicht sehr intelligent, deren Absichten aber ehrenhaft waren, und Persönlichkeiten von höherem Wert wie Jacob, Colomer und E. Armand.

Armand hatte einen vielleicht ein bißchen extravaganten Weg zurückgelegt, er war früher bei der Heilsarmee gewesen. Was an sich nicht überrascht, bei den Anarchisten gab es immer schon eine Art latentes Christentum. Armand war dicklich, ein wenig militärisch gekleidet, mit einer Art Husarenjacke und Stiefeln als letztem Heilszeichen. Er hatte einen Kneifer, dichtes weißes Haar und ein Bärtchen wie Trotzki. Unter dem Arm trug er immer eine Mappe voll Bücher. Er glaubte an den Anarchismus und wußte ihn weiterzuvermitteln.

Armand sprach als erster von einem „Kampf gegen die Eifersucht und die Exklusivität in der Liebe", von der freien Liebe und der verliebten Kameradschaft. Diese verlockenden Theorien ließen sich aber nicht immer mit der Wirklichkeit und der menschlichen Beschaffenheit vereinbaren. In meinen Büchern töten sich alle gegenseitig, ich kann aber keinem Zwerg etwas antun. Armand lebte, genau wie ich, fünfzig Jahre lang mit derselben Frau zusammen. Vielleicht brach er von Zeit zu Zeit den Vertrag. Ohne Armand schlecht machen zu wollen, er

LE CANDIDAT ET LA POIRE

L'Electeur. -- Ah ! la belle poire !

Le Candidat. -- Si tu veux m'aider à l'avoir, je te la promets !

Le Candidat. -- Allons ! encore un petit effort et nous y sommes ! Mais sais-tu qu'elle est magnifique!

Le Candidat. -- Que réclames-tu ?
L'Electeur. -- La poire ! la poire !
Le Candidat.-Mais, la poire! c'est toi!

Tout parle-menteur vit aux dépens de l'Electeur

Siebdruckplakat der Union anarchiste, das ich im April 1928 für meine antiparlamentarische „Wahlkampagne“ verwendete.

war nicht gerade ein Sexsymbol ...

1927 machte Armand eine Vortragstournee, die ihn auch nach Montpellier führte. Wir suchten ihm ein Hotelzimmer. Dargy, mit dem ich Schnaps an die Amerikaner verkaufen wollte, meinte, man solle ihm ein Zimmer mit Frau besorgen – im Namen des Pansexismus unseres Gastes.

Der Plan wurde nicht ausgeführt.

Armand kam und hielt seinen Vortrag im Café Le Dôme am Boulevard Gambetta. Es waren etwa fünfzig Leute anwesend, viele von ihnen hatte ich noch nie in der libertären Gruppe gesehen. Nur etwa zehn waren von der Gruppe. Am nächsten Tag fand ein Ausflug aufs Land statt, nach alter anarchistischer Tradition, wie Libertad sie im Bois de Meudon organisiert hatte. Wir gingen, nach Plan des Quatre-Seigneurs, zu Angotin, einem Genossen, der wegen einer unklaren Geschichte mit Schecks, die es ihm ermöglicht hatte, ein Häuschen zu mieten, ein Aufenthaltsverbot für Paris hatte. Er lebte dort mit seiner Frau Nénette zusammen, die wegen der Schwindsucht viel Sonne brauchte. Er war kein Nudist, aber es kam vor, daß er geschützt vor indiskreten Blicken auf seiner Terrasse Sonnenbäder nahm. Am Sonntag – Landausflug. Ich traf die Leute vom Vortag wieder, insbesondere Sorel und seine Frau. Sorel war eine Art Illustration der anarchistischen Bewegung der Belle Epoque. Er war es gewesen, der 1894 in Sète Caserio ein billiges Messer gegeben hatte, mit dem dieser italienische Anarchist den Präsidenten Sadi Carnot ermordete. Ich hatte Sorel, seine Frau und seine Töchter in der libertären Gruppe kennengelernt. Unter den Leuten, die ich am Vorabend beim Vortrag zum ersten Mal gesehen hatte, waren elegante Damen und gutgekleidete Herren – alle in einem gewissen Alter –, Frau Sorel schien sie gut zu kennen. Und man konnte solche Sachen hören wie: „Guten Tag, Annette, wie geht's Ihnen? Schon lange nicht mehr gesehen. Guten Tag, Marie. Guten Tag, Isabelle!“ usw.

Unter diesen mir unbekannten Anarchisten erkannte ich einen Mann, der hinter dem Theater einen Laden hatte, eine Luxusschuhmacherei. Diese Leute mußten früher bei der Bewegung gewesen, dann aber ins Geschäft ein- und die soziale Leiter heraufgestiegen sein, wobei ihre sentimentalen Bindungen zur Bewegung bestehen blieben. Ich sah sie nur dieses eine Mal, sie waren ausschließlich wegen Armand gekommen. Ich nehme an, daß sie als Abonnenten den *En Dehors* in einem verschlossenen Umschlag erhielten. Ihre Gegenwart erstaunte mich. Das war nicht der kleine Straßenkrämer, sondern eher Fauchon, der Delikatessenhändler. Die Anarchisten entziehen sich jeder Analyse und Logik des kleinbürgerlichen Geistes. Sie sind wirklich Romanfiguren. Auf der einen Seite war da der Luxusschuhmacher, auf der anderen Sorel, der daheim schneiderte. Da derjenige, der ein Messer lieferte, ohne zu fragen, wozu – was ihm eine Verhaftung und eine Anklage einbrachte –, dort der Mann, der nur an den Ideen interessiert war und schließlich Luxusschuhmacher wird.

Sorel hatte zwei Töchter: Uda, Sängerin bei der *Opéra Comique* in Paris, und Raymonde, ein sehr schönes Mädchen, in das alle verliebt waren, ich natürlich auch, aber nicht so wie Cheng Tcheng, ein Chinese, der in Montpellier und in Sète Landwirtschaft studierte. Tcheng war brillant und hatte zwei Bücher veröffentlicht, für die Paul Valéry ein Vorwort schrieb: *Ma mère et moi* und *A travers la révolution chinoise*. Er hielt bei Sorel um Raymondes Hand an. Aber – Katastrophe! Raymonde wollte keinen Chinesen heiraten. Was beweist, daß auch Anarchisten Rassenvorurteile haben können!

Armand lernte ich erst später besser kennen, als er *L'Unique* herausgab, das Nachfolgeblatt von *En Dehors*. Er lud mich ein, im Bistro Bel-Air in Montparnasse ein paar Vorträge zu halten, wo sich die Freunde vom *En Dehors* und später vom *Unique* alle Monate trafen. Meine Bücher gefielen ihm und er schrieb in seiner Zeitung gute Kritiken über sie. Als ich ihm später meine Bücher nicht mehr schickte (ich fand, daß Krimis einem Anarchisten nicht gefallen konnten), schrieb er mir vorwurfsvoll: „Ich bin erstaunt, ihre letzten Bücher nicht erhalten zu haben, mein lieber Genosse. Was ist los?"

COLOMER (1886–1931)

Von allen Anarchisten, die ich kenne, beeindruckte mich André Colomer am meisten. Als ich ihn kennenlernte, war er um die vierzig. Er hatte ein markantes Gesicht und fiebrige Augen. Er wirkte ein wenig theatralisch, was ihm von den Anarchisten des *Libertaire* oft vorgeworfen wurde. Das hinderte ihn aber nicht daran, ein Kämpfer von großer Reinheit zu sein. Ich erinnere mich an zwei Ereignisse, die ein Bild von Colomer und seiner Frau Madeleine, Hauteclaire genannt, geben sollen.

Damals mußte man auf jedes Plakat eine Marke kleben. Wenn Colomer zwischen Milch für seine kleinen Töchter und Marken für die Plakate wählen mußte, zögerte er nicht: er kaufte Marken. Eine andere Eigenschaft des sozialen Verhaltens der Colomers: Die beiden Töchter Viviane und Yvette gingen nicht zur Schule. Madeleine hatte beim Austritt aus dem Lehrerseminar in Sèvres beschlossen: „Unsere Kinder werden nie in eine bürgerliche Schule gehen; ich weiß genug, um ihnen eine Bildung zu geben." Unglücklicherweise fand sie neben der Redaktion des *Insurgé,* der Organisation von Vorträgen und dem alltäglichen Kampf nicht viel Zeit, sich um die Bildung ihrer Töchter zu kümmern. Als Colomer später Kommunist wurde, mit allen Vorteilen einer gut strukturierten Partei, war das seiner Meinung nach vielleicht nicht das Beste, was er in seinem Leben getan hatte, aber seine Töchter hatten dann genug zu essen und bekamen eine Bildung, denn ich glaube, sie hielten sich lange in Rußland auf. Es wurde so viel über ihn erzählt, daß ich es für notwendig halte, eine Richtigstellung in der Daudet-Affäre zu machen. Colomer wurde von unseren Genossen des *Libertaire* schräg angesehen, weil er gesagt hatte: „Es ist nicht erstaunlich, daß unter uns Polizisten sind. Bei den Anarchisten wird jeder aufgenommen."

Diesen Satz warfen sie ihm fast wie ein Verbrechen vor, obwohl er der Wahrheit entsprach. Als ich selbst zu den Anarchisten in Montpellier, ins Café la Prolétarienne gegangen war, hatte ich den Anwesenden lediglich gesagt, ich teile ihre Ideen und sie akzeptierten mich, ohne Erklärungen zu verlangen. So ging das in allen Gruppen.

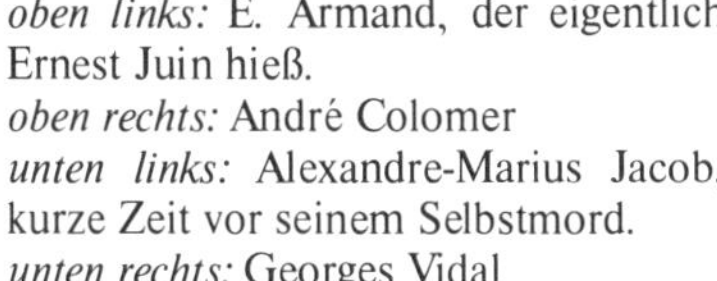

oben links: E. Armand, der eigentlich Ernest Juin hieß.
oben rechts: André Colomer
unten links: Alexandre-Marius Jacob, kurze Zeit vor seinem Selbstmord.
unten rechts: Georges Vidal

Wenn ich ein Spitzel gewesen wäre, hätte ich noch am selben Abend der Sicherheitspolizei einen Rapport schreiben können. Die Leute des *Libertaire* meinten aus dem Satz zu lesen, daß Colomer alle Anarchisten für Polizisten hielt. Das war überhaupt nicht der Fall, er hielt sie nicht für Polizisten, er sagte nur, daß unter ihnen mehr Polizisten seien als anderswo, aus dem einfachen Grund, weil man sich ihnen ohne weiteres anschließen konnte. Colomer wußte zweifellos, was der Polizeipräfekt Andrieux (der Vater Aragons) Ende des letzten Jahrhunderts gesagt hatte: „Wenn sich drei Anarchisten treffen, ist einer von ihnen von meinen Männern." Das war vielleicht etwas übertrieben, aber nicht ganz unzutreffend. Beim *Insurgé* tauchte zum Beispiel ein verdächtiger Holländer mit bösem Blick und merkwürdigem Verhalten auf. Wir waren in seiner Gegenwart nicht sehr vertraulich und blieben eher zurückhaltend. Natürlich konnten wir seine Zugehörigkeit zur Polizei nie beweisen, es war lediglich ein Verdacht. Wir fürchteten uns weniger vor der Polizei als vor Betrügern, die an unsere Solidarität appellierten. Im *Libertaire* wurde manchmal vor diesem oder jenem gewarnt, der sich als Genosse ausgab. Einmal kam ein gewisser Walter zum *Libertaire,* ein eleganter Bluffer. Später lasen wir in der Zeitung eine Warnung vor ihm, er habe das Vertrauen der Genossen da und dort mißbraucht. Zum Zeitpunkt, als wir diese Information erhielten, war Walter schon nicht mehr in Montpellier. Wir hörten nie mehr etwas von ihm. Vielleicht hatte er sein Pseudonym gewechselt.

In Lyon, wo ich auch einige Zeit lebte, gab es zwei libertäre Gruppen, die der Franzosen und die der Spanier (O Internationale!). Die spanischen Anarchisten hatten alle einen Beruf und arbeiteten regelmäßig, während die Franzosen ... Die Spanier hatten eine Kasse für Härtefälle geschaffen. Viele wußten von dieser Kasse und nutzten sie aus. Das hinderte die Spanier nicht daran, die Kasse wieder aufzufüllen. Wenn man ihnen sagte, sie würden ausgenutzt, antworteten sie: „Das kann sein. Wir sind schon mindestens zehn Mal hereingelegt worden, wenn der elfte aber ehrlich ist und wirklich Hilfe braucht ..."

Man konnte ohne weiteres der anarchistischen Bewegung beitreten. Es kamen auch Randfiguren, Exzentriker und Mythomanen. 1925 oder 26 war die Rede von der Gründung einer anarchistischen Partei mit Mitgliedskarte, Beiträgen usw. Zeter und Mordio. Das widersprach der Doktrin, aber vielleicht wäre es notwendig gewesen, um die Bewegung zu strukturieren. Es kam nie dazu.

Der Ex-Redakteur des *Libertaire,* Colomer, gründete nach dem von der Daudet-Affäre provozierten Bruch die Zeitschrift *L'Insurgé,* mit Georges Vidal als Verwalter und ihm selbst als Chefredakteur – man nannte sie jedoch nicht so, Anarchisten sind sehr empfindlich mit dem Vokabular. Das Wort „Chef" widerspricht ihren Ideen. Das war wie mit den Abonnenten: Es hieß nicht „Frankreich: x Francs, Ausland: y Francs". Das Ausland war ein Begriff, den sie ablehnten. Sie schrieben „Anderswo: y Francs".

Gelegentlich schrieb ich unter dem Pseudonym Noël Telam, mein Name rückwärts buchstabiert, im *Insurgé* Artikel, die ich lieber vergessen habe.

Beim *Insurgé* hatten wir einen Bücherdienst. Auf den Versammlungen vom *Club des Insurgés* verkauften wir Bücher. Dieser Klub war nach dem Modell des *Club du Faubourg* von Leo Poldès aufgebaut worden, der damals sehr bekannt war. Jeden Dienstag versammelten wir uns in einer Scheune am Ende des Boulevard Auguste-Blanqui zu kontroversen Diskussionsabenden. Ein Redner verteidigte seine Sache, ein anderer brachte Gegenargumente, und dann wurde das Wort dem Publikum übergeben. Es fehlte nie an Themen, es wurde bis zum Umfallen diskutiert. Klärte die Diskussion das Problem nicht, wurde sie auf die nächste Woche vertagt.

Ich ging auch zu anderen Veranstaltungen, zu denen von Louvet, zu den Diskussionsabenden der *Anarchie,* Nachfolgerin der Zeitung Libertads. Es traten fast immer dieselben Redner auf wie beim *Club des Insurgés:* der unermüdliche Sébastien Faure, die Doktoren Logre und Legrain – beide aus derselben medizinischen Disziplin: Psychiater – und André Lorulot, ein unverbesserlicher Antiklerikaler und Herausgeber der Zeitschrift *La Calotte.* Meistens trat ein Priester gegen ihn auf, Abbé Violet. Ich weiß heute immer noch nicht, ob er echt oder falsch war. Pastor Hauser muß auch noch erwähnt werden, ein anderer Stammgast bei diesen Diskussionen. Er entsetzte mich eines Tages mit seinem Geständnis, er habe seine Unschuld mit 27 Jahren verloren, am Tag seiner Hochzeit.

Am Bücherstand des *Insurgé* verkauften wir Bücher der „bürgerlichen Verlage“, wie wir sagten. Ich hatte den Stand zu beliefern. Mit einer Umhängetasche machte ich die Runde der Verlage: Flammarion, Albin Michel, Gallimard usw. Colomer gab mir eine Liste der Bücher mit den entsprechenden Preisen, plus Spesen für Straßenbahn und Métro. Da ich kein Geld hatte, behielt ich die Spesen für mich und ging zu Fuß, von der Rue de Charenton bis zur Rue Huyghens, Boulevard Raspail, Rue Auber ... auch so lernte ich nach und nach Paris kennen.

Als Colomer 1927 von einer Reise in die UdSSR zurückkehrte, trat er der kommunistischen Partei bei, er, der früher so begeistert vom Individualismus gewesen war! Ich brauche wohl nicht zu erklären, daß ihm seine alten Genossen vom *Libertaire* und vom *Insurgé* das Leben schwer machten. Ich erinnere mich ungern daran, wie ich mit einigen Genossen eines Tages geholfen hatte, einen seiner Vorträge über Rußland zu stören. Ich war mit Leuten der libertären Gruppe von Montpellier nach Sète gegangen, wo der Vortrag stattfand. Nicolas Lazarevitch war auch dabei. Ich kannte ihn nicht persönlich, wußte aber, daß er ebenfalls in Rußland gewesen war, dort aber von den Bolschewiken ins Gefängnis geworfen worden war. Lazarevitch folgte Colomer von Konferenz zu Konferenz, um ihm zu widersprechen. Am Ende der Versammlung, bei der wir ihn ausgepfiffen hatten, kam Colomer zu mir und sagte betrübt: „Auch du, mein Sohn!“

JACOB (1879–1954)

Jacob war wirklich ein außergewöhnlicher Mensch. 1900 führte er in der Rue Faubourg-de-Courreau in Montpellier eine Eisenwarenhandlung, was ihm erlaubte, sich vom Safefabrikanten Fichet verschiedene Modelle zuschicken zu lassen. Er studierte diese bis ins kleinste Detail, damit er die Tresore der andern aufbrechen konnte. Im Laufe seiner Karriere als Dieb hatte er ein anderes, ebenso gutes Verfahren entwickelt. Wenn er mit seinen Kameraden – er hatte die Vereinigung „Die Arbeiter der Nacht“ gegründet – eine Kirche oder ein anderes einsam gelegenes Gebäude ausraubte, legte er unter die Dachrinne eine Kröte, die aufhörte zu quaken, sobald sich jemand näherte. In Marseille hatte er sich mit zwanzig als Polizeikommissar verkleidet, um einem Wucherer eine ganze Wagenladung von Sachen zu stehlen. Das Schönste war, daß er in der Strafkolonie (nach seinem Prozeß 1905 in Amiens) Jura studierte, um der Strafverwaltung Prozesse machen zu können. Eine erstaunliche Persönlichkeit!

Ich lernte ihn 1929 kennen, als er begnadigt aus der Strafkolonie zurückgekehrt war. Ich traf ihn ein paar Mal auf den Versammlungen des Vereins der „Verweigerer jeglichen Krieges“.

Im November 1930 entschlossen sich Louis Louvet, Simone Larcher und ich, die „Verweigerungsgenossen“ zu besuchen, die sich im ersten Stock eines kleinen Bistros in der Rue de Meaux versammelten. Wir trafen dort zwei, drei Männer, einer davon war Jacob. Die Strafkolonie schien ihn nicht gezeichnet zu haben, er war rundlich wie ein guter Bürger und sein schwarzer Humor war beeindruckend. Begrüßung, Gespräch. Außer einem kleinen Kerl kannte ich alle. Damals hatte ein gewisser Gaucher (man kannte seinen Namen noch nicht) in der Avenue Mozart einen Schmuckhändler überfallen und ihn in der Aufregung getötet. Er wurde nun gesucht und *Paris-Soir* hatte an diesem Tag eine Personenbeschreibung veröffentlicht. Jacob sagte zu dem kleinen Kerl: „Sag mal, bist du das etwa gewesen, der den Schmuckhändler in der Rue Mozart umgelegt hat?“

„Nein, warum?“

„In der Beschreibung heißt es, daß der Täter aus dem Mund stinke ...“

Und tatsächlich stand in der Zeitung: „Ich begegnete einem jungen Mann mit übelriechendem Atem ...“

Später war Jacob fliegender Händler bei der Porte d'Orléans. Er verkaufte auf den Märkten Anzüge der Marke *Chez Marius*. Eines Tages kam ein Kerl zu ihm: „Jacob, erkennst du mich nicht?“

Neuvième année. — N° 275. Le Numéro : 40 centimes. Dimanche 2 Mars 1919.

LE MIROIR

PUBLICATION HEBDOMADAIRE, 18, Rue d'Enghien, PARIS

LE MIROIR paie n'importe quel prix les documents photographiques d'un intérêt particulier.

L'AGRESSEUR DE M. CLEMENCEAU ARRIVE A LA SURETÉ APRÈS SON ARRESTATION

Le 19 février, au moment où M. Clemenceau venait de quitter en auto son domicile, rue Franklin, l'anarchiste Cottin lui tira deux balles de revolver. Une des balles pénétra, par l'omoplate, entre les deux poumons.

Nach dem Attentat auf Clemenceau widmete *Le Miroir* vom Sonntag, 2. März 1919, seine erste und zwei weitere Seiten dem Anarchisten Emile Cottin.

Jacob hatte in seinem Leben viele Leute kennengelernt.

„Ich bin es, Couillot, der Agent, auf den du in Orléans geschossen hast."

„Ach, du bist das? Und was willst du?"

„Ich möchte Hosen kaufen. Gibst du mir Rabatt?"

Unglaublich ... die Geschichte erwähnt nicht, ob Jacob ihm schließlich einen Rabatt gegeben hat.

Es heißt, daß Jacob Maurice Leblanc als Modell für Arsène Lupin diente. In dieser Frage teilen sich die Meinungen. Es wird immer ein Geheimnis bleiben, das nur Arsène Lupin lösen könnte.

Gegen Ende seines Lebens besaß Jacob in der Nähe von Orléans ein kleines Häuschen. Er war unter den Kindern der Nachbarschaft bekannt und beliebt für seine selbstgebackenen Kuchen. 1954, als er seine Kräfte nachlassen fühlte, vergiftete er seinen Hund und sich selbst mit Morphium, nachdem er sein ganzes Haus geputzt hatte. Er wurde 75 Jahre alt.

COTTIN (1896–1936)

Emile Cottin war knapp dreißig, als ich ihn im *Foyer Végétalien* kennenlernte. Er hatte die Stimme eines Greises. 1919 hatte er mehrere Schüsse auf Clemenceau abgegeben, war zum Tode verurteilt und dann von Clemenceau selbst begnadigt worden. Dieser lebte bis zu seinem Tode mit einer Kugel in Herznähe, die man nicht herausoperieren konnte. Im Zuchthaus von Melun sah Cottin niemanden, nicht einmal denjenigen, der ihm sein Essen reichte. Er sprach nie und schnappte langsam über. Die Liga für Menschenrechte intervenierte. Man machte geltend, daß Clemenceau nur verwundet worden sei. Als ich Ende 1925 nach Paris kam, war der „Tigerjäger" (Clemenceau wurde „der Tiger" genannt) dank einer Amnestie seit einem Jahr auf freiem Fuß. Seine Stimme war nur noch ein Flüstern. Hätte er die Geschichte der russischen Nihilisten gelesen, hätte er gewußt, daß man in der Zelle reden und singen muß. Er hatte ein Aufenthaltsverbot für Paris und sicher auch für andere Städte, aber sein alter Chef – er war Schreiner gewesen – hatte ihn wieder angestellt. Ich glaube, daß die

Polizei mehr oder weniger auf dem Laufenden war, ihn aber in Ruhe ließ.

Cottin kam sonntags immer ins *Foyer Végétalien,* um seine Genossen zu besuchen. Wir gingen dann an die frische Luft in den Bois de Boulogne oder den Bois de Vincennes. Unter uns war ein gewisser Daudel, von dem ich in *Die Brücke im Nebel* erzähle. Gegen 1930 traf ich jemanden vom *Foyer* und fragte ihn nach den Genossen, die ich aus den Augen verloren hatte. Er erzählte mir, daß Daudel im Namen der freien Liebe seine Gefährtin getötet hatte, weil sie ihn, ebenfalls im Namen der freien Liebe, betrogen hatte. Diese Messerstiche brachten ihm zehn oder fünfzehn Jahre Strafkolonie ein. In meinem Roman lasse ich ihn zurückkehren.

Cottin mochte es nicht, wenn man sagte, daß er in Paris sei. Nach einem unserer Sonntagsausflüge waren wir eine ganze Bande in der Métro. Einer von uns schrie: „Es lebe Cottin!"

Und die ganze Bande antwortete: „Aber nein, Cottin ist nicht hier!"

Es war lustig. Man hätte meinen können, es sei ein Sketch.

Danach verlor ich ihn aus den Augen. Cottin hatte wirklich kein Glück. Ich glaube, er kam nur einmal ins *Vache enragée.* Lange genug, um von Maurice Hallé verdächtigt zu werden, der Autor eines Artikels zu sein, den ich geschrieben hatte. Ja, er war wirklich ein Pechvogel! Er ging nach Spanien und ließ sich als Opfer seiner Illusionen wie ein Idiot in der Falle des Bürgerkriegs töten. Ich wäre auch beinahe ihr Opfer geworden. Ich war auch nicht stärker und ich habe nie soviel getan wie Cottin.

KX

Ich traf den *Broquilleur* Marcel Beloteau (so hieß KX wirklich) bei André Colomer an dem Tag, als ich in Paris ankam. Ich weiß nicht, woher Colomer ihn kannte. Nach der Daudet-Affäre und vor allem nach seiner Aussage vor Gericht, einem Meisterwerk der Redekunst, das großen Anklang fand, versammelten sich viele Leute wie KX um Colomer. Beloteau galt als sein engster Mitarbeiter beim

Insurgé, unter dem Pseudonym KX veröffentlichte er Chroniken in Argot: „Worte eines Piraten". Und ein Pirat, das war er, denn er lebte damals schon seit einigen Jahren von der Ausübung des Berufs mit dem schönen Namen *Broquilleur.* Auf den Märkten folgte er Hausfrauen und sagte zu ihnen: „Madame, Sie haben etwas verloren." Und er nahm aus einem Seidenpapier ein Armband oder eine kleine Kette.

Die Hausfrau antwortete: „Das gehört nicht mir."

„Das ist aber merkwürdig. Ich hätte lieber einen Liter Roten gefunden! Aber es ist Gold. Ich kann damit nichts anfangen. Niemand hat uns gesehen. Wir könnten uns einigen. Es ist etwa soviel wert. Ich verkaufe es Ihnen für 10 Francs."

Dieser Betrug basierte auf der Unehrlichkeit der meisten Leute.

Die Hausfrau sagte: „Das ist nicht teuer. Meiner Tochter würde es gefallen ..."

Diese Schmuckstücke hatten einen Stempel und alles, wie beim echten Goldschmuck. Speziell hergestellt für Leute wie ihn ...

KX lebte von diesem Beruf, und das nicht schlecht.

Er muß um die dreißig gewesen sein – ich war damals sechzehn, Jugendliche können das Alter der Erwachsenen nur schwer schätzen. Er war groß, ein wenig gebückt, ziemlich ärmlich in Kord gekleidet, eine Kappe auf dem Kopf und Sommer wie Winter Leinenschuhe an den Füßen. Daher stammte auch der Titel seiner Zeitschrift *Journal de l'homme aux sandales.* Mit seinem eckigen, zerfurchten Gesicht voller Krähenfüße glich er irgendwie dem Schriftsteller André Thérive und seine Gestalt der des Schauspielers Alexandre Rignault. KX hatte die gebrochene Stimme eines Pariser Straßenjungen und sprach mit dem schleppenden Akzent der Leute aus Belleville, wo er unter einem Verschlag wohnte, wie er selbst sagte. Er ernährte sich ausschließlich von Brot, Weißwein und Heringen, in ungleichem Verhältnis. KX war eine anziehende, geheimnisvolle Figur und schien kultiviert zu sein. Ich wußte nie, woher er eigentlich kam. Bei den Anarchisten stellte man keine Fragen.

Anfang 1926 hielten sich bei Colomer zwei in der Klemme sitzende Typen auf, die ein schlechtes Markenzeichen für die individualistische Anarchie waren: KX und ich. Die Genossen fragten sich, wie wir zu retten seien. Die Gewerkschaft der Korrektoren war damals in den Händen der Anarchisten. Bei einer Zeitung, wo Colomer (wie alle Mitarbeiter des *Insurgé),* noch nebenher tätig war, wurde eine Stelle als Korrektor frei, die KX angetragen wurde. Weil er älter war sozusagen. Ich war ja erst 16 und die Genossen glaubten, ich hätte noch genug Zeit, es zu schaffen. Für KX wurde die Zeit langsam knapp. So wurde er Korrektor und ich vagabundierte weiter herum.

1928 gründete KX die Zeitschrift *L'homme aux sandales,* in der er Geschichten im *Argot doux* schrieb und seine ziemlich verblüffenden Theorien vom integralen Szientismus erklärte. Seine Theorien waren klar antiindividualistisch – er war schon fast ein Anhänger des Termitenhaufens! – und sie wurden zum ersten Mal vom *Insurgé* veröffentlicht, einer klar individualistischen Zeitschrift. Colomer war offen und tolerant.

KX gab nur vier Nummern heraus. Anscheinend hatte er viel zu schreiben, aber nicht genug Ausdauer. Und der Verkaufserfolg war gleich null.

Ich traf ihn 1930 wieder, als er gerade aus der Stadtbibliothek des 18. Bezirks kam. Er war immer noch Korrektor und wohnte in einem Hotel in der Rue Damrémont. Ich sagte ihm, daß ich ihm schreiben werde.

„Ach, weißt du, ich und der Briefwechsel, das sind zwei Paar Schuhe."

Er fand Briefe lästig. Deshalb hatte er den Hotelpagen gebeten, seine Post zu öffnen, und ihm nur die Briefe zu geben, die er, der Hotelpage, wichtig fand.

Nachdem ich André Breton begegnet war, verlor ich KX aus den Augen. Ich traf ihn nach dem Krieg, 1947, zufällig wieder. Er war in der Korrektorhierarchie aufgestiegen und Chef-Korrektor beim *France-Soir* geworden. Während unseres Spaziergangs vom Boulevard Auguste-Blanqui bis Saint-Germain-des-Prés erzählte er mir von einem Roman, den er über seine Zeit als *Broquilleur* schreiben wollte mit dem Titel *La Poupée d'ivoire.* Ich hatte damals schon ein wenig Erfolg und kannte verschiedene Verleger. Deshalb bot ich ihm an, einen Herausgeber für sein Buch zu suchen. Er wollte nicht.

Le Libertaire macht einen Ausflug aufs Land, 1930. Rechts mit Tochter auf dem Arm: Louis Louvet. *links:* Emile Cottin. *rechts:* Louis Louvet und Simone Larcher, 1931-32.

1re Année - N° 1 — Le Numéro : 30 centimes — Juin 1928

Personne ici-bas, n'a le droit de parler, ni d'écrire, hormis les physiciens

LE JOURNAL de l'homme aux sandales

Organe du Scientisme intégral

Adresser tout ce qui concerne le journal à Marcel BELOTEAU 83, rue Damrémont (XVIIIe)

Sus aux artistes !

L'individualiste, voilà l'ennemi !

Il faut détruire les anarchistes !

Les étranges propos

Je suis né, par là, près du canal, dans un bouge sordide et obscur de la rue des Vinaigriers, dans une chambre d'hôtel... à l'instant précis où sonnait dans la nuit sombre une sorte de glas, onze vibrations lourdes déclenchées par l'horloge d'un clocher.

Les célèbres tribuns, les immenses écrivains, les incommensurables philosophes, tous les Moïse, les Jésus-Christ, les Bossuet, les Voltaire, les Jean-Jacques, les [illegible] Lénine, les Maurras, tous les sauveurs du monde, tous les artistes en sociologie, d'hier et d'aujourd'hui, toute une vermine immonde est morte la nuit même de ma naissance.

∴

Ce journal est ouvert à toutes les contradictions. Mais ici c'est le règne de l'anonymat, personne ne signe, hormis le gérant, qui est là pour répondre à toutes les réclamations...

L'homme qui signe son œuvre est peut-être un grand artiste, mais ce n'est qu'un artiste, un individualiste, semant ici-bas la discussion, la haine, la guerre et la révolution...

Toutes les contradictions ici seront admises mais K. X. ne répondra à aucune... Il a pour toutes les contradictions la même considération...

K. X. ne se prend pas pour un aigle, il ne connaît rien. Mais il conteste à qui que ce soit, hormis les physiciens, de lui enseigner quoi que ce soit.

L'Homme aux Sandales n'est accessible qu'à une instruction ralliant l'unanimité des suffrages humains.

L'homme qui signe son œuvre fait preuve d'imbécillité puisqu'il n'y a pas dans l'Univers, de mouvement particulier, indépendant, individuel, mais des mouvements d'ensembles, un mouvement d'ensemble, d'intensité et d'extension inconnues. Tout est l'œuvre de Tout.

Il fait preuve d'imbécillité et aussi de canaillerie puisque, lorsque son œuvre peut lui porter un préjudice quelconque, il ne signe pas, il ne dit plus **je**, il dit **nous**, le saligaud !

Le **je** revient ensuite, lorsqu'il n'y a plus que des bénéfices à recevoir.

Tout au moins c'est comme cela que ça se passe dans le domaine qui m'intéresse c'est-à-dire dans le domaine social.

Car ce qui m'intéresse surtout, c'est la Philosophie, dont la Politique n'est que l'exercice.

La Philosophie et la Politique sont aujourd'hui monopoles d'artistes, c'est pourquoi ce journal paraît, il n'est pas l'ami des artistes, des artistes en sociologie, et des autres, de tous les autres, de toute la vermine terrestre qui apporte ici-bas la **discussion**, la haine, la guerre et la révolution.

Il est l'ennemi des philosophes qui n'inventent des systèmes sociaux que pour satisfaire à des individus identiques à eux-mêmes, **identiques** braves gens ! **Identiques.** Vous ne comprenez pas encore ? Patience ! Patience ! les explications vont venir... chaque chose en son temps et à sa place.

∴

Ah, braves citoyens ! vous croyez qu'il y a ici-bas, des monarchistes, des républicains, des socialistes, des communistes, des anarchistes. Il n'y a rien braves gens, il n'y a [illegible] les victimes.

Vous êtes bons « comme la romaine », braves gens, bons jusqu'au trognon ; c'est vous qui payez, braves citoyens, et de toutes les manières, avec votre argent, avec votre énergie, avec votre sang...

Ah ah, pauvres gens, si vous saviez ce que pensent de vous la vermine intellectuelle, tous vos philosophes, tous vos politiques, tous vos écrivains, tous vos orateurs, tous vos journalistes, tous vos hommes de lettres, etc., etc..., etc..., ce n'est pas ce journal qui crierait : Sus aux artistes !

Si vous saviez ? Mais ne le savez-vous donc pas ?

En ce cas renseignez-vous. Si vous voulez connaître les intellectuels, c'est facile...

Tous les intellectuels sont ennemis les uns des autres, il n'y a pas deux intellectuels qui puissent s'entendre, puisqu'ils ne parlent pas le même langage (oui braves gens ! mais excusez-moi je ne puis pas tout dire aujourd'hui !) puisqu'ils ne possèdent point le plus petit critère commun, la moindre mesure commune, et alors ils se vendent, ils se trahissent ces braves saligauds, ils se combattent, toujours et partout.

Si vous voulez connaître un philosophe, lisez-le et ensuite lisez un autre philosophe. Si vous voulez connaître un politique, lisez-le et ensuite lisez un autre politique.

Pour être bien renseigné, sur un monarchiste, lisez aussi un républicain ou un anarchiste, etc., etc., etc..., faites cela partout, dans tous les domaines.

Faites comme moi, braves gens. J'ai lu tous les philosophes, j'ai aussi lu tous les journaux.

Croyez-moi, ce n'est pas là, faire besogne inutile, c'est votre vie qui est en jeu, la vie de vos enfants, de toute votre descendance, l'avenir de l'humanité.

∴

Les physiciens, c'est-à-dire les gens de la mesure commune, n'ont jamais osé crier ce qu'ils savent sur les philosophies, et les philosophies, sur la politique et les hommes politiques, parce qu'ils sont sous la dépendance entière des artistes, des gens qui depuis toujours mènent le monde.

Un physicien n'est pas un homme, ce n'est pas un nom, c'est une méthode !

Un scientiste dit : voilà ce qui est utile à la conservation de l'homme par delà les temps et espaces, et voici la preuve... la preuve, braves gens, comprenez-vous ?...

La preuve emportant l'unanimité des suffrages humains comme la rallie cette modeste et immense image de la Science : 2 + 2 = 4.

∴

Toute vérité discutable est une erreur. De la discussion n'a jamais jailli la lumière.

La Discussion est un mouvement normal de l'Univers et si les mouvements normaux de l'Univers, de cette chose insaisissable, d'intensité et d'extension inconnues, ont engendré l'Homme, ils exigent aussi la mort de l'humanité.

Si nous voulons vivre, assurer l'avenir de [illegible] la Discussion, ce facteur de haine et d'antagonisme qui désagrège peu à peu la « masse humaine », c'est-à-dire l'humanité, considérée comme un corps par les physiciens de partout.

Il faut combattre la Discussion, c'est-à-dire l'Art, c'est-à-dire les artistes !

Certes l'artiste, en tant qu'individu vivant en société, est pour la plupart du temps un brave type, très sociable et pas du tout haineux mais ce n'en est pas moins un terrible ennemi de l'humanité et qui n'a jamais rien fait pour la conservation de celle-ci.

Dans la nuit des temps passés, il en a existé des civilisations, des arts et des artistes !...

La terre tremble, braves gens, la terre tremble !

Le feu et l'eau se sont déchaînés. Le mouvement universel a passé par là.

De profundis, braves gens, De profundis !

Et aujourd'hui l'homme est toujours aussi nu, aussi désarmé devant l'immense péril qui rôde de toutes parts autour de notre pauvre machine ronde.

Oui ! l'humanité a ses regards fixés sur la terre, elle ne voit pas, elle ne voit rien. Qui donc, tonnerre de dieu, fera fonctionner le signal d'alarme ! Est-ce ce journal ?... Il est bien petit...

∴

Ah ah, citoyens ! Avant de bafouer la religion, réfléchissez cinq minutes !

Il y avait là une grande idée, une idée de grandeur et d'unité, d'unité humaine, d'agrégation, de resserrement, d'intensité...

Une idée de mouvement d'ensemble qui aurait pu déséquilibrer l'Univers, assurer la vie de l'Homme, en faire un mouvement anormal dans l'Univers...

Mais aujourd'hui la religion est morte, l'intellectuel a passé par là...

Aucune organisation, jamais, n'a pu résister à la désagrégation, jamais, jamais, jamais !

Jamais

Jamais, braves gens, jamais !

Et cela ne vous ouvre donc pas les yeux, citoyens ?

∴

La religion est morte, la monarchie est morte, la république mourra demain, le socialisme, le communisme sont condamnés à disparaître.

Tout passe, braves gens, tout passe, parce que tout ici-bas est aspect de la Discussion !

J'écris sur une table dans laquelle s'exerce un furieux mouvement. Elle me semble pourtant bien immobile cette table ! Ce n'est qu'une illusion de mon critère individuel, une illusion de mon ignorance.

Dans cette table, comme dans l'humanité, on discute, on discute, on discute, sur tout... sur la patrie, sur la religion, sur la famille, sur la liberté, sur l'égalité, sur la fraternité, sur la guerre, sur la révolution que sais-je, tonnerre de dieu, que sais-je, etc., etc., etc...

On discute, on discute, braves gens, sur des vérités discutables, tout comme dans l'humanité !

Les cellules qui composent cette table, c'est-à-dire les hommes de cette humanité [illegible] cette table, tendent furieusement à leur bien-être, à leur jouissance matérielle, et partant, à leur indépendance...

A leur indépendance

Comprenez-vous, braves gens ? à leur indépendance.

Il y a dans cette table, de très grands hommes, d'immenses artistes, tout comme dans notre humanité ; je suppose que cette table est pleine de statues représentant de célèbres orateurs, d'immenses écrivains, d'incommensurables philosophes, enfin de tout un tas de champions de la liberté, de l'indépendance individuelle...

La table est bien malade, citoyens ! Dans quelque temps, en effet, toutes les cellules qui la composent auront enfin conquis leur indépendance, mais il n'y aura plus de table, braves gens ! et le moment, enfin venu, de cette indépendance, de cette bonne vie individuelle, sera, par une curieuse coïncidence, précisément le moment de la mort de l'individu, des individus qui ne vivaient que par cette table ! par ce mouvement d'ensemble qu'était cette table !

Et les gens glorifiés, statufiés, toute cette vermine artistique, individualiste qui menaient vers la mort, les cellules qui composaient cette table, au lieu d'être glorifiés et statufiés, méritaient tout bonnement la potence.

Sous l'autorité ou l'antiautorité, sous le masque de l'Archiste ou de l'Anarchiste, tous les systèmes sociaux mènent vers le même but, braves gens ! Vous pouvez en être absolument certains.

Sus au monarchiste, au républicain, à l'anarchiste, sus à tous les artistes en sociologie, sus à l'Individualisme !

Ces gens-là ne sont pas des novateurs, braves gens, croyez-moi, ce ne sont que des mouvements normaux de l'Univers, dans lequel tout tend à la désagrégation, à la dissolution, à l'Individualisme. **Tout tend à se fondre dans ce super-individualiste qu'est l'Univers, cet insaisissable univers !**

Ah oui, je sais ce que cette dernière phrase peut soulever d'objections ! Mais patience, braves citoyens, patience ! Je sais ce que je dis, mes explications deviendront de plus en plus claires par la suite...

Excusez-moi, je ne puis pas tout dire en une seule fois. J'ai tellement de choses à dire !

Je sais que l'on va crier au fou ! Je serai peut-être fou demain, mais aujourd'hui je ne le suis pas.

Le Journal de l'homme aux sandales – die merkwürdige Zeitschrift des integralen Scientismus, im „argot doux" geschrieben, Verfasser Marcel Beloteau, alias K.X.

Der Roman sollte erst nach seinem Tod herauskommen. Vielleicht hat er letztendlich das Manuskript vernichtet. Ich erfuhr erst viel später von seinem Tod. Ich könnte nicht mehr sagen, wann er gestorben ist.

LOUIS LOUVET (1899–1971) UND SIMONE LARCHER (1903–1969)

Ich kannte auch Louis Louvet, von allen nur „Titi" genannt, und seine Lebensgefährtin Simone Larcher aus der *Jeunesse libertaire.* Sie bestimmten das Los vieler mehr oder weniger langlebiger Zeitschriften.

1926 war Louvet um die dreißig. Er war während des Ersten Weltkriegs Deserteur gewesen. Sein Gesicht war immer etwas traurig. Kein Wunder, er war von 1918 bis 1924 im Gefängnis gewesen.

Simone Larcher hatte 1924 einen Selbstmordversuch gemacht. Das hatte einen mißbilligenden Artikel im *Libertaire* zur Folge, der später in der *Révolution surréaliste* wiederabgedruckt wurde.

Als ich sie 1926 kennenlernte, gaben sie *L'Echo des jeunes libertaires* heraus. Später übernahmen sie den Titel *L'Anarchie* von der alten Zeitschrift Libertads. Wenn aus irgendeinem Grund eine Zeitschrift verschwand, gründete Louvet frischen Mutes eine neue. Später erfuhr ich, daß manche ihn „Titi-Journal" nannten. Ich hatte alle ihre Publikationen abonniert, *L'Ennemi du peuple, Controverses* und nach dem Krieg *Ce qu'il faut dire, Contrecourant, Les Cahiers de Contre-courant* und andere, die ich vielleicht vergessen habe. Simone Larcher und Louis Louvet waren beide Korrektoren in einer Druckerei. Dieser Beruf war gut bezahlt und ließ enorm viel Freiheit. Die Arbeit dauerte nur drei, vier Stunden jede Nacht. 1926 hatte mir KX einen Korrektorposten weggeschnappt, zehn Jahre später wollte ich mein Glück wieder versuchen. Man mußte eine Prüfung vor „pingeligen" Grammatikern bestehen. Ich war ihr nicht gewachsen und versagte kläglich. Was mich heute tröstet, ist, daß niemand mehr den pingeligen Grammatiker, der mich durchfallen ließ, kennt, während ich ...

Die Korrektoren verkehrten nur untereinander. Nur gewerkschaftlich Organisierte wurden aufgenommen. Man befand sich als Außenstehender in einer schwierigen Lage. Um in die Gewerkschaft aufgenommen zu werden, mußte man Erfahrung in dem Beruf haben, und um in dem Beruf zu arbeiten, mußte man in der Gewerkschaft sein. Ein Teufelskreis, der einem nicht viele Chancen ließ. Ich versuchte mich nicht mehr bei der Prüfung. Anstatt Zeitungen zu korrigieren, verkaufte ich sie.

Die große Ambition aller Anarchisten damals war eine Stelle als Korrektor, denn das gab einem den intellektuellen Anstrich, man mußte mindestens Rechtschreibung können! Und, wie gesagt, man hatte viel Freiheit, die Leute wie Georges Vidal dazu nutzten, Bücher zu schreiben. Und mit dem Lohn setzten Louis Louvet und Simone Larcher Zeitschriften in die Welt.

GEORGES VIDAL (1903–1964)

Von den „Berühmtheiten" der Bewegung kannte ich noch Georges Vidal, der nach Colomer *L'Insurgé* übernommen hatte. Er war es gewesen, der als Verwalter des *Libertaire* am 22. November 1923 den Besuch eines unbekannten Jungen erhalten hatte, der sagte, er sei bereit, auf eine wichtige politische Persönlichkeit ein Attentat zu verüben: dieser Unbekannte war Philippe Daudet.

Ich lernte Vidal am 25. Dezember 1925 bei Colomer kennen und sah ihn monatelang mehrere Male die Woche beim *Insurgé*. Er war Korrektor wie alle. Ich erfuhr später, daß er 1927 oder 28 von Frankreich nach Costa Rica zu Freunden ausgewandert sei, welche dort eine „Kolonie" gegründet hatten, wie die Anarchisten das nannten. Heute würde man das eine „Kommune" nennen. Im Prinzip sollte diese Kolonie ein Paradies sein, aber wie alle Unternehmungen dieser Art ging es schief.

Raoul Odin, ein brillanter Mann, der im *Club des Insurgés* Vorträge hielt, war auch in die Tropen ausgewandert. Nach drei oder vier Monaten aber kam es zu heftigen Diskussionen, Rivalitäten und schließlich zur Auflösung. Odin hatte ein wenig Geld und kaufte sich Land, ließ einen Zaun um sein Land bauen, stellte Neger oder Indianer sein und wurde *haciendero*. Das muß auch nicht geklappt haben, denn er starb als Clochard im Hafen von Veracruz ... Ich kannte wirklich Männer mit außergewöhnlichen Schicksalen!

Georges Vidal blieb noch einige Zeit in Costa Rica, wo er ein Gedicht über Pigalle schrieb, das im *En Dehors* veröffentlicht wurde. Es läßt sein Heimweh nach Paris erkennen:

„Boulevards, Kinos und Hände, die herumtasten
Bretonisches Lamm, blonde Freundin, Bordeaux und Burgunder Wein
Musik, lärmende Bars und gemütliche Cafés
Lebhaftigkeit, Klarheit, seidene Waden: die Stadt.
Mein Gott, was würd' ich heut' abend für Paris geben!
Meine Kerze erlischt langsam unter einem Termitenflug
und der Indianer, der bei mir wohnt,
kratzt sich, furzt, rülpst, niest, spuckt und lacht."

Vidal brachte von diesem Aufenthalt in Zentralamerika zwei Bücher zurück, deren Titel ich aus dem Gedächtnis zitieren muß: *Ma femme et ma forêt* und *La Maîtresse rouge.* Ich traf ihn 1947 wieder, nachdem ich bei den *Amis de l'En Dehors* des Genossen E. Armand einen Vortrag über den Kriminalroman gehalten hatte. Seither habe ich in Zeitungskiosken auf den ersten Seiten der Jugendzeitschriften des Offenstadt-Verlags gesehen, daß Georges Vidal Western schrieb, die von seinen Erfahrungen in Zentralamerika inspiriert waren. Er schrieb auch Kriminalromane für die Kollektion *A ne pas lire la nuit* der Editions de France und *Feux rouges* bei Ferenczi. Sein Romanheld hieß Morel. Georges Vidal wurde später Mitarbeiter bei der Edition Fleuve noir, wo er kurze Spionageromane und sehr gradlinige Krimis schrieb, immer unter seinem richtigen Namen. Er hat kein Pseudonym benutzt. Damals war der literarische Direktor von Editions Fleuve noir ein Ehemaliger der *Action Française.* Er war aber nicht alt genug, um die Daudet-Affäre zu kennen. Jedesmal, wenn ich ihn sah, hatte ich Lust zu sagen: „Wissen Sie, wer Georges Vidal eigentlich ist? Das ist der Mann, den Léon Daudet in der *Action Française* in den Schmutz gezogen hat."

LOUIS LOREAL (1894–1956)

Louis Loréal, Mitarbeiter vom *Libertaire,* hatte einen schönen Anarchistenkopf. Er hatte lange Haare, trug eine runde Brille, Handschuhe und war Chansonnier. Meine Frau und ich kannten ihn sehr gut und ich behalte ihn in bester Erinnerung. Als ich Surrealist wurde, verlor ich ihn aus den Augen, wie fast alle aus dem anarchistischen Umfeld. Wenn man Louis Loréal einen Spitznamen geben müßte, so könnte man ihn den „Unglücksraben" nennen. Er hatte kein Fingerspitzengefühl. Als die Deutschen 1940 Frankreich besetzten, schrieb er in einer Zeitung einen patriotischen Artikel: „Wir Anarchisten müssen die Stirn bieten. Weg mit unseren Idealen. Der Feind ist da." Unglücklicherweise erschien dieser Artikel an dem Tag, an dem die Deutschen in Paris einmarschierten. Loréal mußte sich verstecken und tauchte erst nach einer Weile wieder auf. 1944 schrieb er in *La France socialiste* oder im *Germinal* entrüstet gegen die Landung der Amerikaner in der Normandie: „Es ist eine Schande, daß die Mörder von Sacco und Vanzetti Frankreich überfallen und unsere Kunstwerke zerstören." Er wurde daraufhin als Kollaborateur vor Gericht gestellt.

Dies eine Mal lächelte ihm das Glück zu – er wurde freigesprochen.

Louis Loréal, der eigentlich Louis Raffin hieß, auf der Anklagebank (rechts), während eines Presseprozesses um 1925.

PAULETTE

Zweimal in meinem Leben hatte ich wirklich Glück: an dem Tag, als mein Großvater mich bei der Verwaltung der Petite-Roquette zurückverlangte, und an dem Tag, als ich Paulette kennenlernte. Ich hatte damals mehr oder weniger keinen festen Wohnsitz. Ich wohnte bei ihr, wir taten uns zusammen, sie rettete mich vor der Gosse.

Wir lernten uns im Quartier Latin kennen. Unsere Geschichte fing an wie in diesen amerikanischen Komödien, wo sich der Mann und die Frau, die sich am Ende in die Arme fallen, zuerst streiten, um sich dann während des ganzen Films schöne Augen zu machen. Ich war damals Chansonnier, Chansonnier am Abend, Handlanger am Nachmittag und Clochard am Morgen. Das klingt jetzt ein wenig schwärzer, als es in Wirklichkeit war, aber das Bild gefällt mir, so ähnlich war es. Ich war zwar kein echter Clochard, aber ich hatte wirklich Pech gehabt. Ohne Paulette wäre ich ganz sicher ein Clochard geworden. Vielleicht wäre ich nach Montpellier zurückgekehrt. Ich will lieber nicht daran denken, was dort aus mir geworden wäre ...

Ich trat mit „meinen Werken" im Cabaret *L'Ymaige Nostre-Dame,* einer ehemaligen Kohlenhandlung in der Rue Frédéric Sauton, auf. Wir waren eine lockere Gemeinschaft. Es gab ziemlich malerische Gestalten wie Jehan de Mongibet zum Beispiel, einen Zuhälter; ein paar Männer, die in Hemden Lieder vom Land sangen (damals machten diese Leute in den Cabarets Furore). Ein „soziales" Repertoire, Werke von Marcel Legay, Paul Delmet, Léon Israël, usw. und Sänger wie Louis Loréal, den alten Mitarbeiter vom *Libertaire,* von dem ich schon erzählt habe.

Ein Typ verteilte auf dem Boul'Mich Werbezettel für unser Cabaret. Er war Pfarrer gewesen, war aber exkommuniziert worden oder so was. Ich kann mich nicht mehr erinnern, wie ich in diesem bescheidenen Laden gelandet bin. Vielleicht hatte mich Loréal einmal mitgenommen? Tagsüber stellte ich im 15. Bezirk Gipsplatten her.

Paulette Doucet-Malet (1907–1981).
links: Paulette, um 1936, auf dem Balkon unserer Wohnung in der Rue François-Coppée, in Malakoff.

Abends sang ich meine Lieder. Da ich keine Wohnung hatte, muß ich dort auch geschlafen haben.

An einem Samstagabend kam eine Gruppe junger Leute beiderlei Geschlechts ins Cabaret. Sie hatten einen sitzen, belästigten zuerst die wenigen Kunden, die da waren, und dann auch uns. Es gab einen Streit ... Kurz, wir schlugen uns nicht gerade die Köpfe ein, aber es war kurz davor. Und dann, am andern Morgen, wem begegnete ich in einem Restaurant in der Rue Grégoire-de-Tours, im *Le Petit Rôtisseur?* Der Blondine aus der Bande vom Vorabend. Sie saß da mit einer Freundin, die auch dazu gehörte, ich saß am Tisch neben ihnen. Sie sagte mir einige Frechheiten über den Vorabend, ich konterte und schließlich aßen wir am selben Tisch. Einige Wochen später zogen wir zusammen in ein ziemlich schäbiges Hotel in der Rue Portes-Blanches Nr. 18, die wir natürlich *Pertes-Blanches* (Weißfluß) nannten. Ich schlief nicht mehr draußen. Seither habe ich Paris praktisch nie mehr verlassen.

Paulette war Kopistin bei der Molkerei Maggi in der Rue Ordener. Ich gab meine Arbeit als Handlanger auf und suchte etwas Besseres. Unter anderem war ich Redakteur-Telefonist in der Agence Radio am Boulevard Haussmann. Félix Lévitan arbeitete auch dort. Er war schon damals, als er noch nicht Direktor der Tour de France war, begeistert vom Radrennen. Im Quartier Latin arbeitete ich wieder als Chansonnier. Dort lernte ich auch Max Régnier kennen.

LE POETE PENDU

Zusammen mit Leuten wie Lucien Lagarde und Jacques Cathy, der später im *Théâtre des Dix-Heures* auftrat, gründeten wir das *Cabaret du Poète pendu* mit dem Slogan „... den Dummköpfen die Zunge rausstrecken". Der Montmartre-Maler Freddy-Vidal hatte uns ein Plakat gemacht. Paulette war auch dabei, hatte aber ihre Arbeitsstelle bei Maggi behalten. Wir schliefen wenig, es war eine anstrengende Zeit. An der Ecke Rue Frédéric Sauton und Rue des Grands-Degrès, wo sich das Cabaret befand, wurde kürzlich eine Discothek mit dem Namen *La Question* eröffnet. Wir waren der Zeit voraus. Heute hätten wir einen Riesenerfolg! Aber damals ... *Le Poète Pendu* war nur Frühling und Sommer 1929 offen, nicht länger.

Am 7. Februar wurde ich für eine Woche in einem Kino am Boulevard Bonne-Nouvelle angestellt. Es hieß *Boulevardia* und wurde von Langlet geleitet, einem prima Kerl. Er war Frankokanadier, wie Souplex. Souplex hatte auch in der *Vache enragée* angefangen. Da er bei einem Notar arbeitete, konnte er aber nur abends kommen. Ich machte die Matineen, außer am Sonntag.

Ich pflegte meine Karriere als Chansonnier nur noch ab und zu, einmal im Cabaret *Grillon* in Brüssel und einmal im tiefsten Frankreich, im Cabaret *Lion d'Or* in Limoges, in Begleitung von Paulette.

Paulette. „Pirouette", wie Yves Tanguy sie nannte. Niemand hat mir mehr geholfen als sie. Ich bedauere es sehr, daß ich zu ihren Lebzeiten nicht den gewünschten finanziellen Erfolg hatte, der es mir ermöglicht hätte, ihr ein glückliches Lebensende zu bereiten.

Sie starb am 2. Mai 1981 im Spital Tenon. Wir hatten 53 Jahre zusammengelebt. Für die Neuauflage meiner unter Pseudonym erschienenen Romane schrieb ich ihr die wohlverdiente Widmung: „In Erinnerung an Paulette, meine Frau, die mir jahrelang das tägliche Brot gab, das sie allein verdienen mußte." Nun, es hilft nichts, das alles wiederzukäuen.

Paulette und ich waren beide Einzelgänger: Wir hatten beide das Glück, Waisen zu sein. Ich lernte sie 1928 kennen, 1940 heirateten wir wegen des Krieges. Um die freie Vereinigung, das Konkubinat, den Haushalt zu zweit zu leben, wie es heute Mode ist, brauchten wir keine selbsternannten Apostel. Wir lebten ehelich, wie man sagt, womit wir, als wir während der großen Krise der dreißiger Jahre arbeitslos wurden, dem Staat halfen, Geld zu sparen. Das Konkubinat war illegal, aber der Staat betrachtete es als einen der Ehe entsprechenden Zustand, wenn es darum ging, Arbeitslosengeld auszuzahlen. Ein einzelner Arbeitsloser erhielt 10 Francs am Tag, ein Haushalt und Ehepaare 14 Francs für beide. Trotz unserer unrechtmäßigen Situation wurden wir wie Mann und Frau betrachtet und erhielten 14 Francs pro Tag. Hätten wir getrennt gelebt, hätte jeder von uns 10 Francs erhalten. Während dieser ziemlich langen Zeit schenkten wir dem Staat jeden Tag 6 Francs. Und da sagte man, ich sei ein schlechter Bürger! Arbeitslos sein ist nicht lustig, aber in den dreißiger Jahren war es noch weniger lustig als heute.

ZEITUNGSAUSRUFER

Man mußte als Arbeitsloser einmal pro Woche im Gymnasium Huyghens in Montparnasse stempeln gehen. Das war aber nicht alles. Als Paulette eines Tages im Sommer nackte Beine hatte, weil sie keine Strümpfe kaufen konnte, wetterte der Beamte: „Sie müssen Strümpfe anziehen. Wenn ich Sie zu einem Arbeitgeber schicke, müssen Sie korrekt gekleidet sein." Was sagen sie wohl heute den Leuten, die wie Cowboys verkleidet sind?

Lehnte man ein paarmal die angetragene Arbeit ab, gab es kein Geld mehr. Mit unseren 14 Francs konnten wir wirklich nur das Allernötigste kaufen. Mein einziges Extra war der Tabak, er

le chansonnier

léo malet

dans ses œuvres

cabarets :

la vache enragée

le merle blanc

le grillon (bruxelles)

concerts :

boulvardia

Porträt Malets um 1930. *rechts:* Kopf meines Briefpapiers als Chansonnier.
Rue du Croissant, wo Hachette die Zeitungen an die Zeitungsausrufer verteilte. *umseitig:* Programmzettel des Cabarets *le poët pendu*.

le poëte pendu...

tire la langue aux imbéciles !

- *Cabaret artistique d'avant-garde* -

1, Rue Frédéric Sauton - PARIS (V)

- - - Métro : Maubert et Saint-Michel - - -

ous les soirs,
s 21 heures,

dans un cadre élégant et pittoresque,
au cœur du Vieux Paris,
à l'ombre des Tours de Notre-Dame,
se font entendre, en alternance

ɔur la première fois au cabaret :

le comédien MARCEL ROMA
du Théâtre de l'Œuvre
ıns les œuvres de Jehan RICTUS

le célèbre compositeur-humoriste
CAMPARA
de la Lune Rousse et des Concerts Classiques

divette fantaisiste et réaliste
RAFAELA
du Lido des Champs-Élysées

la diseuse
CHARLOTTE MÉRY
de l'Eldorado

ı plus JEUNES et les plus NOUVEAUX chansonniers parisiens, dans leurs œuvres :

ROBERT BLANDINIÈRES
JACQUES CATHY
PIERRE JACOB
fantaisiste FERNAND BÔNE

LUCIEN LAGARDE
ANDRÉ MYR
ROGER XEL
le chanteur RENÉ BOULARD

présentés par les jeunes chansonniers cabaretiers improvisateurs

CLAUDE BERLY ET LÉO MALET

AU PIANO : le compositeur JULES LEGAY

TRÉE ENTIÈREMENT LIBRE	CONSOMMATIONS à partir de 4 Francs	= SPECTACLE GAI = POUR GENS D'ESPRIT

-b. - le poëte pendu tenant à conserver sa dignité, il n'est pas fait de QUÊTE dans l'établissement

VOIR AU DOS

kostete 2 Francs. Da ich eine Schachtel pro Tag rauchte, entschloß ich mich, abends Zeitungen zu verkaufen. Ich wußte, daß man sie in der Rue du Croissant erhalten konnte.

Damals war ein Zeitungsausrufer freischaffend. Heute gibt es das leider nicht mehr. Sie sind gewerkschaftlich organisiert, haben einen Berufsstand und sind in der Sozialversicherung. Zu meiner Zeit war das noch ein abenteuerlicher Beruf. Man mußte nur einen Hausiererausweis bei sich tragen, den man sich ohne Formalitäten in der Polizeipräfektur beschaffen konnte. Am ersten Tag ging ich mit meinem Stapel *Paris-Soir* unter dem Arm durch die Straßen von Paris. Ich kassierte 4 Francs. Nach dem Kauf von Tabak blieben mir noch 2 Francs. Ich sagte mir, daß man damit vielleicht das Nötigste aufbessern konnte und entschloß mich, weiterhin Zeitungen zu verkaufen. Nach der ersten Woche sagte mir ein anderer Zeitungsausrufer – er wollte mir wahrscheinlich einen Streich spielen –, an der Ecke Rue Sainte-Anne und Rue des Petits-Champs laufe das Geschäft gut (nach einer Viertelstunde wurde man da verjagt).

Da ich relativ gut gekleidet und nüchtern war und vertrauenswürdig aussah, „adoptierten" mich die Krämer des Viertels („Bringen Sie mir doch jeden Tag die Zeitung"). Ich kaufte immer für 10 Francs fünzig Exemplare vom *L'Intran* und fünfzig vom *Paris-Soir* und verkaufte sie für 25 Francs. Gewinn: 15 Francs pro Hundert. Das war nicht enorm viel, aber es gab mir eine gewisse Freiheit. Man arbeitet von 5 bis 8 Uhr abends. Es gefiel den Kunden, wenn ich die Namen von *L'Intran, Paris-Soir* und *Ce Soir* verfremdete und schrie:

„Pourrissoir! L'Etron! Suçoir! Pourrissoir-l'Etron-Suçoir-dernièèère!" (Fäulnis! Kot! Wichser!)

Auf dem Heimweg versuchte ich in der Métro die übriggebliebenen Exemplare zu verkaufen.

„Kaufen Sie *Paris-Soir!* Schreckliche Einzelheiten!"

Später fand Paulette wieder Arbeit als Kopistin und verdiente 800 Francs im Monat, ich verkaufte weiterhin meine Zeitungen. So konnte ich mich tagsüber meiner literarischen Tätigkeit widmen: lesen und Gedichte schreiben (denn es kam nicht in Frage, etwas anderes als Gedichte zu schreiben). Da dieses System eigentlich ganz gut klappte, blieb ich bis 1939 auf den Straßen, bis sich die

„seßhafte“ Situation verschlechterte. Die Polizei zwang mich oft, den Standort zu wechseln (Die Zeitungsausrufer durften nicht mehr an einem Ort bleiben wie bisher). Keinen Job habe ich so lange ausgeübt.

1933 wohnten wir im 14. Bezirk. Wir hatten nichts gegen die Métro, benutzten sie aber so wenig wie möglich. Wir waren Fußgänger und es kam vor, daß wir zu Fuß von unserer Wohnung bis nach Belleville gingen, um Freunde zu besuchen. Wir gingen einmal pro Woche ins *Palace* im Faubourg-Montmartre, um Filme in Originalfassung zu sehen, und kehrten zu Fuß wieder zurück. Ich bin immer schon gern zu Fuß gegangen und in Paris war das etwas Besonderes. Man sah erstaunliche Dinge.

Zum Beispiel einen Epilepsieanfall auf dem Boulevard Sébastopol um 2 Uhr morgens, Leute, die von irgendwoher kamen und gafften, Nutten, kleine Gauner und ein Kranker, den es immer stärker schüttelte, der stöhnte und sabberte. Wie Zabel in „Hafen im Nebel“ sagt: „Man sieht seltsame Dinge zwischen Mitternacht und drei Uhr morgens“. Ich wurde auch Zeuge von Razzien in Montmartre, wo die Polizisten auf ihren Fahrrädern aus allen Straßen auf den Place Pigalle kamen und die Leute vor sich herstießen. Oder in Barbès, wo die Mädchen mit hochgezogenen Röcken davonliefen, verfolgt von der Sitte und Polizisten in Uniform. Das sind die sentimentalen Bilder, die soziale Schauerromantik, von denen Mac Orlan spricht.

Als 1939 der Krieg begann, ahnte ich, daß meine politischen Aktivitäten nicht allen gefallen würden und sagte mir: Wenn ich in den Knast muß, kann Paulette mich nur besuchen, wenn wir verheiratet sind. Darum heirateten wir.

Ein amüsantes Detail: Sie hieß Doucet. Doucet hatte auch der kaisertreue Gendarm vom Place Vendôme geheißen, der den General Malet verhaftete und der erstaunlichsten und originellsten Verschwörung der Geschichte ein Ende setzte. Malet-Doucet. Das hinderte uns nicht daran, uns gut zu verstehen. Und noch etwas Seltsames: Breton und Aragon arbeiteten bei Doucet, dem Sammler.

Wir hatten zwei erwähnenswerte Trauzeugen zu unserer Hochzeit am 16. April 1940 in Chatillon-sous-Bagneux, meiner war der Maler Oscar Dominguez und der meiner Frau Jacques Prévert.

Kurz darauf wurde ich, wie ich es vorausgesehen hatte, verhaftet.

Unglücklicherweise kam ich in Isolationshaft und niemand durfte mich besuchen. Für diesen Fall hatte es sich also nicht gelohnt, verheiratet zu sein.

Als Paulette am Morgen meiner Verhaftung zu mir ins Präsidium kam, sagte sie mit einem kleinen Lächeln:

„Wir werden einen Staubsauger kaufen oder eine Putzfrau anstellen müssen. Diese Herren fanden, unsere Wohnung sei schmutzig."

Die Jahre vergingen und was las ich eines Tages in der Zeitung? Daß der minderjährige Sohn des Inspektors, der sich darüber beklagt hatte, daß seine Hemdsärmel schmutzig geworden waren, mit der Dienstwaffe seines Vaters einen seiner Mitschüler vom Gymnasium erschossen hatte. Nicht gerade sauber! Dieser geplante Mord hatte sich unter häßlichen Umständen ereignet. Das Opfer soll geschrien haben:

„Töte mich nicht! Töte mich nicht! Ich bin doch dein Freund!"

Die inständige Bitte wurde nicht erhört. Der arme Junge wurde erschossen. Diese Sache wirbelte damals viel Staub auf. Ich wollte diesem Polizisten einen Brief schreiben und ihm sagen, er hätte besser auf den Jungen aufgepaßt, anstatt bei andern den Staub zu kritisieren. Vielleicht wäre dann sein Sohn weniger widerlich geworden.

Paulette wollte das nicht. „Du wirst nicht schreiben. Dieser Mann ist sicher schon unglücklich genug. Außerdem ist das eine böse Sache, das macht man nicht."

So war sie.

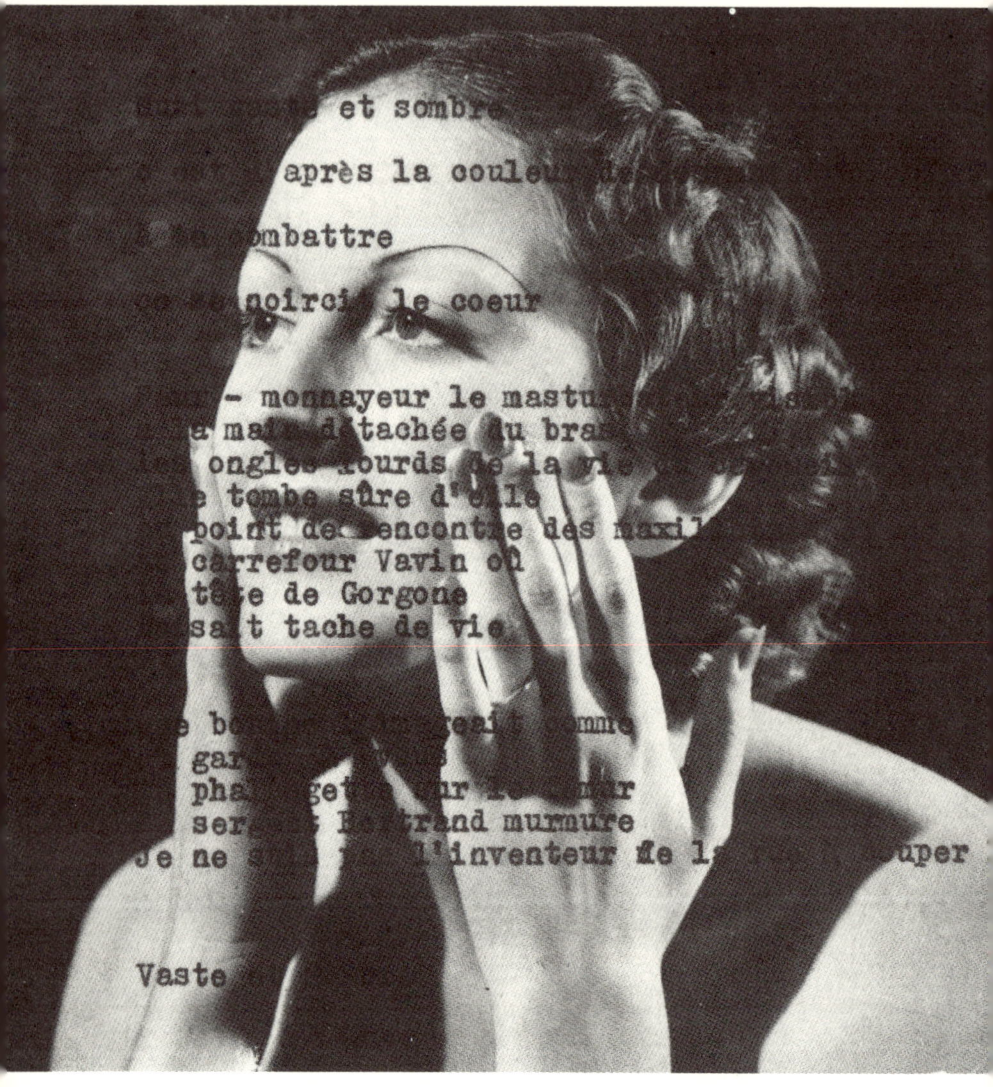

Gedicht Malets datiert vom 21. Oktober 1937, veröffentlicht in der Broschüre *le Frère de Lacenaire.*

EIN SCHRITT ZUM SURREALISMUS

Ich entdeckte den Surrealismus dank meiner Dummheit. In den Jahren 1928–30 sagte man oft: „Das ist surrealistisch!“ oder „Das ist futuristisch!“, wenn man etwas nicht verstand und nicht allzu dumm dastehen wollte. Lucien Lagarde, der zur Truppe des Cabarets *Le Poète pendu* gehörte, schilderte mir eines Tages etwas, das er gesehen hatte. Wie ein Papagei antwortete ich ihm mit dem üblichen: „Also das ist wirklich surrealistisch!“

Als Lagarde mir widersprach: „Nein, der Surrealismus ist etwas ganz anderes ...“, krebste ich zurück und zog mich ehrenhaft aus der Sache. So konnte das nicht weitergehen. Was war denn dieser verfluchte Surrealismus? Wen sollte ich fragen? Jemanden auf der Straße? „Entschuldigen Sie, ich bin vom Radio Bürgersteig, wissen Sie, wo sich der Surrealismus befindet? Wie kommt man bitte dahin?“

Ich arbeitete damals als Handlanger für das Sanitärgeschäft Ménage in der Rue Laugier, das unter anderem die Zentralheizung in einem Bordell in der Rue Hanovre installieren durfte. Es hieß, es könne mit dem *Chabanais* konkurrieren. Im Laufe des Tages glaubte ich aber zu verstehen, daß das *Hanovre* einem der Besitzer vom *Chabanais* gehörte und von einer Art Direktorium verwaltet wurde. Kleinere und mittelgroße Betriebe! Wie bei allen Luxusbordellen dieser Art hatte jedes Zimmer seine Spezialität. Es gab da ein marokkanisches Zimmer, in dem eine Art Schwimmbad fast den ganzen Raum einnahm. Es mußte sich lohnen, in dieser Atmosphäre mit einer Frau ins Bett zu gehen. Die Arbeitsbedingungen bewirkten, daß diese Installation, die wir in zwei Wochen hätten fertigstellen können, zwei Monate in Anspruch nahm. Gezwungenermaßen arbeiteten wir nur morgens ab 10 Uhr, um die Damen nicht zu früh zu wecken. Der Nachmittag gehörte den Kunden. Die Chefin und ihre Mädchen waren sehr nett zu mir. Da ich nicht unbedingt wie ein Arbeiter aussah, fragten sie mich, ob ich Student sei, zufälligerweise gar Medizinstudent. Sie schienen für diese Gattung eine

Schwäche zu haben, wahrscheinlich wegen der Lustseuchen. Ich sagte ihnen, ich sei Poet. Einige von ihnen fanden das amüsant, den meisten aber gefiel es sehr gut. Kurz: ich gefiel ihnen. Einem andern gefiel ich überhaupt nicht, und das war mein Chef. Er wollte mich vor die Tür setzen, weil ich während der Arbeit Pfeife rauchte. Die Sache regelte sich zwar, aber dieser Kerl ging mir auf den Wecker. Später erfuhr ich, daß er auch nicht allen gefiel, insbesondere den Deutschen nicht, die ihn in ein Vernichtungslager schickten. Wegen der damaligen Warenknappheit konnte ich leider keinen Trauerflor finden.

DIE BEGEGNUNG

Eines Tages hatte ich in der Nähe der Rue Mogador ein Bidet zu liefern und kam zufällig in der Rue Clichy an der Buchhandlung von José Corti, dem Verleger, vorbei. Im Schaufenster befand sich eine kleine Broschüre: *Le Groupe surréaliste, Paris en 1930,* auf deren Titelseite Kühe auf der Place de l'Opéra weideten. Es war eine Collage von Magritte. Neben dieser Broschüre waren noch einige Nummern der *Révolution surréaliste* zu sehen. Dies war die Gelegenheit, etwas über den Surrealismus zu erfahren. Ein paar Tage später ging ich zu José Corti und kaufte die 12. Nummer der *Révolution surréaliste,* die letzte Nummer dieser Zeitschrift. Sie kostete 20 Francs, wirklich ein Vermögen damals. Dieses finanzielle Opfer tat mir jedoch nicht leid. Ich fand darin Namen, die ich schon kannte, wie zum Beispiel Lautréamont. Ich war zum ersten Mal in den *Nouvelles littéraires* auf ihn gestoßen, einer Zeitschrift, in der man ebenso über die Surrealisten schrieb – und zwar nichts Gutes – wie über Lautréamont, der mit der Neuauflage der „Gesänge des Maldoror" bei den Editions du Sans Pareil herausgekommen war, die von Philippe Soupault geleitet wurden. André Breton amüsierte sich, als er erfuhr, daß ich in den *Nouvelles littéraires* Lautréamont entdeckt hätte. Er schätzte diese Zeitschrift nicht gerade. Einmal war ein surrealistisches Rollkommando sogar in die Redaktion dieser Zeitschrift eingedrungen und hatte alles verwüstet. Die „Gesänge des Maldoror" gefielen mir natürlich, besonders der sechste Gesang,

N° 12 — Cinquième année 15 Décembre 1929

LA RÉVOLUTION SURRÉALISTE

QUELLE SORTE

D'

ESPOIR

METTEZ-VOUS

DANS

L'AMOUR?

SOMMAIRE

TIRAGE :
3.000 exempl. ordinaires
10 — de luxe

LIBRAIRIE JOSÉ CORTI
6, Rue de Clichy, 6
PARIS (IXe)

CE NUMÉRO :
France . . . . . . 20 Francs
Étranger . . . . 30 Francs

Le Café Cyrano, Place Blanche, berühmt in den Annalen des Surrealismus.
vorhergehende Seite: Titelseite der von Malet erworbenen Ausgabe von *La Révolution Surréaliste.*

der eine Art flammende Nachahmung der „Geheimnisse von Paris" von Eugène Sue ist.

Als ich bei Robert Laffont meine „Neuen Geheimnisse von Paris" veröffentlichte, wollte ich die Serie mit einem Satz von Lautréamont über die Schönheit des Fortsetzungsromans beginnen. Ein Satz, der irgendwo im sechsten Gesang steht, ich ließ es dann sein. Es war zuviel für mich, das Zitat suchen zu müssen. Ich hätte den ganzen Gesang wiederlesen müssen. Ich war der Meinung, das übersteige meine Kräfte. Heute könnte ich die sechs Gesänge nicht mehr nacheinander lesen wie mit zwanzig, vielleicht ist das das Alter.

Man muß sich in die Haut des kaum erwachsenen Autors versetzen können. Im Jahr 1870 war dieses Buch eine verbale Revolution. Robert Faurisson, ein Revisionist, schrieb in seinem Buch *Avez-vous lu Lautréamont?,* daß dieses Werk unseriös sei, und daß Lautréamont sich damit nur über die Romantik habe lustig machen wollen, indem er die Sprache übertrieben nachahmte.

Nachahmung oder nicht, einige sehr schöne Stellen sind von großer lyrischer Kraft, manche sind erschreckend, andere amüsant. Dieses Buch sei in wenigen Tagen geschrieben worden, wird behauptet. Isidore Ducasse muß das Geheimnis des automatischen Schreibens entdeckt haben. Der Schluß der „Gesänge des Maldoror" – der sechste Gesang – ist nichts anderes als ein Unterhaltungsroman. Er ist in Kapitel aufgeteilt, die mit geheimnisvollen Sätzen enden wie zum Beispiel: „Was macht dieser schwarze Mann auf dem Pont du Caroussel?", „Warum stößt der Sack schrille Schreie aus?" Als wolle er sagen: „Fortsetzung folgt." Aus den mehr oder weniger außergewöhnlichen Episoden möchte ich nur die Person erwähnen, die der Held wie mit einer Schleuder vom Dôme des Invalides bis zum Dôme du Panthéon wirft, um den sie sich wickelt. Das ist niemand anderes als Fantômas.

Die Surrealisten liebten Fantômas, Kurznachrichten faszinierten sie. Sie sagten, die Poesie sei überall, sie sei manchmal in diesen menschlichen Schicksalen zu finden. Den Roman lehnten sie ab. Breton hatte das so bestimmt. Er las aber trotzdem Romane, denn er hatte mich „Sturmhöhen", „Peter Ibbetson", „Jude der Dunkle", die Romane von Huysmans usw. entdecken lassen. Es wurde bestimmt, daß ein surrealistischer Poet keine Romane schreiben darf:

Der Roman sei ein Ausdruck der bürgerlichen Literatur, etwas Bearbeitetes, dem die Spontaneität fehle. Übrigens wurde Philippe Soupault, einer der Mitbegründer der Bewegung, ausgeschlossen, weil er Romane schrieb. Niemand war kürzere Zeit bei den Surrealisten als Philippe Soupault: Kaum hatte er den Surrealismus gegründet, wurde er ausgeschlossen.

EIN APERITIV IM CYRANO

Nachdem ich die Nummer 12 der *Révolution surréaliste* gelesen hatte, in der das Zweite Manifest stand, beschaffte ich mir das Erste Manifest, das zusammen mit *Lettre aux voyantes* („Briefe an die Sehenden") neu herausgegeben worden war. Ich begann, einige automatische Texte nach surrealistischer Methode zu schreiben und schickte sie André Breton. Ich war zwanzig ... und frech. Ich wußte praktisch nichts. Meine Kultur hatte ich, vor allem im Winter, in Bibliotheken zufällig aufgelesen. Ich war ein klein wenig kultiviert, wie alle Anarchisten.

Ein Anarchist ist jemand, der versucht, selbst zu denken. Die Anarchisten sind ganz besondere Leute, auch der Dümmste von ihnen. Er hat etwas, das ein gewöhnlicher Bürger, der dressierte Wähler, nicht hat, er ist origineller als eine Gaslaterne. Mein Instinkt sagte mir, daß ich ein Poet sei, aber alle nannten sich damals Poeten. Ich schickte meine Gedichte ins Ungewisse: Rue Fontaine 42. Ich habe die Kopie dieses Briefes nicht mehr, aber ich weiß noch, daß darin etwas stand vom verwunschenen Brot, von dem er im zweiten Manifest sagte, daß man es nicht den Vögeln vorwirft. Ich schrieb: „Was soll's? Ich schicke Ihnen ..." Und am 13. Mai 1931 erhielt ich einen Eilbrief von Breton:

„Sehr geehrter Herr, es war mir in den letzten Tagen nicht möglich, einen Brief zu schreiben, sonst hätte ich Ihnen eher geantwortet. Diese Texte, die Sie mir geschickt haben – ich brauche Ihnen wohl nicht zu sagen, daß sie mir voll und ganz gefallen, ich erwarte noch viel von Ihnen. Glauben Sie nicht, daß mir diese Freude, die Sie mir bereitet haben und dieses neue Vertrauen, das Sie mir schenken, genügt. Meine Freunde und ich

Einige aus der Surrealistengruppe, bei Tristan Tzara, 1932; hinten v.l.n.r.: Paul Eluard, Jean Arp, Yves Tanguy, René Crevel; vordere Reihe: Tristan Tzara, André Breton, Salvador Dali, Max Ernst, Man Ray.

links: André Breton, Paul Eluard, Tristan Tzara, Benjamin Péret

sind am Vorbereiten einer neuen Aktion, von der ich angesichts Ihres Briefes glaube, daß sie Sie interessieren wird. Ich möchte Sie dazu einladen, falls Sie Lust haben. Ich werde Paris für einige Tage verlassen. Ist es Ihnen möglich, heute Abend zwischen halb sieben und sieben ins *Cyrano,* Place Blanche, zu kommen? Fragen Sie einen Kellner nach mir. Mit herzlichen Grüßen."

Das *Cyrano* bei der Place Blanche ist ein berühmtes Café in der

Geschichte des Surrealismus, von dem heute viele sprechen, die nie dort gewesen sind. Auf dem Weg dahin machte ich mir Sorgen, denn ich wohnte mit meiner Frau in einem schäbigen Hotel in der Chapelle, in einem Zimmer, das gleichzeitig Badezimmer und Küche war. Man hatte mir gesagt, die Surrealisten seien reiche Leute. Ich fragte mich, wie wir zusammen auskommen würden. Ich fühlte mich aber sofort in dieser brüderlichen Atmosphäre wohl und integrierte mich nach und nach in die Gruppe. An diesem Abend waren André Breton, Yves Tanguy, Paul Eluard, René Char, Alberto Giacometti und Aragon anwesend, der später mit Breton brach, nachdem er unter die Glocke des Stalinismus und in die Fänge von Elsa Triolet geraten war. (Damals nannte man sie Ella. Warum wurde Elsa aus ihr? Ella, Elsa, schon der Vorname dieser Frau war etwas unklar ...)

Da ich arbeitete, konnte ich nicht jeden Tag ins *Cyrano* gehen. Später erfuhr ich, daß das fast ein Verbrechen war. Trotz meines Ausbleibens zeigte Breton immer eine große Freundschaft zu mir. Von diesem faszinierenden Mann ging eine magnetische Kraft aus, die sich nicht erklären läßt. Hätte er der Chef einer Partei sein wollen – und es gereicht ihm zu Ehren, daß er das nicht wollte – hätte er Massen hinter sich versammeln können. Sein Tod hat mich tief erschüttert. Noch heute kann ich nicht ohne Emotionen daran denken.

Das Café Cyrano neben dem Moulin-Rouge, Place Blanche, ist heute umgebaut. Wie das Café de la Place Blanche, auf der andern Seite des Platzes, in das wir später auswanderten. Damals gab es keine Theken. Wie in den Cafés für die Provinzoberschicht gab es eine Kupferstange an der Lehne der Bank, an die man seinen Mantel hängte. Wir hatten dort unseren Treffpunkt. Das Café gehörte zum Surrealismus. Dort wurden viele Beschlüsse gefaßt. Ich konnte nicht bei allen Aktionen mitmachen, denn ich konnte nur am Wochenende kommen.

„SCHREIEN IN EINEM THEATER“

Ich muß sagen, ich war ziemlich ungehobelt. Breton hatte tadellose Manieren und brachte mir vieles bei. Er lehrte mich, wie man in einem Theater Skandal macht und sich mit Leuten schlägt, die verhindern wollen, daß Frauen beschimpft werden, die Kindergefängnisse verwalten. Im April 1936 brachen einige Jugendliche aus einer Besserungsanstalt in Boulogne-Billancourt aus. Das Ereignis fand großen Anklang in der Presse. Diese Besserungsanstalt mit dem Namen „Der Gute Hirte“ wurde von der Schauspielerin Marcelle Géniat verwaltet. Sie spielte im *Théâtre des Arts* – welch merkwürdiger Zufall – ein Stück über jugendliche Verbrecher mit dem Titel *Les Innocentes.* Dieses Stück war von Lilian Hellman, der Lebensgefährtin von Dashiell Hammett, geschrieben worden. Immer an der Spitze des Fortschritts, beschlossen wir von der surrealistischen Gruppe, diese Schauspielerin und Anstaltsleiterin auszupfeifen. Im Laufe dieses erregten Abends buhten wir – Breton, Prévert, Eluard, Bataille und ich – Marcelle Géniat aus. „Nieder mit den Kindergefängnissen!“ Zusammen mit Georges Bataille, Jean Rougeul und andern wurde ich verhaftet und vom Polizeigericht wegen „Schreien in einem Theater“ verurteilt. So hieß es auf dem Schreiben des Gerichts. Ich stellte es in einer surrealistischen Ausstellung zusammen mit meinem Ausweis als Zeitungsschreier aus. Der Vergleich war irgendwie amüsant.

Collage von Léo Malet

Ich störte auch eine Pressekonferenz der Futuristen von Marinetti. Im richtigen Augenblick schrie ich: „Sag deinem Mussolini, ich spucke ihm ins Gesicht!“

Ich wurde sofort von einer Bande überwältigt. Sie waren fünfzehn Mann, also verhielt ich mich ruhig, während sie sich untereinander an den Kragen gingen. Das war in der Galerie Bernheim Jeune, im Faubourg Saint-Honoré 83, an einem Frühlingsabend.

ANDRE BRETON (1896–1966)

Ich liebe Tanzveranstaltungen mit Akkordeonmusik, ihre Stimmung und ihren Dekor. Sie sind Teil meiner versteckten Vorliebe für Kitsch. Man wird sagen, diese *bals musettes* stellen nur die heile Welt dar. Ich sah dort aber Visagen, denen ich im Dunkeln nicht begegnen möchte. In der Rue de Lappe zum Beispiel war alles ein bißchen simuliert. Nur einmal ging ich zur Java in der Rue du Faubourg-du-Temple und ins Ballhaus in der Rue Myrha. Dort war dann wirklich die Unterwelt. Obwohl mich die Tanzveranstaltungen anzogen, lernte ich nie tanzen. Vielleicht aus Schüchternheit. Ich bin schüchtern. Heute sagen das alle von sich. Es ist in Mode gekommen, wie der Herzinfarkt und das Cholesterin. Ich bin wirklich schüchtern und das tut mir leid. Ich muß viel verpaßt haben, das nicht nachzuholen ist. Damals hieß Tanzen nicht, nebeneinander zu stehen und mehr oder weniger im Takt zu hüpfen. Der Walzer, der Tango, die Java – das war nicht einfach. Das mußte gelernt sein. Ich lernte es nie. Eines Tages sprachen wir im *Cyrano* übers Tanzen. Georges Sadoul und Thirion, gute Tänzer, sagten, daß sie dort und dort getanzt hätten und ließen mehr oder weniger verstehen, daß die Frau nach dem Tanz mit ihnen gegangen sei. Breton sagte: „Das verstehe ich nicht!“

Er drehte sich zu mir: „Und Sie, Malet? (Das war 1932, wir duzten uns noch nicht.) Finden Sie nicht, daß der Tanz der kompromittierendste Akt ist?“

Ich wußte nicht, was er damit meinte, fragte jedoch nicht weiter. Ich weiß nicht mehr, was meine Antwort war. Ich muß ihm feige zugestimmt haben, obwohl ich im tiefsten Herzen so weltgewandte Männer wie Sadoul und Thirion bewunderte.

Breton hatte einen großen Respekt vor Frauen. Sein Werk ist ein Beweis dafür. Vielleicht würde er heute als bürgerlich eingestuft. Er hatte seine Vorstellungen von der Liebe. Übrigens war das auch ein Grund für seinen Bruch mit Paul Eluard, neben den politischen Gründen natürlich. Ich erinnere mich an ein Gespräch mit Breton nach seinem Bruch mit Eluard. Wir sprachen über die amouröse Haltung Eluards, die mich ein wenig schockierte. Ich fand sie – wie soll ich sagen – ich fand sie zu leger. Breton duldete diese Art, bestimmte Beziehungen auf die leichte Schulter zu nehmen, nicht. Vielleicht war es Puritanismus seinerseits, ich weiß es nicht. Auch in meinem Zusammenhang hat man vom anarchistischen Puritanismus gesprochen. Man irrt sich, muß ich leider sagen. Ich bin kein Puritaner, ich finde nur, daß es Sachen gibt, die man nur zu zweit gut machen kann, nicht zu dritt oder zu viert.

Breton machte immer einen sehr förmlichen Eindruck. Seine Kopfhaltung, seine Herrschermaske und seine Löwenmähne waren beeindruckend, er drängte sich aber nie auf. Er war überhaupt nicht der Papst, wie man sagt. Es gibt Leute, die glauben, André Breton habe sich für André Breton gehalten. Nein! Natürlich wußte er, daß er André Breton war, es wäre nicht gut gewesen, wenn er seinen eigenen Wert nicht gekannt hätte! Er nahm sich aber nicht immer ernst. Sie hätten ihn lachen hören sollen. Ich war oft bei ihm zum Essen eingeladen, wir hörten Operetten von Offenbach und Platten von Dranem, dem bekannten Komiker der Belle Epoque. Er wies mich auf lustige Stellen hin. Manchmal erzählten wir uns Witze über Handelsvertreter.

Gegen Ende seines Lebens soll Breton anscheinend mehr Papst gewesen sein als zu der Zeit, als ich ihn kannte. Jemand sagte mir kürzlich, daß er im Café seinen Stammplatz hatte. Wenn ich als erster im *Cyrano* und auch im Café de la Place Blanche eintraf, setzte ich mich einfach an irgendeinen Platz, es gab keinen Stammtisch. Ich glaube, nach dem Krieg wurde er von diesen jungen Leuten, die ihn liebten und die er auch liebte, zu einer Art Idol gemacht, auch wenn das vielleicht ein wenig übertrieben klingt. Er bleibt trotzdem der Mann, der die größte intellektuelle

Revolution des 20. Jahrhunderts gemacht hat, die noch lange Früchte tragen wird, davon bin ich überzeugt. Leider gibt es immer wieder Leute, die Götter brauchen. Er war wie jedermann verlegen, wenn er pleite war. Ich habe gesehen, wie er sich Geld lieh, um seiner Tochter Milchkonzentrat kaufen zu können. Er hat sie gestillt, wenn ich so sagen darf ...

Wovon er lebte? Das habe ich mich nie gefragt. Er besaß Bilder und verkaufte von Zeit zu Zeit eines davon. Man hatte ihm das oft genug vorgeworfen. Zusammen mit Eluard besaß Breton auch eine Kollektion von afrikanischen Gegenständen, Masken usw. Als ich ihn kannte, verkaufte er diese an den *Salle Drouot,* was ihm vier- oder fünftausend Francs einbrachte. Das war damals ein Vermögen und erlaubte ihm, eine Weile zu leben. Seine Bücher können ihm nicht viel eingebracht haben. Heute sind es Bestseller, damals noch nicht. Er war keinesfalls der reiche Kerl, zu dem ihn manche machten. Einmal kam er in einem neuen Anzug ins Café. Seine Eltern hatten ihn besucht und ihn in ein Kleidergeschäft geschleppt, um ihn neu einzukleiden. Lachend erzählte er uns das. Seine Mutter habe ihm gesagt, daß es gut wäre, wenn er seine Haare schneide – vielleicht, damit sie zum Schnitt der Kleidung paßten. Seine Eltern vergaßen sein Alter und seine Position in der Welt der Literatur.

Bretons Gedichte gefielen mir nicht so gut wie seine Prosa, diese wunderschöne, einzigartige Prosa. Wie es scheint, entdeckte Claude Mauriac darin zwei oder drei Französischfehler, aber wer ist schon Claude Mauriac? Im *Questionnaire Marcel Proust* habe ich Breton als meinen Lieblingsautor angegeben, neben Louis-Ferdinand Céline und Raymond Queneau ... Ich weiß nicht, was der Autor von „Nadja“ von dieser Begleitung denken würde. „Nadja“ las ich mit großem Interesse, weil es in meine Pariser Mythologie hineinpaßte wie „Pariser Landleben“ von Aragon.

Ich bin stolz, einen der außerordentlichsten Männer des Jahrhunderts gekannt zu haben. Nach seinem Tod, der mir sehr nahe ging, schrieb ich folgendes: „Er ist tot, der große Ameisenbär, der große schwarze Stern, die Sonnenblume, der Himmelsstürmer, der große Lichtträger, die große Fackel; leuchtend wie eine verirrte Haarsträhne einer verliebten Frau, die große Fackel dieser

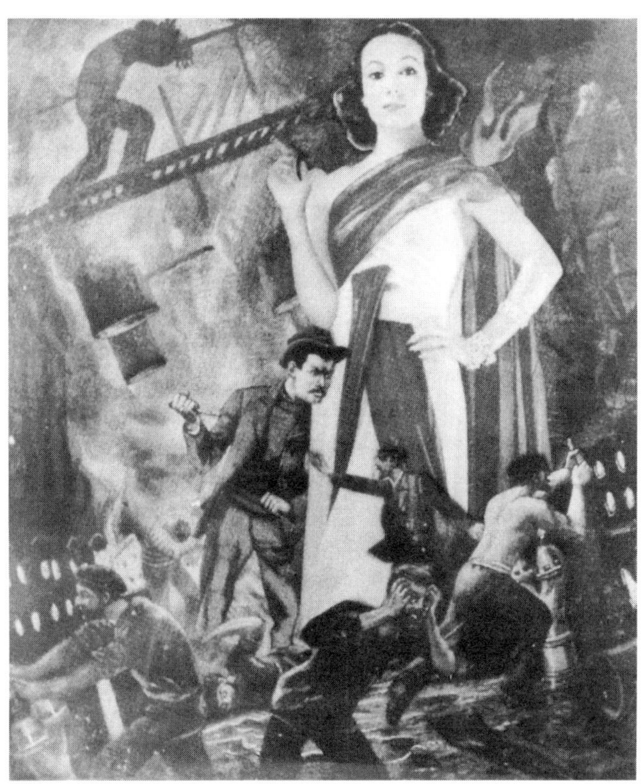

Collage von Léo Malet, vermutlich um 1940.

Jahrhundertwende mit ihren Gewitterstürmen des Denkens. Er ist in Fantomas' Spital, Lariboisière, gestorben, wo Philippe Daudet am Samstag, dem 24. November 1923, gegen halb fünf Uhr nachmittags, sterbend in einem Taxi aufgefunden, eingeliefert worden war ... Man kann noch lange behaupten, die Revolution sei nicht das Werk des einzelnen, ohne bestimmte Menschen aber gibt es keine Revolution. Schlaft in Frieden, liebe Leute, feiert die 70 Jahre von Elsa, hört dem monotonen Aragon zu, schaut fern, die große Sonnenblume liegt in ihrem Sarg. Von nun an ist alles erlaubt."

Ich schrieb diesen Nachruf, nachdem ich vom Begräbnis André Bretons 1966 nach Hause kam. Wir hatten zu seinem Gedenken eine Anzahl Mandarin-Citrons und Pfefferminzliköre getrunken. Die

Collage von Léo Malet o. Titel.

Mittelmäßigkeit dieses Textes beweist, daß Alkohol nicht inspiriert. Mich jedenfalls nicht!

MARCEL DUCHAMP (1887–1968)

Eine der liebenswertesten Personen, denen ich bei den Surrealisten begegnete, war Marcel Duchamp. Ich traf ihn nur ein paar Mal. Einmal tranken wir in Begleitung von Georges Hugnet in einem Bistro in der Rue Buci ein Glas. Georges Hugnet erzählte von einem Projekt, das ihm sehr am Herzen lag und das er, glaube ich, nie realisiert hat. Er wollte in einer „galanten" Zeitschrift, wie es sie damals gab, unter dem Namen einer Frau eine kleine Annonce aufgeben.

„Pierre de Massot (ein Ex-Dadaist) hat das getan und unglaubliche Briefe erhalten, oft mit Photos von Penissen in verschiedenen Stadien der Erektion."

Marcel Duchamp nahm langsam seine Pfeife aus dem Mund, verzog das Gesicht und erklärte: „Das will nichts heißen. Man schickt nie das Photo seines eigenen Schwanzes. Es ist immer der eines Freundes."

Wenn man weiß, daß Marcel Duchamp darauf spezialisiert war, irgendeinen Gegenstand zum Kunstwerk zu machen (Ready-made), kann man der Tatsache nur applaudieren, daß er im Alltag seinen Doktrinen und Theorien treu blieb.

BENJAMIN PERET (1899–1959)

Perét war ein guter Freund von mir. Wir waren die Ärmsten der Gruppe, das verband uns. Eluards Gedichte beeindruckten mich sehr. Aber war er ein Surrealist? Péret war wirklich ein surrealistischer Dichter, einzigartig auf seinem Gebiet. Er erfand absolut unglaubliche Wortschöpfungen. „Mi-moisi, mi-savon" (halb schimmelig, halb seifig) aus einem seiner Gedichte brauchten meine Frau und ich immer wieder als Ersatz für das „mi-figue, mi-raison" (halb freiwillig, halb gezwungen). Als er einmal bei uns zum Essen eingeladen war, fiel dieses „mi-moisi, mi-savon“. Er schaute uns ein wenig befremdet an, als wundere er sich über unsere Ausdrucksweise. Vielleicht dachte er ganz einfach, wir seien blöd. Ich zeigte ihm sein eigenes Gedicht, in dem diese vier Wörter standen. Er konnte sich nicht mehr erinnern, sie geschrieben zu haben. Er schrieb wirklich „unter Diktat“, das Ergebnis war brillant und ließ die lustigsten und ungewöhnlichsten Bilder entstehen. Es ist ihm nicht anzukreiden, wenn er sich nicht mehr an alle erinnern kann.

SALVADOR DALI (1904–1989)

Ich war nicht eng befreundet mit Salvador Dali, hatte aber sporadisch eine gute Beziehung zu ihm.

Ich traf Dali zum ersten Mal im Atelier André Bretons. Er hatte einen „schockierenden“ Gegenstand seines Schaffens mitgebracht, eine Art Stoffschachtel auf einer Schaukel, in die er kleine Gegenstände in Form von Phallus und Vagina gestellt hatte. Wenn er auf die Schaukel drückte, schwankte die Schachtel und diese Gegenstände stießen gegen die Stoffwand. Ich sehe Dali noch vor mir, wie er seinen Arm wie eine Pumpe bewegte und sagte: „Es bewegt sich ... Und was sieht man? Schwänze, Mösen, Schwänze, Mösen, Schwänze, Mösen ...“

Als ich an der Ecke Rue Sainte-Anne und Rue des Petits-Champs Zeitungen verkaufte, besuchte Dali mich ein paar Mal und erzählte mir von seinen Projekten. Einmal kam er sogar im Taxi und ich erinnere mich, daß er es während der ganzen Zeit unseres Gesprächs an der Ecke Saint-Anne warten ließ. Ich kannte ihn als kleinen, schüchternen, blassen Jungen mit Gazellenaugen. Nie hätte ich gedacht, daß er so exzentrisch werden würde. Und daß er Bilder malen würde, die vom katholischen (apostolischen und römischen) Mystizismus durchtränkt sind. Meiner Meinung nach sind sie so unheilig, als wenn sie von einem überzeugten Atheisten gemacht worden wären.

Oscar Dominguez

OSCAR DOMINGUEZ (1906–1957)

Ich verstand mich auch gut mit zwei anderen spanischen Malern der Surrealistengruppe, mit Oscar Dominguez und Esteban Francès. Der letztere flüchtete während des Krieges in die Vereinigten Staaten, wo er eine brillante Karriere machte. Ich besitze ein Bild von ihm, das deutlich an Dali erinnert, es muß aber sein einziges Werk dieser Art sein. Ich habe gehört, daß Francès seither abstrakt malt. Oscar Dominguez beging in der Nacht vom 31. Dezember 1957 Selbstmord. Ich hatte ihn einige Jahre nicht mehr gesehen, später sagte man mir, daß er seit langem ziemlich depressiv gewesen sei, weil eine Ausstellung in Brüssel nicht so gelaufen war, wie er es gehofft hatte. Er soll oft von Selbstmord gesprochen haben. Wie üblich in solchen Fällen nahm man seine Worte nicht ernst: „Er spricht davon, also wird er's nicht tun, usw." In der letzten Nacht seines Lebens rief er zahlreiche Freunde an, namentlich auch Marie-Laure de Noailles, die ihn zum Sylvesterfest eingeladen hatte.

„Ich werde nicht kommen. Ich habe mich entschieden, ich mache Schluß."

Sie sagte sich, daß es diesmal nicht anders sei als die andern Male. Trotzdem schickte Frau de Noailles am nächsten Morgen ihren Chauffeur zu Dominguez, um zu sehen, was los war. Er antwortete nicht am Telefon. Der Chauffeur ging in die Rue Champagne-Première und fragte die Concierge nach Dominguez' Werkstatt. Als sie aus der Loge kam und ihm den Weg zeigte, bemerkten sie an der Decke einen großen braunen Fleck.

Oscar Dominguez' Werkstatt befand sich direkt über ihnen. Der Maler hatte sich die Adern aufgeschnitten, sein Blut war verspritzt und durch die Decke gedrungen.

Ich habe mir oft vorgestellt, wie Oscar – ein kräftiger, ein bißchen affenähnlicher Mann mit langen Armen – sich in dieser Sylvesternacht, die für alle andern ein Fest war, mit einer Rasierklinge die Pulsadern aufschnitt. Sein liebstes Fluchwort war „coño", ich höre ihn fluchen, weil es nicht schnell genug ging:

„Coño, coño, coño."

JACQUES PREVERT (1900–1977)

1933/34 wohnte ich eine Weile im selben Haus wie Prévert, in der Villa Duthy in einer Einbahnstraße am unteren Ende der Rue Didot, bei der Porte de Vanves. Wir hatten ein möbliertes Zimmer im ersten Stock gemietet, Prévert wohnte im vierten oder fünften. Ich begegnete ihm nur ein paar Mal im Treppenhaus. Ich wußte, wer er war, aber er kannte mich nicht. Prévert hatte zu den Surrealisten gehört, war dann aber zum „Feind" erklärt worden: Er hatte die Gruppe verlassen und am berühmten Pamphlet *Un cadavre* mitgewirkt, das gegen André Breton gerichtet war. Er wußte nicht, daß ich seine alten Freunde, etwa Yves Tanguy, kannte. Tanguy und seine Frau Jeannette besuchten uns ein paar Mal zu Hause, begegneten Prévert aber nie. Tanguy sagte zu mir: „Sie müssen im Treppenhaus eine Schnur spannen. Prévert wird sich den Hals brechen."

Eines Tages erfuhren wir, daß die Préverts heimlich ausgezogen waren, ohne die Miete zu zahlen, wie wir das auch vorhatten. Sie kamen uns zuvor! Was die Sache für uns nicht erleichterte.

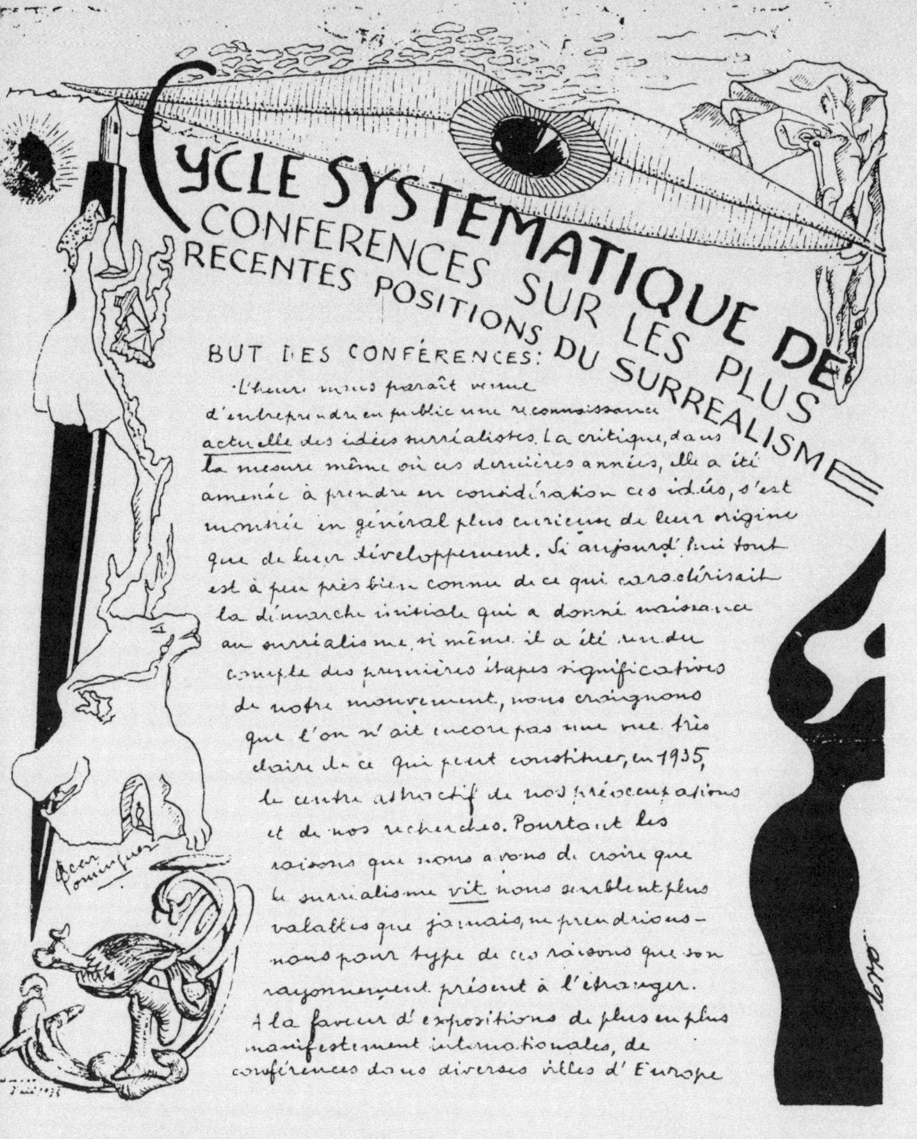

CYCLE SYSTEMATIQUE DE CONFERENCES SUR LES PLUS RECENTES POSITIONS DU SURREALISME

BUT DES CONFÉRENCES:

L'heure nous paraît venue d'entreprendre en public une reconnaissance *actuelle* des idées surréalistes. La critique, dans la mesure même où ces dernières années, elle a été amenée à prendre en considération ces idées, s'est montrée en général plus curieuse de leur origine que de leur développement. Si aujourd'hui tout est à peu près bien connu de ce qui caractérisait la démarche initiale qui a donné naissance au surréalisme, si même il a été rendu compte des premières étapes significatives de notre mouvement, nous craignons que l'on n'ait encore pas une vue très claire de ce qui peut constituer, en 1935, le centre attractif de nos préoccupations et de nos recherches. Pourtant les raisons que nous avons de croire que le surréalisme *vit* nous semblent plus valables que jamais, ne prendrions-nous pour type de ces raisons que son rayonnement présent à l'étranger. A la faveur d'expositions de plus en plus manifestement internationales, de conférences dans diverses villes d'Europe

MADAME.

VEUILLEZ M'INSCRIRE POUR ABONNEMENTS AU "CYCLE DE CONFÉRENCES SURRÉALISTES

JUIN 1935

ET TROUVER CI-JOINT LA SOMME DE FR.

SIGNATURE

L'ABONNEMENT AUX QUATRE SÉANCES : 50 FRANCS

PROGRAMME

I

POURQUOI JE SUIS SURRÉALISTE, par X.X.X.

Breton commentera la projection de quelques images convulsives-fulgurantes (de Lautréamont, Jarry, Péret, Picasso, Chirico, Duchamp). Images de Man Ray.

Dali, vêtu d'une manière appropriée, lira son poème inédit: « Je mange Gala ».

CONSEILS D'AMI, par Ernst.

II

LE SURRÉALISME DISPARAÎTRA-T-IL AVEC LA SOCIÉTÉ BOURGEOISE?

Discours <u>sur des ruines</u> par Breton

PHYSIONOMIE SURRÉALISTE D'UNE RUE, par Malet (avec présentation d'affiches lacérées).

Dali traitera de l'activité PARANOÏAQUE-CRITIQUE, en prenant pour exemple l'énigme de L'Angélus de Millet (anticipation de son livre: <u>Le Mythe tragique de l'Angélus de Millet</u>. Cette conférence sera illustrée de 30 projections et accompagnée d'une pantomime tragique-atmosphérique entre le personnage mâle et le personnage femelle de l'Angélus.

III

DE L'ÉVIDENCE POÉTIQUE, par Eluard. Cette conférence sera illustrée de 30 projections.

LA FEMME SURRÉALISTE, par Arp. Présentation par Hugnet.

Prospekt für eine Vortragsreihe über den Surrealismus, die nie stattgefunden hat.

Die Hausmeisterin war nun mißtrauisch. Sie war dick und trug auf einem ihrer nackten Arme eine Tätowierung. Wenn sie am Abend vor der Tür frische Luft schnappte, mit einem Glimmstengel zwischen den Lippen, bot sie ein Bild, wie Prévert und ich es liebten.

Nach 1934 näherten sich Dissidenten und Mitglieder der surrealistischen Gruppe einander wieder an. Ich lernte Prévert im Juni 1935 kennen. Das Lustige daran ist, daß es Yves Tanguy war, der Mann mit der Schnur im Treppenhaus, der uns miteinander bekannt machte. Das war im Café Flore, nach der Vernissage einer Ausstellung von Yves Tanguy bei Zervoz in der Galerie des Cahiers d'art, in der Rue Dragon. An diesem Abend lernte ich auch Louis Chavance kennen, den späteren Drehbuchautor von „Der Rabe". Dies sollte eine entscheidende Begegnung sein. In den folgenden Tagen lernte ich auch den Rest der Bande kennen: Henri Filipacchi, den Gründer von *Livre de poche* (und Vater von Daniel), Pierre Prévert, Mouloudji, den Schauspieler Yves Deniaud, Marcel Duhamel, den späteren Gründer der *Série noire,* und viele andere.

DER SECHSTE SINN

Ich weiß nicht, ob das mit meinem Dichtertemperament zusammenhängt, aber ich habe immer eine Art sechsten Sinn für Begegnungen gehabt. Von irgendwoher bekannte Landschaften, Déjà-vus, das war bei mir üblich. Auf der Straße sah ich von weitem eine Frau auf mich zukommen. Ich sagte zu mir, daß sie Mutter Durand glich. Sie ging an mir vorbei, sie war es nicht. Ich ging um die Ecke und treffe ein bißchen später wirklich Mutter Durand. Ein anderes Mal wartete ich in der Rue de l'Arrivé vor dem Bahnhof Montparnasse auf den Bus. Er trifft ein, die Reisenden steigen aus. Einer von ihnen gleicht Paul Eluard, ich wußte sofort, daß er es nicht war. Die fünfte oder sechste Person war Max Ernst.

Es hätte Eluard sein müssen, aber es war Max Ernst. Eluard und Max Ernst waren dick befreundet und beide Surrealisten. Ich kannte beide.

Dieses Phänomen wiederholte sich sehr oft, und immer mit anderen Personen.

Ich hatte manchmal das Gefühl, eine Situation schon einmal erlebt oder eine Unterhaltung schon einmal gehört zu haben. Ich glaube, jeder kennt das. Es gibt Personen, bei denen das öfter vorkommt als bei anderen. Wie bei André Breton in seinem Roman „Nadja". Breton hatte das Talent, Dinge wahrzunehmen, die andere nicht sehen. Und wenn Breton das geschah, nahm es unglaubliche Proportionen an. Er war ein Spiegel, ein Medium, eine Membran, er warf das Echo zurück. So geht das mit der echten Poesie.

DIE DECOLLAGE

1934 erfand ich ein Verfahren, das André Breton in den methodologischen Schatz des Surrealismus aufgenommen hat: das Abreißen von Plakaten. Auf Seite 9 des *Dictionnaire abrégé du surréalisme,* der anläßlich der Internationalen Ausstellung des Surrealismus 1938 herauskam, schrieb André Breton über die Décollage folgendes: „Léo Malet schlägt die Verallgemeinerung des Verfahrens vor, das darin besteht, ein Plakat stellenweise abzureißen, um fragmentweise das Plakat oder die Plakate, die sich darunter befinden, aufzudecken und mit der befremdenden oder verwirrenden Wirkung des Ganzen zu spielen."

In *La Conquête du monde par l'image,* einer Broschüre, die im April 1942 von der Gruppe *La Main à plume* („Die Hand an die Feder") veröffentlicht wurde, welche während der Besetzung Frankreichs versucht hatte, die Aktion des Surrealismus weiterzuführen, habe ich die Geburt dieses Verfahrens erzählt:

„Es war an einem Nachmittag im Sommer '34. Als ich die Avenue Pierre-Larousse in Malakoff entlangging, wurde ich auf ein Plakat aufmerksam, auf dem der Kopf einer Frau abgebildet war. Ich kann nicht mehr sagen, ob sie schön war oder nicht, die Zeichnung war ziemlich schlecht. Ich fragte mich, warum mir ausgerechnet dieses Plakat aufgefallen war und bemerkte, daß in den mit einem Band gehaltenen Haaren der Frau eine riesige rote Rose steckte, die aussah, als sei sie erst später hinzugefügt worden.

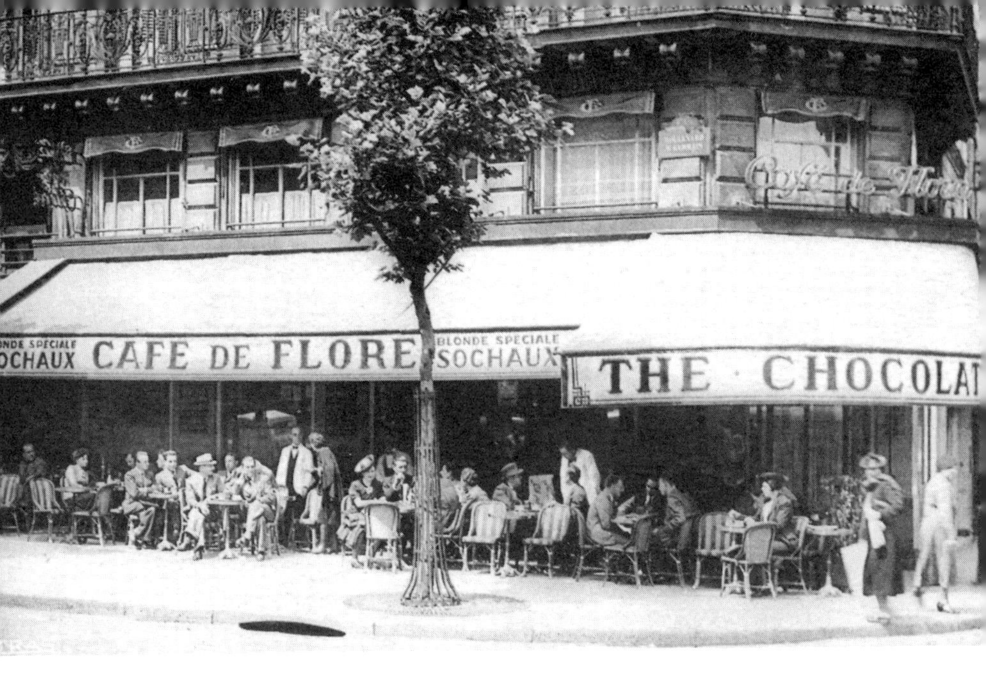

Das *Café de Flore* in den 30er Jahren.

Ich dachte, es handle sich um eine Collage, wie ich sie mit meiner Gefährtin einige Monate vorher auf den Holzwänden einer Baustelle gesehen hatte. Auf dem Plakat fehlten einem Mann und einer Frau die Köpfe, auf ihren Schultern steckten zwei Mannequinköpfe der Modereklame, die sich wahrscheinlich unter dem obersten Plakat befand. Diese Vermutung ließ mich jetzt das Plakat näher anschauen und ich merkte, daß der ungewöhnliche Charakter der Blume nur durch die Ungeschicktheit des Künstlers entstanden war.

Ich dachte an die Möglichkeiten von Mauercollagen und ging einen Schritt weiter. Ich verglich diese Frau mit der unproportionierten Rose auf dem Kopf mit dieser Figur aus *L'Age d'or,* dem Film von Buñuel und Salvador Dali, die mit einem riesigen Stein auf dem Kopf über ein Feld läuft. Diese Filmszene hatte mich um so mehr beeindruckt, als eine der ersten Reproduktionen der Bilder Dalis, die ich gesehen habe, diejenige von 'Die verklärten Vergnügen' ist, in der diese Figur, unzählige Male kopiert, samt Zubehör auf dem Kopf Fahrrad fährt.

Als ich am nächsten Tag wieder durch die Straße ging, bemerkte ich die erstaunliche Transformation des Plakats. Das linke Auge war mit einer Rasierklinge sorgfältig herausgeschnitten worden, es schien jedoch, als sei die Entfernung des Augapfels mit Wut geschehen, denn ein Teil der Wange war auch weggerissen. Unter diesem Riß kamen die senkrecht rotweißen Streifen des darunterliegenden Plakats hervor. Ich konnte im Sonnenlicht diese herausgeschälte, blutüberströmte Frau sehen, wie Gaston Modot in *L'Age d'or,* nachdem das Auge aufgeschnitten ist, nach Luft schnappend.

Nach dieser Entdeckung behaupte ich, daß Collagen ohne Schere, Rasiermesser, Leim usw., ohne die bisher nötigen Werkzeuge geschaffen werden können. Die Collage wird Tisch und Karton des Künstlers verlassen und ihren Platz an den Mauern der Großstadt einnehmen, dem unbegrenzten Feld der Poesie und ihrer Wirklichkeit. Noch nie hat das volkstümliche Bild des Dichters, der 'Steine frißt' (vor Hunger), diese konkrete Bedeutung gehabt, die sie nun durch das Bewußtsein von der Lithophagie (Steinfresserei) der Poesie erhält. Es ist nicht mehr möglich zu glauben, daß das einzige Ziel der schrecklich scheinheiligen Plakate, die nun transformierbar und geheimnisvoll werden, die Verkaufssteigerung dieses oder jenes Produktes ist.

Nicht ohne Bedauern kann ich nur ein einziges, isoliertes Beispiel der Décollage geben. Im übrigen bin ich mir bewußt, daß die ewigen Spötter, die auch in den aufregendsten Manifestationen nur ein mehr oder weniger gelungenes Scherzchen sehen, diese neue Technik aufnehmen werden. Gegenüber diesen Leuten, die alles tun, damit sich ähnliche Phänomene nicht häufen, und dann aus der scheinbaren Einzigartigkeit ihr stärkstes Argument beziehen, daß alles lediglich pure Spekulation sei, beharre ich darauf, daß die Verwandlung des Plakats, mit der ich mich beschäftigte, nicht nur einen begrenzten Wert hat. Ich stelle als aktuelle und dringliche Parole des Surrealismus die Organisierung der Poesie der Mauer, die Organisierung der Poesie in den Straßen selbst auf, also dort, wo man sie nie zu finden glaubte.

Als nahe Verwandte der Männer, die in der Dunkelheit der surrealistischen Laboratorien diese psychoatmosphärisch-anamorphotischen Gegenstände schaffen, haben die Plakatkleber von nun an die Aufgabe, ihre Bilder so anzukleben, daß ihr Abriß nicht mehr ohne große moralische Gefahr für den Abreißer möglich ist.

Ich beharre auf der Tatsache, daß die Plakatkleber zwar die zwei Plakate, das 'Deckende' und das 'Bedeckte' kannten, daß sie aber nichts wußten von demjenigen, das als eine Art drittes Blatt dem Blick entzogen ist und dem Zufall so viel Platz läßt. Ich hätte nichts dagegen, daß die Plakateure ihre Route oft wechseln. Die Zeichner und Drucker würden als blinde Instrumente die grundlegenden Elemente einer Poesie schaffen, deren volle Bedeutung ihnen immer unbekannt bliebe.

Mit oder ohne die Zustimmung dieser Männer erwachen die Plakate, die im Stehen schlafen, zum Leben, die Poesie frißt die Mauern. Mit einem eigentümlichen, sehr leisen Geräusch öffnet sich die Bluse der Milady de Winter vor den verblüfften Augen der Musketiere und zeigt ihnen ein Lilienwappen mit den verliebten Mündern von zwei Pistolen, die auf sie gerichtet sind. Die Poesie, von der man sich zu befreien glaubte, indem man sie mit dem Zeichen der Schande belegte, nagelt die Feiglinge mit dem kräftigen Fußtritt eines Frauenschuhs an den Boden."

Ich begnüge mich damit, diese *Cadavre exquis* näher zu theoretisieren. Zwanzig Jahre später übernahmen Raymond Hains, François Dufrêne, Jacques de la Villeglé und die Schule des Neorealismus dieses Verfahren. Diejenigen aber, die mit zerrissenen Plakaten Ausstellungen machten, zeigten nicht viel Phantasie. Sie photographierten lediglich zerrissene Plakate ohne Bedeutung. Sie sahen aus wie Bilder eines Pointillisten. Sie verkauften sie anscheinend für Millionen. Manchmal bedauere ich, daß ich nicht den Willen gehabt habe, von der Theorie in die Praxis überzugehen.

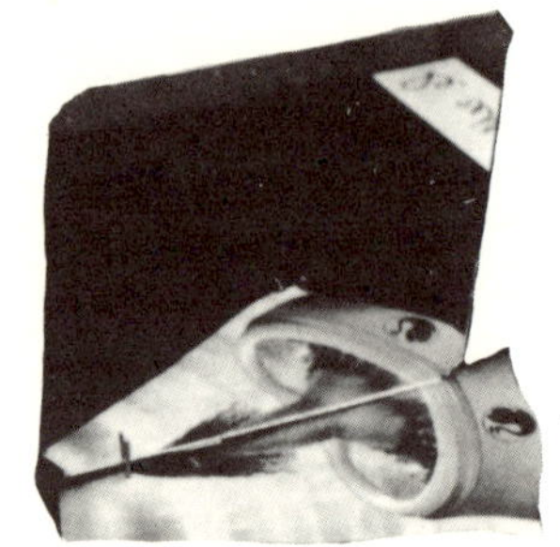

Spiegelobjekte von Léo Malet.

SPIEGELOBJEKTE

In der Broschüre *La Conquête du monde par l'image* schrieb ich 1936 folgenden Text über eine andere Erfindung, die ich Spiegelobjekte nannte:

„Entstanden an einem Tag der Faulheit und der dämmrigen Melancholie, die sich zerstreut, indem man die Seiten einer Modezeitschrift mit einem flüchtigen Interesse des Geistes und der Sinne für diese mehr oder weniger suggestive Werbung automatisch umblättert; entstanden aus der Begegnung mit einer Frau mit von der Liebe entrückten Augen, einer erschöpften Frau, einer müden Frau, deren Brüste sich unter der Seide spannen, deren kalte Hände sich in einer verzweifelten Geste an die Wände pressen; entstanden durch einen kleinen Spiegel aus der Handtasche einer Frau, einem mit Puder bedeckten und parfümierten Spiegel, einem gestreichelten, nicht abgewischten Spiegel; entstanden durch die Verschmelzung dieses Bildes mit dem Spiegel, wirkliche Maske von Zayat-Küssen des Fu-Manchu, Lebensspender, narzistische Figuren von unbändiger Form, Schwalben der Poesie, die vom Spiegel angezogen werden und die ihn anziehen.

Wegen des besonderen Charakters der Bilder konnte diesem surrealistischen Spiel nach seiner Erfindung nicht die erwünschte Werbung gegeben werden. Deshalb wurden im Mai 1936 in der Ausstellung der Galerie Charles Ratton nur drei dieser durch Widerspiegelung entstandenen Photo-Wesen gezeigt. Diese Spiegelobjekte haben einen sehr erotischen Charakter, und um die öffentliche Moral nicht zu schockieren, wurden sie in angemessener Höhe an den Wänden befestigt.

Als heutige Abart der Kristallkugel der Hellseherinnen erhellt der Spiegel, den man senkrecht über die illustrierte Seite einer Zeitschrift bewegt, das Geheimnis der Bilder mit allen ihren Sonnenstrahlen und läßt in der verwirrenden Nacktheit ihres Unterbewußtseins Münder und Geschlechtsorgane erscheinen, die sich öffnen und schließen, stottern, rufen oder schreien, zweideutige Einladungen, herzergreifende Schreie in den Tag stoßen.

Mit Hilfe dieses scharfen und mörderischen Spiegels und auf der Suche nach den Liebenden, deren Gesicht durch die Liebesangst schrecklich entstellt ist, geführt von der magnetischen Nadel, die immer auf die jungfräulichen und doch vor aussichtsloser Hoffnung unreinen Urwälder zeigt, treten wir in den Bereich der allgegenwärtigen Erotik ein.

Denn es handelt sich nicht mehr um diese ungefährlichen, zurückstrahlenden Oberflächen, die, angehaucht, aus ihren Tiefen das Gesicht einer bekannten Person zeigen, sondern um einen echten Spiegel, der kein spezielles Äußeres hat, mit dessen Hilfe es aber keine unschuldigen Bilder mehr gibt, denn die Kataloge der großen Kaufhäuser, jede Zeichnung, sogar die erbaulichen Stiche, liegen vor der Erforschung ungeschützt da und werden schrecklich skandalös.

Fieberhafte Hände, ruhige Hände, Hände, die dieser verblüffenden Nummer aus der Music-Hall applaudieren, die aus zwei jungen Menschen besteht, die sich auf einer Bank umarmen, so sehr umarmen, so fest aneinander kleben, daß man schon fast beunruhigt ist, bis man merkt, daß es sich um eine einzige Frau handelt, mit zwei Hälften Kostüm und einer Hälfte Hut. Ungeduldig fragende Hände werden die übergroßen und schwer zu handhabenden Spiegel zerbrechen und das wird sieben Jahre Glück bedeuten.

Indem er trennt, vereinigt der Spiegel, deckt die wirkliche Indentität des Negativs und des Positivs auf. Der Widerschein des Vampirs ist teuflisch real."

GEDICHTE

1936 wurde mein Gedicht *Ne pas voir plus loin que le bout de son sexe* („Nicht über die Spitze des eigenen Glieds hinaussehen"), mein erstes veröffentlichtes Werk, in kleiner Anzahl, dreißig Exemplaren, gedruckt. Das Seltsame daran war, daß es in der Waffenfabrik Brandt in Châtillon gedruckt wurde, in der gerade gestreikt wurde. Freunde meiner Frau arbeiteten dort im Photolabor und amüsierten sich mit dem Drucken dieses handgeschriebenen Gedichts. Sie stellten fünf Negativexemplare (die Luxusausgabe) und fünfundzwanzig Positivexemplare her.

Auch von „Brüll das Leben an", das von André Masson illustriert und 1940 veröffentlicht wurde und eigentlich eine größere Auflage haben sollte, wurden nur hundertfünfzig Exemplare gedruckt. Ich hatte selbst einen Drucker gefunden und bezahlt. Ich holte nicht früh genug alle Exemplare bei ihm ab. Denn dieser unglückliche Drucker hieß Berezniak. Die Deutschen waren gekommen, also verschwand er und mit ihm viel Papier, denn seine Druckerei wurde geplündert. Am Ende besaß ich von den hundertfünfzig gedruckten Exemplaren nur noch sechzig.

Ich schrieb nicht viele Gedichte, sechzig ungefähr. Ich gab diese Ausdrucksform 1945 auf. Meine Poesie schien damals vom Gedicht zum Roman überzuwechseln. Das behaupteten jedenfalls gewisse Kritiker. Ich hatte keine Inspiration für die Lyrik mehr, sie kehrte erst 1983 zurück, als ich *Quatre poèmes pour la m'aime* schrieb.

DIE WEIDMANN-AFFÄRE

Ich empfinde eine gewisse künstlerische Leidenschaft für drei berühmte Mörder: Lacenaire, Landru und Weidmann. Bei den *Editions surrealistes* wollte ich mit Maurice Heine, Henri Pastoureau und Georges Mouton eine Broschüre über die Weidmann-Affäre schrei-

Die Hinrichtung Weidmanns.

ben. Ich kann mich nicht mehr erinnern, wie ich auf folgende These kam: Angenommen, manche Bettler seinen wirklich Millionäre – vielleicht ist das nicht nur eine Legende – und angenommen, man beginnt, systematisch Bettler zu töten, bis man auf den Millionär stößt, dann wird man schließlich reich.

Es ist einfach, einen Bettler zu töten. Die Polizei interessiert sich nicht für diese armen Kerle. Die Untersuchung wird schnell und nicht sehr gewissenhaft durchgeführt, man könnte ungestraft töten, bis man ans Ziel kommt. Ich hatte den Eindruck, daß Weidmann genau das getan hatte. Er hatte Menschen getötet, die nicht viel Geld besaßen. Mir bleiben nur noch die Überschriften meiner These, ich könnte keinen Text mehr darunter setzen. Hier sind sie trotzdem:

I. Die Tatsachen: Verhaftung, Geständnis.

II. Die Täter: 1) Eugène Weidmann. Seine Nationalität. Seine Ehrlichkeit. 2) Seine Komplizen. 3) Die Karten: a) Die Straßenkarte Weidmanns. b) Die Karte der Polizei.

III. Die Verbrechen: 1) Zeitfolge. Merkmale. Poetische Aspekte. 2) Was Weidmann an poetischer Neuigkeit bringt. Nützliches und Angenehmes. 3) Fetischismus (man fand bei ihm etwa fünfzig Paar Damenschuhe).

IV. Die Opfer: 1) Ihr Eintritt in die Unsterblichkeit (niemand kannte sie, jetzt kennt sie jeder!). 2) Undankbarkeit der Familien (!).

V. Untersuchung: 1) Weidmann und seine Komplizen. 2) Lacenaire und Weidmann. (Ich weiß nur noch, daß ich eine Verbindung zu Lacenaire herstellte, der sehr zurückhaltend war, solange er nicht denunziert wurde. Wenn ihn seine Komplizen verrieten, war er unerbittlich, sie mußten daran glauben.)

VI. Die Presse: 1) Ihr Verhalten. Presseausschnitte.

VII. Schlußfolgerungen.

Lacenaire, von Marcel Herrand in „Die Kinder des Olymp" hervorragend gespielt, war ein Poet und Erneuerer. Er erfand die häusliche Ermordung des Kassenboten. Geniale Idee! Er ließ sich selbst eine Anweisung zustellen: Der Beauftragte – von der Bank Malet! – kam und zahlte ihm die Summe aus. Er brauchte ihn nur umzulegen und dann die Tasche abzunehmen. Unglücklicherweise verletzte er ihn nur! Danach töteten Lacenaire und sein Komplize Avril einen Armen, der „Tante Madeleine" genannt wurde, zweifellos wegen seiner Gewohnheiten. Er lebte in der Passage du Cheval-Rouge und machte als Geistlicher verkleidet Betrügereien. Nach seiner Ermordung ließen die Täter Silberbesteck mitgehen, das nicht mehr als sieben oder acht Francs wert sein konnte ... Ich mag meine Mörder, mache mir aber nichts vor. Wenn Lacenaire gearbeitet hätte anstatt zu töten, hätte er mehr Geld verdient. Als er wegen einer Sache mit gefälschten Wechseln verhaftet wurde, gab er selbst zu, ein Dieb und Mörder zu sein. Und das, weil er in Paris verurteilt werden wollte: „Mein Kopf ist zu wertvoll, um ihn einem Provinzhenker zu überlassen!" Bewundernswert ...

Eugène Weidmann hatte mich zum Gedicht *La Frère de Lacenaire* inspiriert, für das René Magritte mir zwei Federzeichnungen gab. Während des Krieges wollte ich *Le Frère de Lacenaire* in einer Luxusausgabe veröffentlichen, mir fehlte aber das Geld dazu. Deshalb

LE DÔME
CAFÉ - BAR AMÉRICAIN - TABAC
108, Boulevard du Montparnasse
Téléphone : ODÉON 53-61
R. C. Seine 456-156

PARIS, le

Ecoutes
l'oreille au vent
~~le bruit~~ le murmure caressant du sang
du sang qui coule
le murmure caressant du sang qui descend
dans le dos

Faire la mort comme l'amour
avec passion puis ennui

Compte les bornes de la route
aux tournants dangereux
que toi seul connais
toi seul
même étant deux
tu es toujours tout seul

2

Car
je ne veux tenir aucun compte
des misérables mouches qui obscurcirent ta vue
puis te la firent perdre
non
La neige toujours tombe sur la Voulzie

neige fondue de la Voulzie
neige des bottes de sept lieues
neige du Mauser
neige fondue
en robe noire des tropiques
tu reviendras
plus belle que toutes les danseuses
neige qui met le cœur en berne
belle neige des almanachs

3

Il ne se passera pas un noël
sans que les hommes déposent en ton honneur
aux pieds des grandes cheminées d'usines
les souliers à hauts talons de l'aimée.
ô réalité des nuages
Yeux clairs profonds voix ~~[illegible]~~ fraîche
mains douces serrées
chevilles de soie entravées
un matin vint
où tu apparus aux chiens
comme un grand soleil réchauffant
et toujours seul
comme une flamme dévastatrice

Léo Malet

Originalmanuskript des Gedichts *Le Frère de Lacenaire* auf Briefpapier des Café Le Dôme.

oben v.l.n.r.: Léo Malet, René Magritte, Paul und Nush Eluard, vor dem dreidimensionalen „Cadavre exquis“ von André Breton. Exposition internationale du surréalisme, Paris, 1938.
links: Mein Mannequin, ohne Goldfisch, mit Spirituskocher ...

erschienen Magrittes Zeichnungen erst auf dem Umschlag der Schwarzen Trilogie bei Eric Losfeld. Als meine Gedichte von Alfred Eibel in der Schweiz herausgegeben wurden, machte ich zur Bedingung, daß diese beiden Zeichnungen für den *Frère de Lacenaire* im Buch einen guten Platz bekamen.

DIE SCHAUFENSTERPUPPE

Poeten hatten immer schon etwas für Trugbilder übrig. Der Surrealismus gab mir den Geschmack für schockierende Gegenstände. Die Schaufensterpuppe nimmt dabei einen wichtigen Platz ein, denn sie ist mit einer Episode aus dieser Zeit verbunden. Für die Internationale Ausstellung des Surrealismus in der Galerie des Beaux-Arts im Faubourg Saint-Honoré 1938 hatte Marcel Duchamp für diejenigen unter uns, die nicht gewohnt waren, sich plastisch auszudrücken, die Idee gehabt, Schaufensterpuppen zu dekorieren. Sie wurden in einem langen Gang aufgestellt. Jede von ihnen trug ein Straßenschild: „Rue aux Lèvres“, „Rue Nicolas-Flamel“, „Rue de la Belle-Endormie“ usw. Max Ernst hatte eine „Witwe“ ausgestellt, deren Geschlecht durch eine elektrische Lampe ersetzt war. Ich hatte zwischen die Beine meiner Puppe, ebenfalls als Ersatz für das Geschlecht, einen Glasbehälter mit einem Goldfisch gestellt, während eine Feder, die die Zuschauer betätigen konnten, ihre Brustspitzen kitzelte. Die „Witwe“ von Max Ernst erregte ein solches Aufsehen, daß Breton mich am nächsten Tag bat, mein Meisterwerk zu entferner. Ich willigte ein und entfernte den Goldfisch und dekorierte meine Schaufensterpuppe anders.

Von links nach rechts: Rudolf Klement, Leo Trotzki, Yvan Craipeau, Jeanne Martin, Sarah Jacobs; hockend: Jean Van Heijenoort. In Saint-Palais, in der Nähe von Royan, August 1933.

DIE VIERTE INTERNATIONALE IM STURMSCHRITT

1934 hatte ich wegen meines Jobs als Zeitungsausrufer praktisch keine Zeit mehr, ins *Cyrano* zu gehen. Ich traf Breton nur noch alle zwei Wochen. Auf der Demonstration vom 12. Februar dieses Jahres begegnete ich Aragon, der eine Proletariermütze mit hochgeklapptem Schirm trug. Ich möchte hier erzählen, was Eluard mir von dieser Mütze erzählt hatte. Es scheint, als legte Aragon sie jeden Abend sorgfältig unter seine Matratze, damit sie die richtige Falte bekam. Die Bürger glaubten damals, daß die Arbeiter solche Mützen trügen. Ich habe aber in meinem Leben nur Arbeiter mit gewöhnlichen Mützen getroffen. Nur die Taugenichtse, und auch nur eine bestimmte Gattung von ihnen, klappten den Schirm hoch.

Am 12. Februar 1934 kam es zu einer beeindruckenden Demonstration. Die CGT, die damals noch nicht kommunistisch war, hatte als Antwort auf die Putschversuche der extremen Rechten vom 6. Februar zum Generalstreik aufgerufen. Die CGTU und die KP hatten sich auch zur Demonstration gesellt. Beide Züge kamen auf der Place de la Nation zusammen, allen voran die Volksfront. Es war ein gewaltiger Ausbruch des Volkswillens. Ich kam komplett heiser nach Hause, meine Beine trugen mich fast nicht mehr, denn ich war zu Fuß von der Villa Duthy bis Vincennes gelaufen, wie es sich gehört, und wieder zurück, denn natürlich fuhr die Métro nicht. Während des Generalstreiks sollte im Prinzip alles lahmgelegt sein. Am 1.Mai fuhr die Métro mehr oder weniger normal. Ich hatte aber von den Anarchisten der Rue Tolbiac gelernt, daß man ein Streikbrecher war, wenn man an diesem Tag die Métro nahm. Also gingen wir zu Fuß. Wir machten es wie die Juden am Sabbat, wir nahmen nicht am gesellschaftlichen Leben teil. Keine Zeitungen, keine Métro, nichts. Erschöpft kehrten wir am Abend heim, wie Dummköpfe. Die Revolution (sie war wie immer für morgen angesagt) hätte trotzdem stattgefunden, auch wenn wir die Métro genommen hätten.

DIE *FRANCE MUTUALISTE*

Als ich zur surrealistischen Gruppe stieß, wollte André Thirion, der als der „politische Kommissar" galt, die Gruppe verlassen, was er einige Monate später aus politischen Gründen auch tat. Ich sah ihn erst einige Jahre später wieder, während der historischen Streiks von 1936. Er war damals Chef der *France mutualiste*, einer Versicherungssgesellschaft. Ich hörte einige Monate mit dem Zeitungsverkauf auf und arbeitete bei ihm. Thirion hatte auch andere von uns angestellt, Georges Hugnet, Henri Pastoureau und Jean Van Heijenoort, einer von Trotzkis Sekretären.

Wir arbeiteten in der Buchhaltung, machten kleinere Büroarbeiten usw. Man mußte ein kleines Eintrittsexamen bestehen, das in einer Bruchrechnung bestand, die auf einer Wandtafel geschrieben stand, wie in der Schule. Zum Glück waren nur ich und der Prüfer, d.h. Thirion, anwesend! Die Kreide in der Hand schaute ich den Bruch schräg an, und mein Gesichtsausdruck muß bezeichnend gewesen sein. Bruchrechnen! In der Schule hatte ich etwas von diesen Tierchen gehört, aber jetzt ... Sehr zuvorkommend nahm Thirion die Kreide und löste die Rechnung für mich. „Sie sind eingestellt", sagte er. Solidarität war in unserer Gruppe kein leeres Wort, ob man dazugehörte oder nicht. Um ihm zu danken, riefen wir einen Streik aus.

VON DER ANARCHIE ZU TROTZKI

Als ich Breton kennenlernte, hatte ich immer noch Kontakt mit der anarchistischen Bewegung, insbesondere mit Fernand Fortin, der die *Revue anarchiste* wieder ins Leben gerufen hatte. Ich schrieb sogar einen oder zwei Artikel und das Gedicht *Soliloque du pendu* für diese Zeitschrift. Und betete zu Gott – an den ich nicht glaubte! – daß Breton diese Artikel nicht zu sehen bekommen würde. Sie mußten ziemlich schlecht sein, abgesehen vom Gedicht. Breton machte jedenfalls nie eine Bemerkung.

Zur Zeit meines Beitritts zu den Surrealisten waren die meisten von ihnen noch Mitglieder der Kommunistischen Partei, die nahe

LA LUTTE OUVRIÈRE

Organe Hebdomadaire du Parti Ouvrier Internationaliste (*Bolchevik-Léniniste*)
Section Française de la IVe Internationale

3e Année — Numéro 86

Le Numéro : 0 fr. 75

RÉDACTION - ADMINISTRATION
15, passage Dubail
(34, boul. Magenta), Paris (10e)

ABONNEMENTS :
France et colonies : 1 an, 22 fr., 6 mois, 11 fr.; 3 mois, 5 fr.
Etranger : 1 an, 40 fr.; 6 mois, 20 fr.; 3 mois, 10 fr.
Compte chèque postal : Rousset 2247-23 Paris.

Rudolf KLEMENT

Secrétaire administratif de la IVe Internationale, est enlevé !

Le Guépéou, en plein Paris, a enlevé notre camarade et l'a emporté vers Barcelone.

Les gangsters Staliniens préparent ainsi le procès du P. O. U. M. et des "Trotskystes"

Le 14 et le 15 l'absence de Rudolf Klement qui assurait des taches administratives pour le compte de l'organisation de la IVe Internationale, inquieta divers camarades, qui firent les démarches nécessaires et constatèrent sa disparition.

Le 16, toutes les démarches aboutirent à cette conclusion: cette disparition *ne peut être que l'œuvre de la police de Staline, le Guépéou.*

C'est ce qui résultait du communiqué que nous avons envoyé à la presse en date du 16 juillet 1938, que nous publions ci-après :

UN NOUVEAU COUP du GUEPEOU EN PLEIN PARIS

Rudolf Klément (alias Camille) un des secrétaires administratifs de la IVe Internationale a disparu !

Ce matin, 16 juillet, des membres de la IVe internationale français, intrigués par l'absence depuis deux jours, de Rudolf Klément (alias Camille) qui assurait des taches administratives techniques pour le compte de l'organisation de la IVe Internationale, se sont rendus compte de sa disparition de son domicile... aux ordres de Staline, poursuivent à Paris, leur plan d'extermination de tout ce qui dans le mouvement ouvrier veut rester indépendant de la dictature de Moscou. Les procès de Moscou ont été frappés en plein cœur par le verdict de la commission d'enquête de New-York (président John Dewey) qui a lavé Trotsky de toute accusation après examen par les plus hautes personnalités des sciences, de la littérature, de la politique du parti ouvrier, démocratique, libéral.

Une nouvelle fois, nous mettons publiquement en demeure l'inquisition stalinienne de produire un seul témoin qui soit libre, et qui n'écrive pas sous la dictée du G.P.U., un seul fait qui ne soit pas controuvé, un seul document qui ne soit pas un faux !!

Au terrorisme des gangsters du G. P.U. nous opposons l'information publique et contradictoire pour confondre les assassins et leur politique de guerre et d'extermination de l'avant-garde de la classe ouvrière.

Le Bureau de presse du P.O.I. Parti ouvrier internationaliste (section française de la IVe Internationale), 15, pass. Dubail, Paris.

Paris, 16 juillet 1938

à la Conférence nationale du P. S. O. P.

Le P. O. I. a été reçu par une commission du Congrès du P. S. O. P. et le Congrès a accepté l'unité d'action

Le Congrès du P.S.O.P. a eu lieu samedi et dimanche derniers. Nous reviendrons en détail dans notre prochain numéro sur les problèmes qui sont posés par les décisions sur lesquelles il s'est terminé.

Pour aujourd'hui résumons l'essen-

Hérard n'osa pas attaquer de front la motion Danno qui reprenait du projet de charte de Bailly le texte sur la guerre et le défaitisme révolutionnaire. Il se rallia à la thèse pacifiste confusionniste de Modiano qui l'emporta finalement.

quement. Mais cet organisme est tellement discrédité ou impuissant qu'en définitive le congrès ne se prononça pour aucune internationale.

∴

En résumé, le P.S.O.P. ne s'est pas

Le coin des J. S. R.

La J.S.O.P. et nous

Jusqu'au *Congrès de Royan*, la Jeunesse socialiste répondit à nos propositions d'unité d'action, à nos propositions de discussion commune sur la question de *l'Unité Révolutionnaire de la Jeunesse* et de son programme, en particulier à notre lettre politique du mois de Mai : « *Nous attendons le Congrès de Royan* ». Mais la bureaucratie réformiste est rancunière et ingrate envers ses militants. A Royan, elle refusa de se laisser attendrir par la « *modération* » de la Gauche Révolutionnaire et la JS, qui s'était pourtant soigneusement gardée de se compromettre avec la JSR fut exclue.

Après Royan, les JSOP nous ont répondu : « *Nous attendons le Congrès du PSOP et notre Conférence nationale* ».

La Conférence se tenait samedi et dimanche, le 16 et le 17 juillet. Le samedi on nous dit de revenir le lendemain. Le dimanche, on nous dit de formuler nos propositions, si nous en avions, par écrit. Mais la Conférence, daran war, sich zu spalten. Insbesonders nach den Moskauer Prozessen von 1936 wechselten die Surrealisten zum Trotzkismus über. Diese Prozesse hatten vielen die Augen geöffnet.

Unter diesen Umständen trat ich der POI bei, der internationalen Arbeiterpartei, d.h. der französischen Sektion der IV. Internationale. Ich wollte etwas tun. Ich fand die Anarchisten zu utopisch. Ich wechselte vom Anarchismus zum Trotzkismus, weil es auch die andern gemacht hatten, ich übernahm die Thesen der surrealistischen Gruppe, ohne mir zu viele Fragen zu stellen. Damals war Trotzki eine große Figur. Obwohl er den Aufstand der Matrosen von Kronstadt und die Machno-Bewegung niedergeschlagen hatte, war er ein Mann der proletarischen Revolution. Und auch heute noch fühle ich mich von diesem alten, gejagten, gehetzten, verleumdeten, ermordeten Revolutionär gefühlsmäßig angezogen.

Zusammen mit Benjamin Péret schrieb ich mich bei der POI ein. Auch dort mußte eine Art Prüfung bestanden werden. In einem Gespräch mit Pierre Naville sagte ich, daß ich der surrealistischen Gruppe angehörte. Pierre Naville zuckte mit den Schultern: „Weißt du, der Surrealismus ist ein Tintenfaß. Ich weiß wirklich nicht, was du bei uns machen könntest." Als wolle er sagen, wir nehmen dich schon auf, wir werden ja sehen ...

Die Zeitung der POI hieß *La Lutte ouvrière*. Ihre Büros, wenn man so sagen will, befanden sich in der Passage du Bail beim Gare de l'Est. Es waren verstaubte Lokale in einem alten, dem Abbruch geweihten Haus. Drei Tische, verschiedene Stühle und Stapel von unverkauften Nummern. Man hätte glauben können, daß diese Revolutionäre, Anarchisten wie Marxisten, nur Zeitungen herausgaben, um sie zu stapeln und als Möbel zu benutzen!

Ich war ein ziemlich guter Aktivist. Ich machte Plakate und schrieb Texte. Die Plakate zeigten das Emblem der IV. Internationale, d.h. eine Weltkugel, die von einem Blitz getroffen wird, der aussieht wie eine Vier, und der bekannte Slogan „Proletarier aller Länder usw". Ein Trotzkist, der in der Rue de Faubourg-Saint-Denis wohnte, hängte die Plakate in der Nähe eines Marktes auf, wo sie bestaunt werden konnten. Sie waren quasi die Vorläufer der chinesischen Wandzeitungen. Ich erfand! Ich erfand immerzu! Auch wenn nie viel dabei herauskam.

Rekrutierungsplakat der katalanischen Milizen, das mir Benjamin Péret aus Barcelona schickte.

Ich war nicht schlecht im Stören von Wahlversammlungen der Rechtsparteien oder Republikaner. Ich saß mit anderen Genossen mitten unter den Zuschauern, riß zuerst einige Witze und begann dann, die Internationale zu singen. Die Genossen und manchmal auch andere Zuschauer sangen mit. Danach wurde die Versammlung aufgelöst. Das war ein wenig wie im Theater.

DER SPANISCHE BÜRGERKRIEG

Während des Krieges in Spanien ging ich oft ins Buffalo-Stadion, wo viele kommunistische Versammlungen stattfanden. Ich hatte immer zehn Nummern der *La Batalla* und meine *Paris-Soir* unter dem Arm. Ich schrie aus Leibeskräften:

„*La Batalla,* das Organ der POUM!"

Und fügte hinzu: „Die Arbeiterpartei der vereinigten Marxisten!"

Das war Agitation. Ich liebte das. Heute habe ich schon Mühe, mich selbst zu agitieren. So war meine anarchistisch provozierende

Seite. Natürlich kaufte mir nie jemand eine Zeitung ab. Das hätte mir übrigens auch nicht gefallen, denn dann hätte ich keine Zeitungen mehr gehabt. Während des spanischen Bürgerkriegs schrieb ich das surrealistische Flugblatt *Arrêtez Gil Roblès*. Gil Roblès war keine wichtige Persönlichkeit, auch wenn er 1934 in Asturien Gewalt angewandt hatte. Ich wollte zusammen mit Pastoureau diese Sache aufzeigen. Roblès war nach Frankreich geflüchtet und wir verlangten von der Volksfront, ihn aus dem Verkehr zu ziehen. Heute bin ich nicht mehr so stolz auf dieses Flugblatt. Es scheint mir ein Einschätzungsfehler gewesen zu sein.

Ich hielt den Bürgerkrieg in Spanien immer für eine Art Falle. Nicht daß sie absichtlich gestellt worden wäre, aber es sah ganz so aus wie ein Hinterhalt, in den sich die Besten des Weltproletariats stürzten, um sich wegen Hirngespinsten, wegen dem Preußenkönig und Franco auf der einen Seite und Stalin auf der andern das Genick zu brechen. Ich hatte nie die Absicht, nach Spanien zu gehen. Vielleicht war ich weniger mutig als andere. Benjamin Péret ist gegangen, er war bei der POUM. Er schickte mir als Erinnerung einige Plakate aus Spanien. Es ist seltsam, wenn man feststellen mußte, daß die Plakate der FAI (Iberische anarchistische Föderation), der Stalinisten und der Faschisten alle eine ähnliche Graphik hatten. Vielleicht wurden sie alle von demselben Mann gemacht. Von einem verschlagenen Anarchisten, der während des spanischen Bürgerkriegs ein Vermögen verdiente.

DIE FIARI

Nachdem Breton Trotzki in Mexiko besucht hatte, gründeten sie im Sommer 1938 die FIARI (Internationaler Verband der unabhängigen revolutionären Künstler). Das Verbandsmanifest vom 25. Juli 1938 war von Breton und dem mexikanischen Maler Diego Rivera unterzeichnet, Verfasser aber waren Breton und Trotzki. Letzterer wollte nicht unterschreiben, um dem Text nicht einen zu politischen Aspekt zu geben. Viele Schriftsteller traten diesem Verband bei: Jaques Soustelle, Jean Giono, Henri Poulaille, Victor

Serge, Ignacio Silone, Albert Paraz usw.

Das kleinformatige, sechs oder acht Seiten lange Bulletin der Organisation hieß *Clé*. Es kamen nur zwei Nummern heraus, heute sind sie unauffindbar. Ich verwaltete das Bulletin. So lernte ich Paraz kennen. Damals war er ein extremer Linker! Man sagt, er habe sich später geändert, als er beim *Rivarol* arbeitete, bei der er die Rubrik Radio unter sich hatte. Ich weiß nicht, ob geändert das richtige Wort ist, er hatte wohl einige seiner Ansichten modifiziert. Bei der Befreiung Frankreichs mußte er einigen ekelhaften Schauspielen beiwohnen. Ich auch.

Leute wie wir hatten Mühe damit, daß Frauen, die mit Deutschen geschlafen hatten, die Haare geschoren wurden. Wenn es Typen von der *Action française* gewesen wären, erregte Nationalisten, Idioten ... Aber es waren Linke. Menschen, die immer erklärt hatten: „Dein Körper gehört dir", „Die Proletarier haben kein Vaterland". „Ihr habt mit Deutschen geschlafen!", sagten sie jetzt. Oder, noch besser: „Ihr habt mit Krautfressern geschlafen." Diese alte Bezeichnung war wieder aufgetaucht. Ich erinnere mich noch an die Schlagzeilen der *Humanité*. „Jedem seinen Krautfresser!" Scheiße! Das sind die chauvinistischen patriotischen Worte eines *Echo de Paris* von 1915. Ein Linker redet nicht so. Aber auch ich wechselte wegen meiner Freunde die Seite – und fand mich unter den Besiegten wieder. Das ist Bestimmung. Ich war nie auf der Seite der Stärkeren. Paraz war sehr erregt, wütend. Er war rasend. Außerdem leistete er sich die Eigentümlichkeit, der einzige Vergaste des zweiten Weltkriegs zu sein, der überlebte. Er diente in der Sahara, wo die Behörden mit irgendeinem schlimmen Gas herumexperimentierten. Es gab ein Leck und Paraz bekam etwas davon ab. Als ich ihn kennenlernte, war er ein starker Mann, eine Naturgewalt gewesen. Es gab niemanden, der weniger Konformist war als er, ein Schürzenjäger, eine erstaunliche Figur. Paraz hatte für *Clé* einen unglaublich guten Artikel gegen die *Action française* geschrieben. Einen Artikel gegen die *Action française* und für den Marquis de Sade. Als wir ihn während einer Sitzung vorlasen, wollte Paraz Bretons Meinung über den Artikel wissen. Breton sagte zu ihm: „Mir gefällt er, aber du mußt zuerst den Verwalter fragen" und drehte sich lachend zu mir.

Der Artikel war sehr hart, aber der Verwalter war einverstanden. Leider sollte er in der dritten Nummer erscheinen, die nie herauskam.

SEKTIERERTUM

Ich machte bei der POI kleine Sachen, untergeordnete Aufgaben wie Plakatkleben, Bürgersteigbeschriftung und so weiter. Nach und nach holte mich meine Unbeständigkeit wieder ein und ich ließ alles liegen. Die Trotzkisten waren nicht interessanter als die Anarchisten. Eines Tages sagte ich zu Boisselier vom Zentralkomitee als Entschuldigung für eine verpaßte Versammlung: „Ich habe nicht einmal genug Zeit, mit meiner Geliebten zu schlafen!"

„Was, du hast eine Geliebte?"

„Ja."

Was zwar nicht stimmte!

„Wir müssen das im Zentralkomitee besprechen."

Ich dachte, er scherze. Aber nein!

Ich verließ sie und fragte mich, was das für Arschlöcher wären. Und sah sie nie wieder. Sie müssen der Auffassung gewesen sein, daß es bürgerlich war, eine Geliebte zu haben. Sektierertum und Prüderie ... Das ist wie bei der kommunistischen Partei, die versucht, sich in das Privatleben ihrer Aktivisten einzumischen. Ich liebe die Unabhängigkeit, deshalb verkaufte ich Zeitungen auf der Straße. Der andere, mein Sittenrichter, war Ingenieur bei der Métro. Ein Bourgeois!

Ich war noch immer Mitglied der POI und glänzte auf allen Versammlungen durch meine Abwesenheit, als mich einige Monate später Marcel Hic vom Zentralkomitee besuchte.

„Ein Genosse aus Deutschland, einer vom Sekretariat der Organisation, braucht einen Ort, um arbeiten und seine Artikel schreiben zu können. Es geht nicht bei ihm zuhause. Kannst du ihn beherbergen?"

Ich war einverstanden. Ich ahnte nicht, in welch tragische Ereignisse ich da hineingezogen würde.

DIE RUDOLF KLEMENT-AFFÄRE

Am 11. Juli 1938, gegen 18 Uhr, verließ ein etwa dreißigjähriger Mann das Gebäude in der Rue de Vanves 224 im 14. Bezirk. Der zurückhaltend wirkende, große, ein wenig gebeugt gehende Mann versteckte den sanften Blick des Kurzsichtigen hinter einer Metallbrille, seine Hände waren seltsam zierlich und wohlgeformt, sie umklammerten die unvermeidliche Ledermappe, – sein allgemeines Benehmen erinnerte jedoch eher an einen Holzfäller.

Seit fast einem Jahr hatte er in diesem Haus seine Nachmittage in dem Atelier verbracht, das ich gemietet und ihm zur Verfügung gestellt hatte. Er hatte dort eine Schreibmaschine und sein Archiv eingerichtet, das hauptsächlich aus Zeitungs- und Zeitschriftensammlungen in allen Sprachen bestand. Dort hatte er unermüdlich Artikel und politische Meinungen verfaßt und Korrespondenz mit Gruppen in aller Welt geführt.

Meine Wohnung in der Rue de Vanves, die heute abgerissen und zerstört ist wie so manche Bezirke in Paris, diente als „konspirativer Ort", wie früher die Agenten der Ochrana sagten. Ich muß zugeben, daß uns dieser Genosse am Abend manchmal ein wenig störte. Meine Frau und ich kamen gewöhnlich gegen halb sieben, sieben nach Hause. Um acht Uhr tippte er immer noch Artikel, die den Planeten revolutionieren sollten! Wir waren nicht sehr vertraut mit ihm. Er kam ins Atelier wie ein Mieter. Er war sehr geheimnisvoll.

Er war ein junger deutscher Chemiker, der vor Hitler geflohen war. Er hatte in Barbizon als Sekretär mit Leo Trotzki gelebt und übernahm später die Funktion eines Verwaltungssekretärs im Büro der IV. Internationale. Ich wußte erst nach seinem Tod, wie er wirklich hieß, ich stellte damals keine Fragen. Sein Name war Rudolf Klement und er zeichnete in der Parteipresse mit „Camille". Seine früheren Pseudonyme „Frédéric" und „Adolphe" hatte er wegen der GPU, der schrecklichen sowjetischen Geheimpolizei, aufgeben müssen. Nur vier Personen, Marcel Hic, meine Frau, ich und natürlich er selbst wußten von unserer Abmachung.

Klement kam gewöhnlich um ein Uhr nachmittags. Später erfuhr ich aus den Zeitungen, daß er in Maisons-Alfort wohnte und sich

MERCREDI
31
AOUT
1938
16e ANNEE N° 5.512

37, RUE DU LOUVRE, 37
TELEPHONE
JOUR : TURBIGO 52-00 et 96-80 (30 lignes)
NUIT : TURBIGO 52-00 et 96-80 (2 lignes)
Adresse télégr. : PARISOIR
Interurbain : TURBIGO 53-00

OJT CONTROLE DES TIRAGES

6e DERNIÈRE
50 cent.

Le cadavre dépecé qui fut retrouvé à Meulan est-il celui de Rudolf KLEMENT ex-secrétaire de Trotsky ou celui de Pierre MADIEC cheminot disparu depuis le 1er août ?

MAIS NI LES AMIS DU PREMIER, NI LA SŒUR DU SECOND NE RECONNAISSENT FORMELLEMENT LES RESTES FUNÈBRES

Mme Jeanne Lacroix, sœur de Pierre Madiec.

Rudolf Klément.

Le coup de théâtre s'est produit hier, à la fin de l'après-

Déclaration

lue par André Breton le 3 septembre 1936 au meeting :

"LA VÉRITÉ SUR LE PROCÈS DE MOSCOU"

CAMARADES,

En notre simple qualité d'intellectuels, nous déclarons que nous tenons le verdict de Moscou et son exécution pour abominables et inexpiables.

Nous nions formellement avec vous le bien-fondé de l'accusation, que les antécédents des accusés dispensent même d'examiner en dépit des prétendus « aveux » de la plupart d'entre eux. Nous tenons la mise en scène du procès de Moscou pour une abjecte entreprise de police, qui dépasse de loin en envergure et en portée celle qui aboutit au procès dit des « incendiaires du Reichstag ». Nous pensons que de telles entreprises déshonorent *à jamais* un régime.

Nous nous associons, sinon à l'ensemble de ses appréciations politiques, du moins aux conclusions lucides de l'article d'Otto Bauer formulées avant-hier dans *le Populaire* : « Ce qui s'est passé à Moscou, c'est plus qu'une erreur, plus qu'un crime, c'est un malheur effroyable qui frappe le socialisme du monde entier, sans distinction d'esprit et de tendance ». C'est, à notre sens, un malheur effroyable dans le sens où, *pour la première fois*, à un grand nombre de camarades qui se laisseront abuser, la conscience révolutionnaire est *présentée en bloc comme corruptible*. C'est un malheur effroyable dans le sens où des hommes vers qui allait, malgré tout, ne fût-ce qu'en raison de leur passé plus ou moins glorieux, notre estime, passent pour se condamner eux-mêmes, pour se définir comme des traîtres et des chiens. Ces hommes, quelles que soient les réserves graves que nous puissions faire sur la solidité de certains d'entre eux, nous les tenons pour totalement incapables, *fût-ce dans le désir de continuer à lutter*, fût-ce à plus forte raison dans l'espoir d'échapper à la mort, de se nier, de se flétrir eux-mêmes à ce point. Mais où cela *cesse* d'être un malheur effroyable, c'est à partir du moment où cela nous éclaire définitivement sur la personnalité de Staline : l'individu qui est allé jusque là est le grand négateur et le principal ennemi de la révolution prolétarienne. Nous devons le combattre de toutes nos forces, nous devons voir en lui le principal faussaire d'aujourd'hui — il n'entreprend pas seulement de fausser la signification des hommes, mais de fausser l'histoire — et comme le plus inexcusable des assassins.

Nous faisons, dans ces conditions, toutes réserves sur le maintien du mot d'ordre : « Défense de l'U.R.S.S. ». Nous demandons que lui soit substitué de toute urgence celui de « Défense de l'Espagne révolutionnaire » en spécifiant que tous nos regards vont aujourd'hui, 3 Septembre 1936, aux magnifiques éléments révolutionnaires de la C.N.T., de la F.A.I. et du P.O.U.M. qui luttent, indivisiblement à nos yeux, sur le front d'Irun et dans le reste de l'Espagne. Ces éléments, nous ne nous dissimulons pas que Staline et ses acolytes, qui ont passé un pacte d'assistance avec les états capitalistes, s'emploient tant qu'ils peuvent à les désunir. C'est, pour nous, une raison de plus d'attendre d'eux, de leurs forces et de leurs héroïsmes conjugués, le rétablissement de la vérité historique foulée aux pieds non moins systématiquement en U. R. S. S. qu'en Italie et en Allemagne.

Sous une forme concrète, nous nous proposons d'agir à l'intérieur du *Comité de Vigilance des Intellectuels* pour que soit menée en toute sévérité l'enquête réclamée par le P. O. I. sur les conditions dans lesquelles s'est déroulé, nous le savons déjà, sans le moindre égard, non seulement pour la personnalité des accusés, mais *pour la sauvegarde de la dignité humaine*, le procès de Moscou, et de contribuer à exiger s'il y a lieu — il y a lieu sûrement — réparation au nom de la conscience internationale, seul élément de progrès, de la conscience internationale dont, Camarades, nous sommes ici un certain nombre à tenir les prescriptions pour sacrées.

Nous saluons à nouveau la personnalité, *de très loin au-dessus de tout soupçon*, de Léon Trotsky. Nous réclamons pour lui le droit de vivre en Norvège *et en France*. Nous saluons cet homme qui a été pour nous, abstraction faite des opinions occasionnelles *non infaillibles* qu'il a été amené à formuler, un guide intellectuel et moral de premier ordre et dont la vie, dès lors qu'elle est menacée, nous est aussi précieuse que la nôtre.

Adolphe Acker, André Breton, Georges Henein, Maurice Henry, Georges Hugnet, Marcel Jean, Léo Malet, Georges Mouton, Henri Pastoureau, Benjamin Péret, Gui Rosey, Yves Tanguy.

IMP. [illegible], PARIS

FÉDÉRATION INTERNATIONALE DE L'ART RÉVOLUTIONNAIRE INDÉPENDANT (F.I.A.R.I.)

A bas les lettres de cachet !

A bas la terreur grise !

Jamais peut-être le « en quel temps vivons-nous » n'a été plus de mise. Les sujets d'indignation risquent de dépasser la capacité d'indignation humaine. Hier, des centaines d'hommes et de femmes, trahis dans leurs plus modestes espoirs erraient sur un océan dont tous les ports leur étaient hostiles, et n'ont dû leur salut provisoire qu'à une initiative de la dernière heure. Tandis qu'en Espagne on assassine aveuglément quiconque ne manifeste pas envers Franco l'enthousiasme que celui-ci se croit dû, en France on parque les réfugiés républicains comme des taureaux furieux. Les mêmes hommes sont promis au delà des Pyrénées à une mort immédiate indispensable au maintien de l'ordre fasciste, en deçà des Pyrénées aux souffrances et aux privations qui leur sont infligées dans les camps hospitaliers que l'on sait. Partout la pire violence s'exerce au profit de la pire réaction.

Jusqu'ici, dans ce pays, la liberté individuelle jouissait d'une protection relative. Mais il s'agit pour le gouvernement français de lutter contre les États totalitaires avec leurs propres armes. Au nombre desquelles figure en bonne place la suppression de la liberté individuelle.

Trois hommes sont en ce moment en prison sans que la moindre inculpation ait pu être formulée contre eux. On ne saurait leur reprocher autre chose qu'une lutte farouche contre la guerre absurde qui menace, pour l'avènement d'une société qui tarira les sources mêmes de la guerre.

L'étudiant *Schmit* est déjà en prison depuis plus de trois mois. *Stern*, de la Fédération des Techniciens, déjà victime de la répression patronale lors de la grève du 30 novembre, est en prison depuis le 12 avril. Le professeur *Rigal*, diplômé d'études supérieures, licencié de philosophie, est incarcéré depuis le 7 mai. Tous trois ont été arrêtés à leur domicile à Paris et transférés à la prison de Metz. L'instruction, ouverte tardivement contre eux, est absolument secrète. Ces trois hommes sont, sans aucune raison publique, retranchés du monde dans une de ces Bastilles, de la destruction desquelles on célèbre cette année, sans ironie et sans trop de pudeur le 150e anniversaire.

Pourquoi veut-on empêcher l'opinion de savoir publiquement la cause de leur arrestation ? Quel est ce secret que l'on veut faire peser sur l'instruction ? Aurait-on l'audace à la faveur de l'atmosphère de pré-guerre que nous vivons, de transformer des accusations politiques en inculpations infamantes ?

Prenons garde ! La détention de ces trois camarades n'est qu'un coup d'essai. S'il réussit, c'en est fait des quelques libertés qui subsistent. La bureaucratie policière et démocratique aura beau jeu d'asservir toute pensée libre, de faire régner cette terreur grise dans laquelle commence à se complaire sa tyrannique médiocrité.

Nous invitons tous ceux que n'atteint pas encore l'abjecte contagion chauvine, tous ceux qui osent penser librement, à se joindre à nous pour protester contre les décrets-lois scélérats qui donnent licence à l'État-Major de faire peser dès maintenant sa dictature en faisant passer pour de l'« atteinte à la Défense nationale », voire à de l'espionnage, l'action d'hommes courageux de l'honnêteté et de la lucidité desquels nous répondons.

Il y va non pas de leur liberté, mais de la liberté de tous.

Adolphe ACKER, Yves ALLEGRET, Denise BELLON, Gina BENICHOU, Paul BENICHOU, Pierre BERGER, Roger BLIN, André BRETON, Colette BRUNIUS, Jacques-B. BRUNIUS, Claude CAHUN, J.-F. CHABRUN, Michel COLLINET, Frédéric DELANGLADE, Jean DELMAS, J.-C. DIAMANT-BERGER, Maurice DOMMANGET, Marcel FOURRIER, Jean GIONO, Maurice HEINE, Maurice HENRY, Georges HUGNET, Sylvain ITKINE, Marcel JEAN, Simone KAHN, Gérard de LACAZE-DUTHIERS, Hélène LAGUERRE, Michel LEIRIS, Maurice LIME, Pierre MABILLE, Léo MALET, Marcel MARTINET, André MASSON, Gaston MODOT, Maurice NADEAU, Albert PARAZ, Benjamin PERET, Robert RIUS, Gérard de SEDE, Yves TANGUY, Jean VAGNE, Paul VIALATTE, Francis VIAN, Pierre VILAIN

La vérité sur les procès de Moscou, Flugblatt vom 3. September 1936. *A bas les lettres de cachet, a bas la terreur grise,* Flugblatt der Gruppe Contre-Attaque, 1939.
links: Ausschnitt von der Titelseite des *Paris-Soir* vom 31. August 1938.

dort als Koch ausgab. Anstatt bei *Lasserre* oder *Le Doyen* zu kochen, bereitete er seine internationale Küche bei mir vor, mit Mappen voller Dokumente. Eines Tages wurde ihm in der Métro eine Mappe gestohlen, er hatte sie dummerweise in das Gepäcknetz gelegt. Dieser Diebstahl fand ungefähr vierzehn Tage vor seiner Entführung statt.

Erstaunt, ihn fast eine Woche nicht mehr gesehen zu haben, gingen seine Genossen am 16. Juli in seine offizielle Wohnung in Maisons-Alfort. Sein Zimmer schien in Ordnung zu sein, nichts deutete darauf hin, daß er nicht zurückkehren wollte. Der junge Revolutionär aber war verschwunden.

Ich wurde über sein Verschwinden nicht sofort informiert. Meine Frau und ich waren nicht übermäßig über das Wegbleiben des Deutschen besorgt. Es war schon vorgekommen, daß er einige Tage nicht ins Atelier in der Rue de Vanves gekommen war, wenn auch nicht gerade sehr oft.

Aber in solchen Fällen hatte er uns vorher benachrichtigt. Da in Paris der Empfang des britischen Staatsoberhauptes vorbereitet wurde, dachten wir, daß die Polizei, wie es schon vorgekommen war, die üblichen Vorsichtsmaßnahmen getroffen hatte, d. h. die mutmaßlichen „gefährlichen Aufwiegler" „entfernt" hatte. „Camille" hätte einer von ihnen sein können. Wie dem auch sei, bei uns und in Maisons-Alfort lagen Schreibmaschine und Archiv, außer der gestohlenen Mappe natürlich, zur Benutzung bereit und nichts deutete darauf hin, daß Rudolf Klement die Absicht gehabt hatte, nicht zurückzukehren.

Indessen wurden aber am 15. Juli vier Kopien eines Briefes verschickt und zwar aus Perpignan, der „Nachbarstadt der von der russischen Polizei kontrollierten Grenze nach Spanien" (wir waren mitten im spanischen Bürgerkrieg), wie es in der dem Staatsanwalt der Republik am 19. Juli eingereichten Klage lautet.

In den folgenden Tagen erreichten diese Briefe ihre Adressaten, das waren Trotzki, der nach Mexiko geflüchtet war und der das „Original" erhielt; Sneevliet, ein Trotzkist in Amsterdam; Verecken in Brüssel, auch ein Trotzkist, und Jean Rous, einer der Pariser Führer der POI, die letzten drei erhielten je eine Kopie.

Der Brief an Trotzki war mit „Frédéric" unterschrieben, die

andern mit „Adolphe“ (und „Rudolf Klement“ maschinengeschrieben). Es war ein Abschiedsbrief vom Trotzkismus, dessen Worte an die Geständnisse und Anklageschriften der berühmten Moskauer Prozesse erinnerten. Eine Reihe von Einzelheiten deuteten auf eine Fälschung hin. Georges Bourgin, ein Experte aus Paris, hielt eine Fälschung für wahrscheinlich. Vor dieser Expertise hatte Trotzki erklärt, daß die Schrift derjenigen Klements zwar ähnlich, aber „erzwungen und ungleichmäßig, unfrei sei, man könnte behaupten, die Kopie eines Entwurfs“. Der Brief war wahrscheinlich unter Drohungen diktiert worden und der junge Mann hatte nur einen schwachen Hinweis auf die Fälschung geben können: er hatte mit den längst aufgegebenen Pseudonymen „Frédéric“ und „Adolphe“ unterschrieben. Außerdem waren die Adressen auf den Briefumschlägen auf eine Art geschrieben, die Klement nie anwandte: der Name der Stadt stand vor der Adresse. Was, nach Victor Serge, eine russische Gepflogenheit ist.

Ein Satz des Briefes war für Eingeweihte bezeichnend: „Ich habe nicht die Absicht, öffentlich gegen euch vorzugehen ...“ Was sollte das heißen? Daß ein Aktivist wie Klement, der mit dem „Alten“ seit vielen Jahren eng vertraut war, sich von ihm mit einem Eklat trennte, mußte für die Stalinisten eine gute Gelegenheit sein. Dieser Satz war sehr belastend, ebenso in der *Humanité* wie im Prozeß der POUM, der in Barcelona auf Befehl der Russen eröffnet wurde. „Ich habe nicht die Absicht, öffentlich gegen euch vorzugehen ...“: Das bedeutete, daß man nie mehr etwas von Rudolf Klement hören würde. Seine Folterer mußten seines Gehorsams zweifellos nicht sehr sicher gewesen sein und darauf verzichtet haben, ihn als Marionette zu benutzen. Seine Freunde wußten nun, daß er tot war.

Am 19. Juli unterrichtete ein Anwalt der POI den Staatsanwalt über das Verschwinden von Rudolf Klement und reichte eine Entführungsklage ein. Die Organisation ihrerseits gab Pressekommuniqués heraus, die allerdings kein nennenswertes Echo hatten. Der Besuch Ihrer Gnädigen Majestät aus Großbritannien in Paris war ein ausgezeichneter Vorwand dafür, über etwas anderes zu reden.

EIN KOPFLOSER LEICHNAM

Am 24. August wurde in Meulan der kopflose Rumpf eines durch den Stich eines Stiletts ins Herz getöteten Mannes aus der Seine gefischt. Die kommunistische Zeitung *Ce Soir* (des bekannten Duos Aragon und Jean Richard Bloch) schrieb: „Seine gepflegten Hände und die wenig entwickelte Muskulatur seiner Arme scheinen darauf hinzuweisen, daß es sich um einen intellektuellen Arbeiter handelt ..."

Diese Information rief die immer noch zu Recht wachsame POI auf den Plan. Zwei ihrer Führer verlangten den Leichnam zu sehen. Am 29. August identifizierten sie ihren Genossen. „Die Krümmung des Rückens, die länglichen, feinen Hände mit den an den Spitzen leicht breiter werdenden Fingern" waren eindeutig. (Rudolf Klement war ein richtiger Virtuose auf der Schreibmaschine, er schrieb mit einer Rekordgeschwindigkeit mehrere Stunden am Tag im Zehnfingersystem.)

Die Kriminalpolizei wurde eingeschaltet. Sie sah in der These, welche die GPU als Täterin anklagte, zweifellos einen Feuilletonroman und irrte auf falschen Fährten herum. (Was von den kommunistischen und sozialistischen Zeitungen entgegenkommend aufgenommen wurde – die Volksfront war an der Macht. Alle vereint in einer Proletarierfront: verdrießen wir unsere russischen Freunde nicht ... wir müssen an die spanische Republik denken ... und andere derartige Dummheiten, welche aus den guten linken Liberalen Komplizen der Stalinisten machten.) Im Laufe der Wochen verliefen all diese falschen Fährten im Sand. Insbesondere die Fährte Madiec, für die *Ce soir* (immer an der Spitze des Kampfes) die Trommel gerührt und ihre Hoffnungen in sie gesetzt hatte.

Pierre Madiec, ein ehemaliger Metzgergehilfe, war seit Ende Juli spurlos verschwunden. Seine Schwester glaubte im in Meulan herausgefischten Rumpf ihren Bruder zu erkennen. Am 15. September aber stellte Madiec sich der Gendarmerie von Bezons. Er hatte eine Gedächtnisstörung gehabt und war seit dem 1. August herumgewandert, ohne eine Zeitung zu lesen und sich auf dem Laufenden zu halten. „Madiec oder Klement?" hatte sich die Presse gefragt.

Als Madiec wieder auftauchte, blieb nur noch Klement. *Ce soir* wechselte das Thema.

In der Zwischenzeit, Anfang September, hatte ich die Genehmigung erhalten, den aus der Seine gezogenen Leichnam anzusehen. Der kopflose Körper war schwer wiederzuerkennen. Ich war mir nicht ganz sicher, identifizierte ihn aber formell vor der Presse. Die meisten Zeitungen schienen es wie *Ce soir* zu machen und schrieben nichts mehr über diese Zeugenaussage. Die Parole schien zu lauten: „GPU, kennen wir nicht."

DIE GPU AM WERK

Man sah übrigens auch keinen Grund mehr zu insistieren. Untersuchungsrichter Marchal hielt mich darauf an, wieso die GPU Klement hätte töten sollen. Im Februar desselben Jahres hatte man auch nicht glauben wollen, daß die GPU für den merkwürdigen Tod Leo Sedows, Trotzkis Sohn, verantwortlich sei. Erst nach dem Krieg, als die „Überläufer" auspackten, wurde es bewiesen. Wie dem auch sei, die Untersuchung über den Leichnam aus Meulan blieb stecken und die Akte wurde beiseitegelegt.

Das häufigste Argument derjenigen, die nie an die physische Eliminierung Klements durch die GPU geglaubt hatten, könnte folgendermaßen zusammengefaßt werden: „Er war lediglich ein Bürokrat. Seine Arbeit war nicht bedeutungslos, aber auch nicht von großer Wichtigkeit. Warum hätte die GPU wegen einer so unbedeutenden Person ihre mächtige Maschinerie in Betrieb setzen sollen? Für Sedow und Trotzki, ja. Aber für Klement ..."

Für Trotzki, ja, hört, hört!

Tauchen wir ein in die Atmosphäre von damals.

1938 waren die Trotzkisten in erster Linie damit beschäftigt, sich gegen die Provokationen Stalins zu verteidigen und die Infiltration von Leuten der GPU in ihre Reihen zu verhindern. (Es stimmt, wenn man so schreiben darf, daß die Trotzkisten bezahlt wurden, um aufzupassen.) Sie waren die von Stalin ausgesuchten und den Dolchen der Mörder ausgelieferten Pestkranken. Ignaz Reiss, Erwin Wolf, Andrés Nin und Leo Sedow starben nacheinander bei solchen Anschlägen. Die Verteidigung gegen das finstere Prozedere der stalinistischen Mafia war angesagt. Neben anderen Aufgaben mußte Rudolf Klement als ergebener und arbeitsamer Aktivist sich auch um diesen Kampf kümmern. Und es darf nicht vergessen werden, daß kurz vor seinem Verschwinden ein gewisser Mornard sich mit Hilfe einer Liebesaffäre in die Trotzkistenkreise von Paris eingeführt hatte und seine langsame und listige Arbeit der Infiltrierung (welche zwei Jahre dauerte) begann, die ihn dann am 20. August 1940 nach Mexiko zu Trotzki führte, dessen Schädel er mit einem Eispickel zertrümmerte.

Es darf angenommen werden, daß Rudolf Klement aus Zufall oder aus Intuition etwas über diesen Mann herausgefunden hatte und daß man ihn zum Schweigen brachte, um nicht die Durchführung dieses Plans von höchster Wichtigkeit, der erst in seinen Anfängen steckte, aufs Spiel zu setzen.

Als „Camille“ am 11. Juli 1938 meine Wohnung in der Rue de Vanves verließ, sagte er, er wolle nach einer Versammlung in Montmartre ins Kino gehen und fragte mich, ob ich ihm einen guten Film empfehlen könne. Ich sagte ihm, daß im Rochechouart-Palace „Griff aus dem Dunkel“ gezeigt werde, ein Drama, in dem Robert Montgomery einen jungen Mörder spielt, in der Hand eine Hutschachtel, die den Kopf eines seiner Opfer enthält. Rudolf Klements Kopf fand man nie wieder.

Die Underwood, die mir Rudolf Klement hinterlassen hat. Auf dieser geheimnisumwitterten Schreibmaschine tippte ich fast alle meine Romane.
umseitig: Identitätsphoto aus dem Stammlager. Ich hatte es in einen Pfeifenhals gerollt, deshalb ist es ein wenig beschädigt.

11686

DIE BESATZUNGSJAHRE

Ich war während des Zweiten Weltkrieges weder höherer noch einfacher Soldat, ich war Zivilist. Ich war für definitiv dienstuntauglich erklärt worden. 1940 war ich mit dem Innenminister Georges Mandel über einen Punkt des internationalen Rechts nicht einig. War es richtig, 1939 in den Krieg einzutreten oder nicht? Er sagte ja, ich nein. Das führte zu Konflikten.

Am 25. Mai 1940 – an diesem Tag sollte man noch erfahren, daß am Vortag Trotzkis Villa in Mexiko von einem stalinistischen Kommando mit Maschinengewehren angegriffen worden war – saß ich um sechs Uhr morgens in der Küche und machte Kaffee. Ich arbeitete damals als Hydraulikprüfer bei Messier, einer Flugzeugfabrik in Montrouge, wo ich Pumpen von Fahrgestellen testete.

Es klopfte an der Tür. „Polizei! Aufmachen!“

Vier Zivilpolizisten traten ein. Zwei von ihnen nahmen mich zum Quai des Orfèvres mit, die andern beiden blieben bei Paulette und machten eine flüchtige Hausdurchsuchung. Es ging um das berühmte „surrealistisch-trotzkistische Komplott gegen die innere und äußere Sicherheit des Landes und Zugehörigkeit zu einer verbotenen Gruppe“, das Komplott, an dem unter anderem auch Benjamin Péret beteiligt gewesen sein sollte.

Jean-François Chabrun von den *Réverbères* – einer Gruppe, die versuchte, Dada wieder aufleben zu lassen – lebte damals in Rennes und hatte einem seiner Studienkollegen ein Buch ausgeliehen, in dem ein defätistisches Flugblatt der Trotzkisten steckte. Dieser Studienkollege war politisch anderer Meinung und wußte nichts besseres zu tun, als Chabrun zu denunzieren, der dann auch verhaftet wurde. Wie das so geht, konnte die Polizei anhand von Adressbüchlein und Briefen eine ganze Anzahl von Leuten verhaften, die sich untereinander nicht kannten. Darunter waren Diamant-Berger, Benjamin Péret, Bruno Stenberg und ich. Die französischen Behörden waren damals durch die deutsche Besetzung verängstigt und witterten überall Komplotte.

Ich wurde in Rennes in Isolationshaft gesteckt und vor dem Kriegsrat angeklagt. Wir hatten alle eine Einzelzelle und wurden getrennt zum Untersuchungsrichter geführt, was dem Wärter mißfiel: „Was seid ihr, bretonische Autonomisten, oder was?"

„Ach was, ich komme aus Montpellier!"

Im Gefängnishof hörte ich, wie jemand die Melodie des *Pélican* pfiff, ein Lied aus dem Jahr 1924, das die Dadaisten liebten und das die Leute von den *Réverbères* zur „Nationalhymne" erkoren hatten. Nun wußte ich, daß einige dieser Gruppe im gleichen Gefängnis waren wie ich.

An einem schönen Julitag wurde das Gefängnis bombardiert. Niemand war im Schutzkeller, wir mußten alle in den Zellen bleiben. Die Fensterscheiben meiner Zelle zerbrachen, ich war mit einer Decke über dem Kopf unters Bett gekrochen, um nicht verletzt zu werden. Einige Tage darauf kam der Oberwärter zu uns und sagte, daß die deutschen Behörden die Stadt übernommen hätten, wie viele andere Städte in Frankreich. Wir wurden zur Gerichtsschreiberei gebracht, unterschrieben unsere Freilassungspapiere und waren frei. Ich wurde schon einige Tage später beim Versuch, nach Paris zu kommen, wieder festgenommen.

Die Deutschen verhafteten fast alle Vagabunden, sie witterten unter jeder Zivilkleidung einen verkleideten Offizier, der versuchte, sich den harten Kriegsgesetzen zu entziehen. Ich war mit zwei guten, jungen Kerls unterwegs, die ich getroffen hatte und deren charakteristischer Haarschnitt mich nostalgisch machte. Er ließ mich an 1926 denken. Sie hatten die Kahlrasur, die ich seit der *Petite Roquette* nicht mehr gesehen hatte.

Als Deserteure waren sie zu mehreren Jahren Haft verurteilt und dann von einem Gefängnis ins andere gebracht worden. Als ihr Zug bombardiert wurde, hatten sie vom deutschen Angriff profitiert und die Flucht ergriffen. Sie hätten ihre Kleider sehen sollen! Sie mußten ihre Garderobe einer Vogelscheuche abgenommen haben, denn sie konnten natürlich nicht im Kostüm der Gefängnisverwaltung herumlaufen.

Die Deutschen waren wirklich dumm. Es wäre ihnen nie in den Sinn gekommen, mich mit diesen beiden nicht in einen Topf zu werfen. Man sah uns doch an, daß wir nicht aus derselben Welt kamen ...

Ich trug einen hellen Einreiher, den ich mir von einem der besten Schneider in Paris hatte maßschneidern lassen. Er hatte nicht allzu arg unter seinem Aufenthalt im Gefängnis von Rennes gelitten. An den Füßen trug ich wunderschöne Wildlederschuhe in Herbstblattfarbe, eine unglaubliche Farbe, die ich später nie mehr fand. Jacques Prévert hatte sie mir geschenkt, als er eines Tages seine Garderobe sortierte. Herbstblattfarben! Jacques Prévert.

Dieser Anzug und Préverts Schuhe landeten mit mir im Stalag. Dort nahm man sie mir ab und ersetzte sie durch englische Militärkleidung.

Ich war in der Nähe von Le Mans von einer deutschen Patrouille angehalten worden: „Halt! Papiere!"

Ich sagte ihnen nicht, woher ich kam, das hätte sie vielleicht auf falsche Gedanken bringen können. Ich hatte genug von meinen beiden Zukunftsknaben der Strafkolonien. Ich erklärte, daß ich einen Spaziergang gemacht habe. Sie verstanden kein Französisch.

IM STAMMLAGER

Nach einem kurzen Aufenthalt im Lager von Auvours (Departement Sarthe), Gemeinde Ivré-l'Evêque, wurde ich ins Stammlager XB gebracht, das zwischen Bremen und Hamburg liegt, in Sandbostel, genauer gesagt. Eine sehr schöne Landschaft aus Sand und Heide. Dort fand ich alte Freunde aus Saint-Germain-des-Prés wieder, wie den Filmschauspieler Yves Deniaud. Ich hatte ihn zusammen mit Jean Rougeul im Restaurant Chéramy von Henri Leduc, der *L'Echaudé* leitete, kennengelernt, alles Leute aus der *Groupe Octobre.* Henri Leduc gab mir in der Verfilmung von „Die Nächte von St. Germain" eine Rolle.

„Scheiße, Deniaud!"

„Schau her, Malet!"

„Was tust du hier?"

„Dasselbe wie du."

Deniaud vermittelte mir sofort eine Arbeit in der Aufnahme,

wo er auch arbeitete. In diesem Büro wurden die Franzosen und die andern Gefangenen registriert, die man aus den Lagern in Frankreich und Belgien hergebracht hatte.

Am Abend sangen wir in den Baracken den Freunden Lieder vor. Deniaud war Straßenhändler gewesen. Er hatte eine ausgezeichnete Nummer mit falschem Bart und ein realistisches Repertoire: *Coeur de pierre* usw. Ich trug Lieder aus dem Quartier Latin vor: *La Digue du cul, Le Gendarme de Redon* und andere folkloristische Lieder. Mit Pétain war die Folklore wieder aufgekommen. Ich legte los. Anders gesagt, ich trug zur nationalen Revolution bei.

Ich war im Stalag bald bekannt. Folgende Anekdote bestätigte meinen Ruf. Ich liebte den Film und die phantastische Literatur. Vor dem Krieg hatte ich das Buch des Psychoanalytikers Rank über den Doppelgänger und „Der Student von Prag" von Hans Heinz Ewers, den Roman über den Mann, der sein Spiegelbild verkauft, geradezu verschlungen. (Es gab einen Stummfilm davon mit Conrad Veidt.) Einige Male in meinem Leben hatte ich das Gefühl, jemand sei dicht hinter mir. Eines Tages brachte ich im Stalag einen braven Bauern aus Paray-le-Monial (eine ziemlich pfaffenfreundliche Stadt, aber er war ein bodenständiger Bursche) zum Lachen. Ich machte eine plötzliche Bewegung. Er fragte mich überrascht, was denn los sei.

„Ich weiß nicht. Ich habe das Gefühl gehabt, mein Doppelgänger sei hinter mir."

Der Kerl bog sich vor Lachen. „Was der nicht alles erfindet, der Malet! Jetzt hat er sogar einen Doppelgänger!"

Er erzählte die Geschichte im ganzen Lager herum.

Deniaud und ich gründeten mit anderen eine Theatergruppe, die fast jeden Sonntag eine Vorstellung gab. Unter den zahlreichen Zuschauern befanden sich auch Ärzte, die einen Gefangene, die andern Deutsche, die dem Lazarett zugeordnet worden waren. Wann immer möglich, betonte ich, daß ich Zivilist und somit das Opfer eines Irrtums sei. Ich wollte, daß man das nicht vergaß.

Eines Tages sagte ich das auch dem deutschen Offizier, der die Aufnahme leitete. Er sprach ziemlich gut Französisch und unterhielt sich manchmal mit den Gefangenen. Ich erfuhr erst später,

Die Gegend von Sandbostel wurde auch „der Teufelssumpf“ genannt.
unten: Die alten Baracken des Stammlagers von Sandbostél, 1959 von Robert Rank fotografiert.

daß er einen Kammerdiener für seine Frau in Berlin suchte. Er prüfte die Männer und wollte ihren Beruf wissen. Als ich ihm einmal Papiere zum Unterschreiben brachte, fragte er: „Was sind sie von Beruf?"

„Dichter."

„Dichter?"

Er war überrascht. Man traf nicht viele Dichter.

„Ja. Und außerdem Zivilist. Ich habe hier nichts zu suchen."

Ich legte ihm mehr oder weniger meinen Fall dar und fügte hinzu, daß ich nicht der einzige Zivilist im Lager sei. Wir waren gut fünfzig aus verschiedenen Regionen Frankreichs, darunter ein sechzehnjähriger Junge. Der Offizier meinte: „Ich werde nach Berlin telefonieren."

Eines schönen Tages kamen sehr charakteristische Individuen an, sehr polizeimäßig in schwarzen Regenmänteln und all dem. Ich glaubte mich wieder am Quai des Orfèvres. Befragung und Aufzeichnung jedes einzelnen Falles usw. Seit 1929 trug ich als Talisman immer meine Ausmusterungspapiere bei mir, die meine „definitive Dienstuntauglichkeit" bescheinigten, Grund: „unheilbarer Schwächezustand".

Dieses Dokument der französischen Militärbehörde bewies meinen Status als Zivilist. Schließlich sahen die Deutschen den Irrtum ein und entschlossen sich, eine Meldung nach Berlin zu machen. Man steckte uns in die Baracke der Zivilisten, wo wir auf unsere baldige Abreise warteten.

Die Tage vergingen. Gerüchte schwirrten herum. „Bald werden wir rauskommen ... es dauert nicht mehr lange", usw. Das war im September 1940. Eines Tages wurden wir ohne Erklärungen in eine andere Baracke eingewiesen. Dort befanden sich ziemlich viele Ausländer, die meisten von ihnen waren Juden. Einem meiner jüdischen Freunde, einem weltgewandten Künstler aus Montparnasse, der heute ein bekannter Maler ist und den ich ebenfalls in diesem Stalag wiedergetroffen hatte, entschlüpfte folgende, alarmierende Bemerkung: „Das gefällt mir gar nicht. Die haben uns in die Baracke der 'Verdächtigen' gesteckt."

Wir machten uns Sorgen. Nach einer Weile wurde die Taktik gewechselt, oder es gab ein Durcheinander, ich weiß nicht, jedenfalls mußten wir in eine andere Baracke mit noch „verdächtigeren" Leuten. Und dann wurden wir eines Tages einfach so aufs ganze Lager aufgeteilt. Es stand nicht mehr zur Diskussion, die Zivilisten freizulassen. Man sprach sogar von Arbeitskommandos. Bis jetzt waren wir privilegiert gewesen. Außer ein paar Dreckarbeiten hier und da hatten wir nichts zu tun, und auch die wußte ich zu umgehen. Arbeit? Nein danke, mein Führer! Deniaud hatte große Lust, abzuhauen und steckte mir eines Tages: „Ich glaube, der einzige Weg, von hier wegzukommen, ist, sich krank zu melden und als Pflegefall repatriiert zu werden."

Deniaud war Soldat, ein normaler Gefangener. Wir begannen, alle Ärzte zu belagern, die wir kannten, um zu sehen, welche Krankheit sie bei uns finden könnten. Vollendung, wie der Dichter sagt. Es gelang uns. Doktor Robert Desmond begünstigte meine Abreise dadurch, daß er seinen deutschen Berufsgenossen erklärte, daß ich in meinem Zustand eine Belastung für das Dritte Reich sei. Ich habe ihm *120, Rue de la gare* gewidmet. Das war das mindeste. Vor dem Krieg hatte man bei mir ein leichtes Herzleiden festgestellt. Ich dachte, diese Eigenart würde mich nach Hause fahren lassen.

Desmond untersuchte mich und sagte: „Es tut mir leid, es ist nicht mehr da."

Ob er nichts anderes finden könne, fragte ich ihn. Sehr zuvorkommend stellte er eine Diagnose, die mich zum leichten Epileptiker mit einer vererbten Syphilis und andern fortgeschrittenen Krankheiten machte. Krankheiten natürlich, die ich damals nicht hatte und die ich auch nie bekam.

Am Tag der Freilassung warteten etwa 100 Kranke auf dem Perron des schönen, kleinen Bahnhofs von Bremervörde auf den Zug nach Frankreich. Wir plauderten, machten uns untereinander bekannt, die Kranken und die Scheinkranken. Auch einige junge Offiziersanwärter hatten sich als krank ausgegeben. Mit einem Augenzwinkern sagten sie: „Das ist auch eine Art zu fliehen."

Ich sagte nichts, dachte mir aber meinen Teil.

Eine solche Flucht ist nicht gerade sehr ehrenhaft.

Als ich nach 18 Monaten Gefangenschaft zurückkehrte, befürchtete meine Frau, ich würde nun die Deutschen hassen. Dem war aber nicht so. Ich dachte noch genauso wie vor dem Krieg. Paulette hatte zu viele Male erlebt, wie internationalistische Freunde die *Marseillaise* anstimmten. Gleichzeitig wurden Nationalisten wie Brasillach beinahe zu Internationalisten. Zu diesem Zeitpunkt entschlossen wir uns, ein Kind zu haben. „Wir sind dann zu dritt gegen die Welt!" Immer diese alten anarchistischen Ideen!

Ich war Revolutionär und Pazifist. Ich konnte nicht einsehen, warum man „für Danzig sterben" sollte. Der Vertrag von Versailles war eine richtige Schweinerei, in dem die Keime des nächsten Krieges angelegt waren. Hitler stellte sich ebenfalls gegen dieses Diktat, das war aber kein Grund, seine Meinung zu ändern! Ich glaubte an die Revolution, sie wurde nie Wirklichkeit. Zum Glück vielleicht, wenn man gewisse Resultate betrachtet. Ich habe meine revolutionären Illusionen vollkommen begraben. Man sollte sich vor Illusionen in acht nehmen. Heute bezeichne ich mich als konservativen Anarchisten.

Ich kämpfte so gut wie möglich für eine bessere Gesellschaft, die doch im Gulag endete. Die Sowjets! Oktober! Wir bebten, schauderten. Der Ausbruch einer neuen Ära. Gelaber! Wir glaubten, die große Flamme im Osten sei ein leuchtender Vorbote. Es war ein Scheiterhaufen!

LA MAIN A PLUME

Jean-François Chabrun war nach dem Ereignis in Rennes nach Paris zurückgekehrt und hatte dort mit einigen Freunden eine literarische Gruppe gegründet: *La Main à plume.* Sie sollte in Abwesenheit der großen Förderer den Geist des Surrealismus fortführen. Breton war schon in den Vereinigten Staaten, Péret in Mexiko, usw. *La Main à plume* hatte einige poetische Broschüren herausgegeben und versammelte sich nach alter surrealistischer Tradition fast jeden Tag in einem Café. Diesmal war es das Café Quatre-Sergents-de-la-Rochelle an der Ecke Rue Emile Richard und Boulevard Raspail. Am 18. April 1942 nahm ich mit der Gruppe Kontakt auf und wurde Mitglied. Ich lernte Noël Arnaud, Gérard de Sède und den Maler

Zeichnung von Maurice Henry für die Broschüre *La Conquête du monde par l'image.*

Vuillemin kennen. Ich traf zu meiner Freude Oscar Dominguez und Robert Rius wieder und arbeitete mit ihnen an Publikationen wie *La Conquête du monde par l'image.*

Eluard kam gut mit all diesen jungen Leuten der *Main à plume* aus. Alles klappte gut, bis ich gegen die Angriffe der Alliierten auf die Region von Paris protestierte.

In einer schönen Märznacht 1942 schaute ich vom Fenster des Zimmers meines Sohnes, der einen Monat alt war, dem historischen und mörderischen Luftangriff auf Boulogne-Billancourt durch die Royal Air Force zu. Unser Haus zitterte. Das rote Leuchten des Feuers war bis zu unserem Haus zu sehen, es erhellte das Zimmer und das Bett des Neugeborenen. Dieses Schauspiel beeindruckte und empörte mich wegen der Existenz dieses kleinen Kindes, das eben erst auf die Welt gekommen war. Ich entwickelte einen Haß auf die Verursacher dieser Bombardierungen und wollte meine Empörung mit den Mitgliedern der *Main à plume* teilen, unter denen es sicher einige gab, die diese Art Handlung nicht verabscheuten.

Als man mir einige Monate später einen Text zum Unterzeichnen gab, hatte ich eine Ausrede für den Bruch mit der Bewegung gefunden. Ich schickte Noël Arnaud als Grund für meine Unterschriftsverweigerung einen bissigen Brief gegen die Luftangriffe der Alliierten. Dieser Brief war nicht für die Öffentlichkeit bestimmt, sondern nur für die Mitglieder der Gruppe. Von diesem Moment an nahm alles unvorhergesehene Ausmaße an. Ich zeigte den Brief Georges Mouton, der meiner Meinung war. Mouton gab dem Gaullisten Georges Hugnet eine Kopie des Briefes, um ihn damit zu ärgern. Georges Hugnet nahm die Sache sehr ernst und übergab den Brief sofort Paul Eluard. Dieser war wütend und empört darüber und sandte mir unverzüglich einen Ausschlußbrief. Wie ich später erfuhr, beschimpfte er mich öffentlich als „Hitler-Trotzkisten, Kollaborateur und Konterrevolutionär". Zwischen Noël Arnaud und Paul Eluard entwickelte sich eine Polemik, die mit dem Zerwürfnis der beiden endete.

Während dieser Streit wütete, nahm ich ahnungslos an den Dreharbeiten zu einem Dokumentarfilm über die Auvergne teil. Es war Herbst 43. Ich bekam *L'Ame de l'Auvergne* nie zu sehen, ebensowenig wie ich mein Lied *Y a des poires chez nous* je zu hören bekam. Produzent dieses Films war Paulvé, dem wir *L'Eternel Retour* (Der ewige Bann) zu verdanken haben. Alles hatte im Café de Flore angefangen.

Lucien Vittet setzte als Regisseur alles in Bewegung und brauchte noch einen Assistenten. Seine Wahl war auf mich gefallen. Da ich außer meiner Erfahrung als Statist vom Filmen nichts verstand, mußte alles gut organisiert sein! Wir hatten eine Unterredung mit dem Produzenten, die Verträge wurden unterschrieben und eines Tages sagte man zu mir: „Sie nehmen mit Eli Lotar (Chefkameramann, der später „Aubervillier" von Jacques Prévert filmte) den Zug nach Clermont-Ferrand."

In Clermont-Ferrand wurden wir von einem gewissen Verneret erwartet, der uns mit seinem Minibus zwei Monate lang in der Auvergne herumfuhr. Lucien Vittet hatte einen Haufen Bücher über die Folklore in der Auvergne gelesen und sagte uns, wo wir anhalten und filmen sollten, zum Beispiel dort, wo wir wußten, daß es einen „Teufelsstein" gab. Dieser Stein wies einen undeutlichen Fußabdruck auf und das Mädchen, das seinen Fuß darauf setzte, heiratete noch im selben Jahr. Für diese Szene engagierten wir eine Statistin. Solche Teufelssteine gab es fast überall und ich weiß nicht, ob diese Legende jedesmal überprüft worden ist. Meiner Meinung nach war dieser Dokumentarfilm unmöglich zu machen. Der Minibus, mit dem wir herumfuhren, enthielt das ganze Material, die Akkus, die Kamera usw., diese letztere wurde natürlich von einem Generator betrieben. Eines Tages blieben wir mitten in einer Steigung stecken. Wir beschlagnahmten einige Rinder, spannten sie vor den Bus und ließen uns von diesen sanftmütigen Wiederkäuern kilo-

Mit Lucien Vittet während der Dreharbeiten zum Dokumentarfilm *L'Ame de l'Auvergne.*

meterweit ziehen. Die Szene wurde gefilmt und war wahrscheinlich eine der besten des Films.

Einmal kamen wir zu einem Bauernhof und stiegen aus, jeder von uns mit einer Mappe in der Hand. Als uns der Bauer sah, lief er mit seinen Tieren davon. Wir sagten ihm, daß wir vom Film seien und ein junges Mädchen suchten, um eine Polka zu tanzen. Das besorgte Gesicht des Bauern erhellte sich: „Ach, Sie sind vom Film."

Ich fragte ihn: „Was ist denn in Sie gefahren, als wir ankamen? Haben wir Ihnen Angst eingejagt?"

„Ich glaubte, Sie seien von der Wirtschaftskontrolle", gab er zu.

Der Bauer besaß mehr Tiere, als er dem Staat angegeben hatte.

Ich war Verwalter und Regieassistent und wegen der Krankheit von Lucien Vittet dann auch Regisseur – es fehlte nicht an Titeln. Deshalb erhielt ich das für unser Vorhaben nötige Geld. In Le Puy geschah etwas Lustiges. Auf dem Postbüro war ein Umschlag mit meinem Namen, der einen Scheck von 30.000 Francs enthielt. Ich ging mit dem Umschlag zum nächsten Schalter, zeigte den Scheck und meinen Ausweis. Der Scheck war für Léon Mallet ausgeschrieben, mit zwei 'l', im Ausweis stand Léon Malet. Die Frau am Schalter sagte, sie könne mir das Geld nicht geben, da der Name auf dem Scheck mit dem auf dem Ausweis nicht identisch sei.

Ich plädierte: „Hören Sie. Man hat mir am Nebenschalter eben diesen Umschlag ausgehändigt, der schon einige Tage hier liegt. Hier sind meine Papiere, der Vertrag mit Paulvé, der bestätigt, daß ich der Verwalter des Films bin, den wir hier in der Auvergne drehen. Diese Leute hier können das bezeugen. Ich brauche das Geld, um die Leute zu bezahlen, die für uns arbeiten."

„Ich darf nicht. Machen Sie das mit meinem Vorgesetzten aus."

Wir gingen zu ihm und ich erklärte alles noch einmal. Er meinte: „Wenn diese Herren bezeugen können, daß sie der Bezugsberechtigte sind, dann liegt die Sache natürlich anders."

Er füllte einen Bogen aus und ließ Eli Lotar und Militon, seinen Assistenten, unterschreiben. Diese Zeremonie amüsierte mich unheimlich, denn ich bekam zum ersten Mal Eli Lotars Ausweis zu sehen, auf dem stand, daß er im 18. Bezirk geboren war. Ich wußte aber, daß er entweder Tscheche oder Pole war und daß seine Papiere falsch waren. Ich fand es wirklich lustig, daß jemand mit falschen Papieren bezeugte, daß meine Papiere echt waren. Ich bekam meine 30.000 Francs ohne weitere Schwierigkeiten.

Eli Lotar lebte schon seit langem in Frankreich. Diese kurze Reise in die Auvergne kam ihm gelegen, weil er dann aus Paris weg konnte. Er hatte übrigens einen kleinen Akzent, der den Bauern nicht entging. Einmal, auf der Suche nach Statisten, sagte ein alter Bursche, der an einer Pfeife zog, zu ihm: „Sie haben einen seltsamen Akzent."

„Ich habe alle Akzente. Ich habe lange in China gelebt." (Das stimmte, er hatte mit Joris Ivens gearbeitet.)

Er zog sich auf diese Weise aus der Affäre, aber ich sah es an den schelmisch funkelnden Augen des Bauern, daß der sich nicht täuschen ließ.

PARTISAN DES KRIMINALROMANS UND LEBENSKÜNSTLER

Als ich im Mai 1941 aus dem Stammlager zurückkehrte, ruhte ich mich zuerst einige Tage zuhause aus. Dann gingen meine Frau und ich ins *Flore,* um zu sehen, wer in Paris geblieben war. Dort traf ich Louis Chavance, den ich vor dem Krieg als Freund von Jacques Prévert kennengelernt hatte. Er lebte jetzt an der Côte d'Azur. Chavance fragte mich nach meinen Zukunftsplänen. Ich hatte keine Ahnung. Ich konnte unmöglich wieder als Zeitungsausrufer arbeiten, vor allem nicht mit meiner Tendenz, die politischen Aktualitäten zu kommentieren. Unter einem Besatzungsregime ist man besser kein „Randständiger". Es war auch nicht mehr möglich, eine Stelle als Hydraulikprüfer zu finden.

Louis Chavance war Direktor einer Kriminalromanreihe geworden, um das Nazi-Gewitter zu überleben und abziehen zu sehen. Diese Krimireihe war vom Verleger Georges Ventillard geschaffen worden, dem Rivalen von Arthème Fayard auf dem Gebiet des Krimis. Chavance fragte mich: „Willst du keine Krimis schreiben? Wir zahlen 3.000 Francs pro Buch."

„Sehr gerne! Aber kann ich das überhaupt? Bis jetzt habe ich nur Gedichte geschrieben."

Louis Chavance, er war Szenarist von *Le Corbeau,* ein Film, über den so viele Dummköpfe und Sadouls schimpften und logen, antwortete mir: „Du hast doch schon Gangsterfilme gesehen, nicht?"

„Ja, das sind fast meine Lieblingsfilme. Ich habe auch ziemlich viele Krimis gelesen."

„Gut. Du mußt nur die gleiche Bewegung, den Rhythmus bekommen."

Ich hatte schon vor dem Krieg versucht, einen Krimi zu schreiben, hatte jedoch aufgegeben. Vielleicht hatte ich diesmal mehr Glück. Ich schrieb von Anfang an in der ersten Person, denn ich hatte beim Lesen von *Red Harvest* von Dashiell Hammett und *A Farewell to Arms* von Hemingway bemerkt, daß der Stil dadurch spontaner,

Der Mann mit dem Schlüssel: Ich fand diese Zeichnung von *Cappiello* sehr schön. Schon als Kind beeindruckte sie mich.
linke Seite: Porträtzeichnung Malets von Debbêche, einem Mitarbeiter von *la Rue*.

direkter wurde. Auf Anregung von Chavance dachte ich auch an Filme wie „Narbengesicht". Ich muß zugeben, daß ich kein Szenario hätte schreiben können. Seit es das Kino gibt, sind alle, die schreiben, schneller in der Darstellung einer Situation geworden. Ich persönlich bin eher ein Schwätzer, ich setze gerne den Punkt aufs i, erkläre, wie die Dinge laufen, wie Figuren reagieren usw. Diese Schwäche teile ich mit Chandler.

Bei Chandler könnte viel weggelassen werden, es würde aber nicht mehr viel nachbleiben. Das ist eine Frage des Stils. Man übernimmt unabsichtlich den Rhythmus eines Films, ohne es zu merken. Man weiß, so muß man schreiben, um den Leser nicht abzuschrecken. Das schadet weder der Sorgfalt noch dem Respekt vor dem Leser. Ich habe in manchen Büchern mit einem Gag angefangen. Chavance liebte das: „Hast du einen guten Anfangsgag?"

Er mußte gut sein. Man beschreibt zum Beispiel eine Person, die die Hände hochnimmt, eine andere, die sie tötet und dann durchs Fenster springt. Und dann: „Vor acht Tagen kaufte ich am Kiosk Trocadéro eine Zeitung, als ein großer Blonder mich ansprach ..."

Erst viel später kommen wir zu dem Mann, der aus dem Fenster springt. So wird der Leser gefangengenommen. Das ist nicht ehrenrührig ...

JOHNNY METAL

Mein erstes Buch schrieb ich unter dem Namen Frank Harding: *Johnny Metal.* Es war mein erster Roman, er machte mir am meisten Schwierigkeiten. Einige Kapitel mußten mehrmals umgeschrieben werden.

Lange, nachdem das Buch gedruckt worden war, bemerkte ich, daß Metal das Anagramm von Malet ist! Als ich den Namen erfand, hatte ich das nicht gewußt. Ich fand einfach, daß Johnny Metal gut klingt. Der erste Titel des Romans wurde verworfen, obwohl er viel besser war: *L'ordre est de tuer* (Töten auf Befehl). Dem Direktor von Ventillard gefiel er nicht. Er verzog das Gesicht: „L'ordre de tuer! Das riecht nach Blut!"

Wir waren mitten im Krieg und er spielte den Zensor von 1915. Es gibt da eine bekannte Anekdote. Marcel Lherbier stellte das Szenario von *Torrent* vor, diesen berühmten Wildbach, in dem sich der Held umbringt. Zensiert! Grund: „Kein gewalttätiger Tod während des Konflikts!"

„Das riecht zu sehr nach Blut", sagte mir also der literarische Direktor des Verlags. Man könne vielleicht einen Namen als Titel nehmen.

Er nahm das Manuskript in die Hand, blätterte darin und fand etwas, das ihm zu gefallen schien:

„Kid Chi! Man könnte ihn *Kid Chi* nennen! ... Was meinen Sie dazu?"

Kid Chi! Ich hatte einen Gangster aus Chicago so genannt, er spielte aber nur eine Nebenrolle im Roman. Kid Chi gefiel ihm. Ich war nicht einverstanden: „Wir können nicht den Namen eines Mannes nehmen, der nur auf einer einzigen Seite vom Buch vorkommt."

Mißmutig ließ er Kid Chi fallen.

„Also gut. Dann Johnny Metal?"

Gut. Johnny Metal. Kid Chi! Ich hatte noch mal Schwein gehabt.

Georges Ventillard hatte folgenden Einfall: Er dachte, daß, falls der Krieg noch lange dauern würde, es wegen des Einfuhrverbots bald keine englischen oder amerikanischen Krimis in Frankreich mehr geben würde. Wenn man also ein angelsächsisches Pseudonym nähme und eine Geschichte schriebe, die in einem erfundenen England oder Amerika spielte, war der Absatz gesichert.

Louis Chavance selbst unterzeichnete mit Irving Ford. Er hatte eine Schwäche für Pseudonyme, die dem Publikum etwas bedeuteten. „Nehmen Sie einen Namen wie Remington, Cadillac oder Underwood ...“, sagte er.

Er schlug mir Harding vor, den Namen eines amerikanischen Präsidenten, der unter mysteriösen Umständen ums Leben gekommen war. Außerdem hieß die Schauspielerin, die in *Peter Ibbetson* mit Gary Cooper spielte, Ann Harding.

Andere Freunde vom *Flore* schrieben ebenfalls unter angelsächsischen Pseudonymen für diese Minuit-Reihe. Louis Daquin und Emile Cerquant unterzeichneten zum Beispiel gemeinsam mit Lewis Mac Dakin, Maurice Nadeau mit Joe Christmas.

Ich machte aus dem Helden Johnny Metal einen Journalisten, weil mir das viele Freiheiten ließ. Ein Journalist ist einer, der kommt und geht (das meinte ich jedenfalls). Ich hatte in Filmen wie *L'Amour en première page* solche Personen schon gesehen. Sie schoben ihren Hut so weit nach hinten, daß er aussah wie ein Heiligenschein. Ich kannte die Gangsterwelt in Amerika nicht nur von meiner Kinokultur her, sondern auch aus dem Buch *Le Crime aux USA* von J. Edgar Hoover.

Georges Ventillard bekam keine gute Presse. Es gibt immer jemanden, der etwas auszusetzen hat. Was aber niemand daran hinderte, bei ihm zu arbeiten, – und das waren fast alle, die in Paris einen Stift halten konnten. Ich konnte mich nie über Ventillard beklagen, im Gegenteil. Als er Johnny Metal in seine Reihe aufnahm, war eine Auflage von 10.000 vorgesehen gewesen. Man sagte mir aber, daß sich für den Fall, daß 40.000 gedruckt würden, die 3.000 Francs vom Vertrag auf 7.000 erhöhen würden. Als das Buch im Dezember

1941 herauskam, sagte Ventillard zu mir: „Wir haben 40.000 gedruckt. Sie bekommen also mehr."

Er hätte ebensogut nichts sagen können. Ich kenne heute Verleger, die den Mund gehalten und das Geld behalten hätten. Für Johnny Metal bekam ich also unverhofft 7.000 Francs. Meine Frau war schwanger mit unserem Sohn, wir suchten eine größere Wohnung. Am 1. Januar 1942 zogen wir in eine Vier-Zimmer-Wohnung in der Rue de Ponceau 4 in Châtillon. Dort schrieb ich später alle meine Bücher.

DIE GEBURT VON BURMA

Nach dem Erfolg von Johnny Metal fing ich sofort mit dem zweiten „falschen" amerikanischen Krimi an, der nach demselben Muster gestrickt war: *La Mort de Jim Licking.* Ich signierte mit Leo Latimer.

Jedesmal, wenn ich ins *Flore* kam, rief Pierre Prévert: „Da kommt Latimer II.!"

Ziemlich bald fragte ich mich ein wenig überheblich, warum ich nicht etwas Anspruchsvolleres schriebe; eine Geschichte, die in Frankreich spielt; in einer Umgebung, die ich besser als dieses unbekannte Amerika kannte, in dem Johnny Metal lebte; eine Geschichte, die mit meinem richtigen Namen unterzeichnet war.

Da war auch noch etwas anderes: der „künstlerische" Impuls der deutschen Besatzung. In den französischen Vorkriegskrimis fehlte die Atmosphäre, die von den angelsächsischen Krimis her bekannt war: der berühmte Nebel. Steeman etwa war Belgier und doch ließ er sein bekanntes „Der Mörder wohnt in Nr. 21" in England spielen.

Diesen Nebel gibt es bei uns nicht, außer vielleicht von Zeit zu Zeit ... an der Tolbiac-Brücke. Simenon ersetzte ihn durch die Verdunkelung im Krieg. In vollkommener Dunkelheit konnte sich ein Krimi besser abspielen als in der prallen Sonne. Ich entschied mich für dieses Dekor und schrieb *L'Homme qui mourut au Stalag,* (Der Mann, der im Stalag starb), so hieß *120, rue de la Gare* zuerst. Für das Vorwort über Deutschland halfen mir meine Erinnerungen als Kriegsgefangener und für den Rest meine lebendige Fantasie.

Ich mußte einen zentralen Helden finden.

In *Johnny Metal* und den anderen Hardings war es ein Journalist.

JOHNNY METAL

par Frank HARDING

NESTOR BURMA
et le monstre

LÉO MALET

·S·E·P·E·

Jetzt wollte ich etwas anderes. Eine Art Arsène Lupin? Das hatte schon jemand gemacht, diese Rolle war schon zu gut besetzt. Eine Art Maigret? Gleicher Einwand. Und außerdem war er ein Kommissar. Die mag ich nicht. Es kam überhaupt nicht in Frage, einen offiziellen Polizisten zu schaffen. Was ich finden mußte, war jemand in meiner Art: unabhängig, geradeheraus ... und pleite.

Ich erinnerte mich an John Strobbins, den Einbrecherdetektiv, dessen Abenteuer ich im *Epatant* gelesen hatte, oder an andere Figuren wie Félodias aus dem Roman von Jean Rochon *Calvaire d'amante,* bei Fayard erschienen, der mir mit zwölf sehr gefallen hatte. Félodias war ein ehemaliger Sicherheitspolizist, der wegen Trunkenheit entlassen worden war und nun als Aushilfe bei der Agence Boijeau, einem zwielichtigen Büro, arbeitete. Ich erinnerte mich auch an ein paar andere malerische Gestalten, die ich im Umfeld des Meistersingers, des analphabetischen Erpressers kennenlernte, für den ich die schriftlichen Arbeiten erledigt hatte. Ich sagte mir: „Ich werde einen Privatdetektiv erfinden!"

Aber in meinem Kopf spielte es sich ziemlich anders ab mit meinem Helden. Aus Bequemlichkeit machte ich einen Detektiv aus ihm. Ich wollte einen unabhängigen Typ. Bei einem Journalisten ist das nicht der Fall, er ist der Redaktion Rechenschaft schuldig. Auch ein Polizist hängt von der Behörde ab. Ein freier Mann ohne jegliche Bindungen, ein waghalsiger Abenteurer, der kommen und gehen kann, wie es ihm beliebt und der sein Geld verdienen will, ohne sich zu sehr schämen oder in die Fabrik gehen zu müssen.

Ich hätte einen dilettantischen Dandy auftreten lassen können, wie sie in der Literatur jenseits des Ärmelkanals wuchern. Eine Art Lord Peter. Er mußte aber jemand sein, der in bestimmten Situationen ein wenig wie ich selbst reagierte. Nicht, weil ich Botschaften verkünden wollte, sondern einfach nur, weil meine Arbeit dadurch erleichtert wurde. Auftritt von Nestor Burma, dem Superdetektiv! Ich könnte die eingebildete Devise Rohans umformen und sagen: „Lupin konnte es nicht, Maigret wagte es nicht, Burma ist es."

Nebenbei bemerkt, echte Privatdetektive, die nicht so genannt werden wollen, kotzen mich ziemlich an. Ich ziehe es vor, das Bild des Privatdetektivs aus den Romanen zu erhalten und die traurige und dreckige Wirklichkeit der echten zu vergessen. Ich wollte aus Burma eine eher unsympathische Figur machen, denn ich hatte etwas gegen Schnüffler. Privat in Ordnung, aber trotzdem Bulle ... Einige Tage nach dem Erscheinen des ersten Abenteuers sagten einige Leser zu mir: „Ihr Romanheld ist sehr sympathisch!"

Wie bin ich auf den Namen Nestor Burma gekommen? Dank Fu-Manchu. Ich mußte an diesen Kerl ganz am Anfang des ersten Bandes der *Exploits du Docteur Fu-Manchu* denken. Die Szene spielte sich folgendermaßen ab: Doktor Petrie sitzt an der Arbeit. Er ist allein in seiner Praxis in einem Vorort von London. Draußen nur Nebel, Schlaf und Stille. Plötzlich läutet die Türglocke. Der Doktor öffnet. Vor ihm steht ein kräftiger, in einen Mantel gehüllter Mann. „Smith!" ruft Petrie. „Nayland Smith aus Burma!"

Ich hatte viele Krimis gelesen, es war aber diese einfallslose und banale Szene, die mich, weiß Gott warum, am tiefsten beeindruckte. Besser gesagt, der Klang dieses Satzes: „Nayland Smith aus Burma!"

Burma. Ich sah ihn wie Smith aus der nächtlichen Stille auftauchen. Ein Mann der Nacht, wie im Traum. Aus der Ferne schlägt eine Turmuhr. Ich schrieb *120, rue de la Gare* in der Atmosphäre der Besatzung, die etwas sehr Besonderes war. Es gab keinen Nebel in Paris, nicht jeden Tag wenigstens. Ich wohnte aber in einem Haus, das an einer großen Straße lag, einer Verlängerung der Nationalstraße, auf der es keinen Verkehr mehr gab und von der in der Nacht geheimnisvolle Geräusche ertönten: jemand, der verstohlen nach Hause schleicht, ein Auto der deutschen Armee, das mit quietschenden Reifen vorbeirast, usw. Nicht weit von der Wohnung entfernt stand ein Kloster, dessen Turmuhr die Stunden in der Stille der Nacht schlug, ein seltsamer Klang, sonderbar, beruhigend und beunruhigend zugleich. Manchmal hörte man vom nahen Bahnhof einen kurzen Pfiff, das Rollen von Eisenbahnwaggons, die Alarmsirenen. Und dann die Verdunkelung! Wenn man das Fenster öffnete oder durch die Scheiben guckte, sah man keine Laterne, nichts, außer manchmal in einem anderen Fenster einen schlecht zugezogenen Vorhang, durch den sich ein Lichtstrahl hervorstahl. Diese Atmosphäre war sicher mit ein Grund, daß ich an Doktor Petrie denken mußte, an seinen Nebel, seine Nacht über London, seinen

Big Ben, der die Stunden schlägt. So entstand meine Romanfigur.

Ich mußte ihm einen Vornamen geben. Ohne Zögern wählte ich Nestor, ich weiß nicht warum. Nestor Burma. Das klang ein wenig nach Jahrmarktsbude. Das wurde mir auch zum Vorwurf gemacht, aber ich liebe den Jahrmarkt mit seinen „dummen Bildern", wie Arthur Rimbaud sagte. Diesen dummen Bildern fehlt es nicht an Poesie, glückliche Wahl von Nestor. Ich habe später erfahren, daß dieser Name aus dem Griechischen kommt und „schwarz" heißt (ein Schelm, der Schlechtes ...) oder „der sich erinnert" (ausgezeichnet für einen Privatdetektiv). Nun, wie sein Namensvetter, der König von Pylos (und wenn wir schon dabei sind, Pylos ist das ungefähre Anagramm von Polyp), hält mein Held gerne lange Reden.

Nestor Burma trägt den Namen einer Stadt, die es nicht gibt. Daran ist ein Übersetzungsfehler schuld. Als dieser berühmte Fu-Manchu 1931 bei *Masque* veröffentlicht wurde, übersetzte man den Titel des ersten Kapitels „Mr. Nayland Smith from Burma" anstatt mit „Monsieur Nayland Smith de Birmanie" mit „Burma". Der Übersetzer muß geglaubt haben, Piräus sei ein Mann. Und ich ging auch in die Falle!

Ich konnte nie richtig beschreiben, wie Nestor Burma aussieht. Groß? Klein? Mager? Rundlich? In meinem Kopf nahm er verschiedene Figuren an, auch sein Wohnort war unbestimmt. Die Verschwommenheit von Traumfiguren. Zuerst dachte ich an einen Filmschauspieler. Nicht, weil ich glaubte, daß man das Buch verfilmen würde. Ich schrieb übrigens ins Ungewisse, denn ich wußte, daß dieses Buch nicht in derselben Sammlung erscheinen konnte, in der die Frank Hardings veröffentlicht worden waren. Ich schrieb also nur für mich, stellte mir die Figur mit den Gesichtszügen von Charles Vanel vor, der mich im Film *Carrefour* von Kurt Bernhart sehr beeindruckt hatte. Ich sah Vanel vor mir, ein Auge halb geschlossen, weil der Rauch der Zigarette aus seinem Mund aufsteigt. An ihn dachte ich, als ich Burma schuf, plus Pfeife. Die Identifizierung zwischen meinem Helden und mir selbst begann mit diesem gemeinsamen Zubehör: der Pfeife mit dem Stierkopf.

Heute sagen meine Freunde, ich selbst sei Nestor Burma plus Brille. Das ist schmeichelhaft, und wenn meine Leserinnen damit einverstanden sind, bleiben wir dabei.

Sophie Desmarets, erste Verkörperung Hélènes.

HELENE

Am Anfang lebte Hélène nur auf dem Papier. Sie war da, um Burma zur Geltung zu bringen, stellte Fragen, blieb keine Antwort schuldig. Sie brachte frischen Wind in die Erzählung. Und sie erlaubte kleine, erotische Intermezzos. Einmal war ihr Unterrock zu sehen, ein anderes Mal kratzte sie sich am Büstenhalter, lauter kleine intellektuelle Entspannungsübungen! Mit der Zeit wurde Hélène wichtig. Sie verwirklichte sich schließlich in einer Person, die ich kannte. Da wechselte sie die Augenfarbe. Am Anfang waren ihre Augen grau. Als sie eine Frau aus Fleisch und Blut wurde, wurden ihre Augen kastanienbraun. Das Blut, das durch ihre Venen floß, war nicht mehr Tinte. Und dann geschah etwas Seltsames – wie entstehen eigentlich Mythen? Viele Leser begannen sich für sie zu interessieren und fragten sich, was für eine Beziehung sie zu ihrem Arbeitgeber habe ... Sogar Essays wurden darüber geschrieben. Und Ducaud-Bourget fragte sich in der Zeitschrift *Matines,* ob sie eines Tages Burma heiraten werde. Das wäre eine Katastrophe gewesen! Denn alle Frauen, die Burma im biblischen Sinn des Wortes liebt und erkennt, müssen sterben.

Burma ist wie ich. Er hat seine eigenen Ansichten über die Liebe. Er ist ein Mann, der nur eine Frau lieben kann. Auch wenn später vielleicht eine Neue kommt. Seine Liebe ist exklusiv, und die einzig mögliche Trennung ist der Tod. Wenn Burma eine Frau liebt, kann er ihr nicht untreu sein, außer, wenn diese Frau stirbt. Das geschah auch aus Bequemlichkeit. *Nestor Burma* ist eine Reihe. In jedem Roman könnte sich Burma in eine andere Frau verlieben, das ist aber nicht möglich, wenn die Frau aus dem vorhergehenden Roman noch lebt. Also mußte sie sterben.

DER REVOLVER

In der Pariser Episode aus *120, rue de la Gare* trägt Nestor Burma einen Revolver. Man hat mich darauf aufmerksam gemacht, daß während der deutschen Besatzung Waffenbesitz nur mit einer Sondergenehmigung der Gestapo möglich war (also wenn man ein Kammerdiener der Gestapo war). Wenn ich diese Vermutung von mir weise, dann bleibt das übrig, was man die poetische Freiheit nennt. Man darf nicht vergessen, daß meine Figur ein Romanheld ist. Dieser Revolver diente hauptsächlich als Dekor, nur manchmal war er nützlich. Da ich immer ohne Plan schrieb und praktisch selbst nicht wußte, was als nächstes passierte, hätten es die Umstände plötzlich erfordern können, daß Burma seinen Revolver zieht. Wenn ich vergessen hätte, ihm einen mitzugeben, wäre das vielleicht böse für ihn ausgegangen. Ich hätte nach vorne blättern und einen Großteil des Geschriebenen umändern müssen.

120, RUE DE LA GARE

L'Homme qui mourut au Stalag hatte ich für einen Wettbewerb geschrieben. Der Verlag Jean-Renard (er wurde nach der Befreiung aufgelöst) hatte den „Preis für den besten Kriminalroman“ geschaffen. Ich brachte mein Manuskript in die Rue Monsieur-le-Prince, wo es zwei Monate lang vor sich hin schmorte. Henri Filipacchi wußte von meiner Schriftstellertätigkeit und fragte mich eines Tages: „Sag mal, hast du keinen Krimi auf Lager?“

Filipacchi war damals in der Direktion des Verlags Hachette. Er machte die Franzosen mit dem Taschenbuch bekannt. Da er mit

Prévert befreundet war, kannte ich ihn gut. Wir trafen uns jeden Tag im *Flore*. Er hatte übrigens Louis Chavance seine Stellung als Direktor der Kollektion bei Ventillard vermittelt. Filipacchi war ein hohes Tier im Verlagswesen.

„Ich habe nichts auf Lager, aber ein Manuskript von mir schläft in der Schublade bei Jean-Renard."

„Hol es ab und bring es Jacques Catineau. Er hat ein neues Verlagshaus eröffnet."

Filipacchi gab mir die Adresse der SEPE. Ich holte bei Jean-Renard meinen Siebenschläfer ab. Die Sekretärin sagte mir, daß der Preis schon vergeben sei, aber nicht an mich.

Die Notiz eines Lektors war im Manuskript vergessen worden. Ich las sie vor der Sekretärin. „Nicht uninteressant, aber nachlässiger Stil ... der Held ist ein wenig zu sehr Superman, ein wenig zu gewalttätig und zu schlecht erzogen ..."

Nachlässiger Stil! Ich bemerkte zur Sekretärin: „Madame, dieser Lektor weiß nicht, daß die Zukunft dem schlecht geschriebenen Roman gehört!"

André Simon, Anwalt und Rechtsbeistand der SEPE, schien vom Titel nicht sonderlich begeistert zu sein: *L'Homme qui mourut au stalag* würde den Besatzungsbehörden nicht gefallen. Ich schlug *Le Retour de Nestor Burma* vor. Ich fand es komisch, die Abenteuer eines Helden mit seiner Rückkehr zu beginnen, als kenne der Leser ihn schon lange! Schließlich einigten wir uns auf *120, rue de la Gare,* einen klassischeren Titel.

Nach einigen Wochen – ich hatte nichts mehr von der SEPE gehört – fragte ich Filipacchi. Ich wußte, daß der Direktor der Sammlung *Le Labyrinthe* Jacques Decrest war, der den Kommissar Gilles geschaffen hatte. Ich machte mir ein wenig Sorgen um das Schicksal meines Manuskripts, denn es war in der Form und im Inhalt sehr verschieden von den Untersuchungen des Herrn Gilles.

„Ich habe Neuigkeiten. Du wirst sie auch bald haben", sagte Filipacchi. „Man wird dich vielleicht bitten, hier und da etwas zu überarbeiten, denn du benutzt zuviel Argot."

„Ich überarbeite nicht gern. Das paßt mir nicht."

„Ich habe ihnen gesagt, daß du alles ändern wirst, was sie wollen."

Also sprach Filipacchi. Die großen Krimiautoren waren damals

Gaston Leroux, Maurice Leblanc, Agatha Christie und die ganze angelsächsische Schule der Problemschriftsteller, welche alle mehr oder weniger rosig angehaucht schrieben. Ein Roman, in der ersten Person und in direkter Rede geschrieben, mit einigermaßen realistischen Dialogen und Wortspielen, war eine Neuheit. Heute natürlich nicht mehr, aber damals ...

Etwas später erhielt ich den Vertrag, ohne Erklärungen und ohne Bitte, etwas zu ändern.

Sie mußten angenommen haben, daß man einem Freund von Filipacchi keinen Kummer machen und diesen einen Roman akzeptieren sollte, ohne ihn nach einem nächsten zu fragen. Nur, was für eine Überraschung! Innerhalb der ersten Woche waren die 10.000 Exemplare meines Buches verkauft. Die anderen Bücher waren meist erst nach Monaten vergriffen.

Die Kritiken waren gut. Man hatte so etwas noch nie gelesen, das war 1943 ganz neu. Das war ein Stil der „schwarzen Serie" vor der schwarzen Serie. Niemand kannte Lemmy Caution und Co., ich jedenfalls nicht. Und ich wußte nichts von dieser amerikanischen Krimischule *Black Mask*. Der einzige Amerikaner, den ich gelesen hatte, war Dashiell Hammett.

Angesichts dieser fast einhelligen Presse setzte ich mich wieder an die Schreibmaschine, um ein weiteres Abenteuer für Nestor Burma zu schreiben. Da ich nicht sicher war, ob irgendein Verleger ein neues Buch von mir wollte, ließ ich zum ersten Mal in meinem Leben einen befreundeten Journalisten für mich arbeiten. Er gab in seinem Artikel bekannt, daß ich ein neues Buch mit dem Titel *Nestor Burma contre C.Q.F.D.* (Nestor Burma in der Klemme) schrieb und präzisierte: „Malet ist sein erster Leser ... wenn er einen Roman schreibt, weiß er selbst nie, wie es weitergeht." Das stimmte und war amüsant. Er erinnerte noch an *120, rue de la Gare* bei SEPE, die sicher vom Argus-Pressedienst diesen Artikel zugeschickt bekam. Denn ein paar Tage später rief mich der Verleger an: „Ich habe gelesen, daß Sie ein neues Buch schreiben. Es ist für uns, nicht wahr?"

Es hatte geklappt. „Ja, ja. Sicher."

Sie schickten mir den Vertrag, bevor das Buch überhaupt geschrieben war.

„ ... Nestor Burma, das bin ich, ohne Brille.“

120, rue de la Gare erschien im November 1943. Zwei Wochen später kauften die Filmproduzenten Sirius dank der Vermittlung meines Freundes Maurice Henry, dem humoristischen Zeichner und Genossen aus der Surrealistengruppe, die Filmrechte.

Ich hatte Jacques Catineau, den Direktor der SEPE, bisher noch nie gesehen. Er schien sein Geschäft aus der Ferne zu leiten. Jetzt wollte er mich treffen. Unsere Beziehungen waren bis in die fünfziger Jahre sehr herzlich, bis die SEPE, die ein Dutzend meiner Bücher herausgegeben hatte, ihre Türen schloß. Catineau war nicht wie diese heutigen Verleger, die sich hinter einem Bataillon von Sekretärinnen verschanzen, die geradewegs aus dem Playboyclub rekrutiert zu sein scheinen, und wo man erst nach drei Monaten einen Termin kriegt.

Catineau war herzlich und manchmal ein bißchen großmäulig. Er ließ nie jemanden mehr als zehn Minuten warten. Wenn ich in Paris herumspazierte und an der Rue Montmartre vorbeikam, ging ich ihn oft besuchen (sein Büro befand sich direkt gegenüber dem Café du Croissant), um ihm guten Tag zu sagen. Seine Zeit war kostbar, trotzdem hatte er immer genug Zeit für seine Besucher. Unter seiner manchmal groben Schale war er ein charmanter und großzügiger Mann. Manchmal mußte ich an seine Freizügigkeit appellieren, es war nie vergebens. Ich behalte ihn als Verleger in bester Erinnerung. Catineau mit seinen zahlreichen Beziehungen war eine Art „König von Paris". Zu seiner Beerdigung kamen unzählige ehemalige und amtierende Minister.

Sirius begann also mit der Erarbeitung eines Szenarios. Plötzlich: große Ratlosigkeit. Sollten die Kriegsgefangenen dick oder mager aussehen? Die Szenaristen sagten: „Wenn wir die Gefangenen mager darstellen, geben uns die Deutschen keine Filmbewilligung. Wenn wir sie dick darstellen, werden wir am Ende des Krieges mit den Engländern Schwierigkeiten bekommen. Man wird uns vorwerfen, der Besatzungsarmee geschmeichelt zu haben." Ich versuchte, sie zu beruhigen und erklärte ihnen, daß ich Kriegsgefangene jeden Formats kennengelernt hätte, dicke und magere.

Drei photogene Elemente hatten Sirius gefallen: das Stammlager mit seinen Wachposten, der Bombenalarm über Châtillon mit den Lichtkegeln der Luftabwehr, und ein Kampf auf der stählernen Pont Boucle in Lyon, einem wunderbaren Kunstwerk. Das alles kam natürlich nicht in den Film! In der Zwischenzeit war die Pont Boucle in einem Gefecht in die Luft gejagt worden.

Der Film war sicher kein cineastisches Meisterwerk, aber vom Regisseur Jacques Daniel-Norman gut gemacht. Er war relativ erfolgreich. René Dary spielte die Rolle des Nestor Burma, Sophie Desmarets, damals noch fast unbekannt, spielte die Sekretärin Hélène, und die anderen Schauspieler waren Jean Paredes, Gaby Andreu und Jean Thielment. Der Film hatte zwölf Millionen alte Francs gekostet, er brachte 36 Millionen ein.

Ich schaute immer gern den Dreharbeiten von Filmen zu, die aus meinen Romanen gemacht wurden. Als *120, rue de la Gare* gedreht wurde, ging ich eines Tages ins Sirius-Studio in der Rue François-Premier. Ich trat ein wie bei mir zuhause. Ein Kerl rief mir zu: „Es tut mir leid, aber wir haben diesmal keine Rolle für Sie." Es war der „Hofmarschall", der mich schon in anderen Filmen „unter Befehl" gehabt hatte. Er glaubte, ich komme, um Arbeit zu suchen. Ich belehrte ihn eines Besseren und sagte, daß ich der Autor des Meisterwerks sei, das sie gerade filmten. Sie hätten sein Gesicht sehen sollen!

Es stimmt, daß ich über die Hintertür zum Kino gekommen bin. Dank Prévert, seinem kleinen Bruder Pierrot, J.-B. Brunius und anderen hatte ich Rollen als Statist bekommen. Ich blieb lange auf der Schwelle dieser Hintertür stehen.

Ich trat in *Quai des Brumes* („Hafen im Nebel") als anonymer Marineinfanterist auf. Kurz vor den Dreharbeiten fragte mich der Regisseur: „Sie tragen eine Brille. Haben die Soldaten in der Zeit, in der *Quai des Brumes* spielt, Brillen getragen?"

Niemand wußte es. Schließlich mußte ich sie abnehmen. Da stand ich also in dieser Rue du Havre im Studio, die Wickelgamaschen lösten sich langsam, Hände und Brille in den Hosentaschen vergraben. Das ist die Szene, in der Gabin bei Zabel stehenbleibt und kurz darauf weitergeht. Dann kommt mein Auftritt, von hinten. In der Zwischenzeit hatte Carné seine Meinung geändert.

Das zweite Mal kam ich von hinten auf die Kamera zu und trug wieder meine Brille. Man hat mich also von hinten ohne Brille und von vorne mit Brille gefilmt, in Nahaufnahme. Echte Malet-Liebhaber halten nach dieser Szene Ausschau. Sie sitzen gespannt in ihrem Sessel und rufen plötzlich: „Da ist er!" Wenn man mich fragte, welche Rolle ich in *Quai des Brumes* gespielt habe, antwortete ich manchmal, ich sei das Double von Michèle Morgan gewesen.

Ich spielte auch in „Gebrandmarkt" von Marcel Lherbier, in „Goldhelm – Die Sünderin von Paris" von Jacques Becker, in *L'Affaire du courrier de Lyon* von Claude Autant-Lara, und in anderen Filmen, an die ich mich nicht mehr erinnere. Einmal doubelte ich beinahe Simone Signoret, die ich 1942 im *Flore* kennengelernt hatte. Sie mußte sich am gleichen Tag an zwei verschiedenen Orten vorstellen. Sie drückte mir eine Vorladung in die Hand. Ich ging an ihrer Stelle und erklärte dem Regisseur das Ganze. Zum Glück hatte ihm auch ein männlicher Darsteller gefehlt und er nahm mich.

In *Adieu Léonard* von Pierre Prévert mußte ich in einem Literaten-Salon mit meiner eigenen Stierkopfpfeife viel Rauch machen. Wir hatten immer noch Krieg, der Tabak war rationiert. Ich erhielt neben meiner Gage jeden Tag zusätzlich zwei Päckchen Tabak vom Produzenten. Das war ein schönes Leben!

Ich schaute mir *120, rue de la Gare* im Eldorado und in vier, fünf anderen Kinos in Paris an. Die Säle waren jedesmal voll. Im ersten Buch gab ich Nestor Burma einen Übernamen: Dynamit Burma. Die Szenaristen übernahmen ihn und gaben ihm noch mehr Bedeutung. Bevor René Dary zuschlägt, ruft er laut aus: „Ahh! Dynamit Burma!"

Ein wenig wie Tarzan schreit, wenn er sich von Liane zu Liane schwingt. Bei jeder Vorführung hörte ich Kinder schreien: „Ahh, Dynamit Burma!"

War ich stolz!

Wenn René Dary mit einer Fortsetzung einverstanden gewesen und wenn die Produzenten nicht vor meinem Helden zurückgeschreckt wären – sie sagten, er sei ein Gauner – hätten sie eine ganze Serie gedreht. Und Eddie Constantine hätte später nicht Lemmy

Caution spielen können, denn es war fast dieselbe Figur, im Kino jedenfalls.

René Dary wollte nicht weiterspielen, weil er Angst hatte, man werde ihm immer Sophie Desmarets als Partnerin geben, die einen Kopf größer war als er! Für manche Szenen mußte Dary auf einen kleinen Hocker steigen und Sophie Desmarets ihre Schuhe ausziehen, damit sie etwa gleich groß waren. Was für Geschichten! Diese Kleopatra-Nase! Außerdem mochte die Frau von Dary weder den Helden noch seinen Namen, Nestor Burma. Ich war ein Opfer meines Geschmacks fürs Romantische. Kurz, ich hatte kein Glück. Jacques Daniel-Norman, der Regisseur, war ebenfalls Autor und wollte seine eigenen Szenarien an den Mann bringen. Er hätte sich nicht für mich eingesetzt. Kurz darauf drehte er Filme mit Fernandel, Bernard Blier usw., gute Komödien mit guten Schauspielern.

Ich bin unter keinem guten Stern geboren. Das nenne ich das Burmagesetz.

Wenn ich zum Beispiel einen Scheck erhielt, steckte in derselben Post sicher auch eine Rechnung. Als Jahre später, 1977, der Film *La Nuit de Saint-Germain-des-Prés* („Die Nächte von Saint-Germain") endlich gedreht wurde, bekam meine Frau eine Herzkrankheit. Von seltsamer Regelmäßigkeit, dieses Burmagesetz! Zuerst etwas Gutes und dann etwas Schlimmes. Das Schlimme wurde dann wieder gemäßigt durch das Gute, das danach kam. Ich glaube, in der Philosophie von Hegel findet man auch so etwas, das Gesetz des Ausgleichs. Nestor Burma und Hegel, die Philosophic Brothers & Partners! Das Unerhörte war, wenn ich eine Rechnung bekam ohne einen ausgleichenden Scheck dazu. Da begann das System zu spinnen!

Gérard Sire gestaltete dieses Schaufenster im Mai 1948 in einer Buchhandlung an der Porte d'Orléans, als *Le Cinquième Procédé* herauskam. Manchmal machte ich die Runde der Buchhandlungen und mußte feststellen, daß meine Romane nicht im Regal „Krimis" standen, zwischen „Fleuve noir", „Série noire" oder „Masque", sondern bei der allgemeinen Literatur, neben Françoise Sagan.
rechts: Mit Simone Signoret bei der Preisverleihung des *Club des détectives* durch die Wochenzeitschrift *Qui? Détective,* bei der *Le Cinquième Procédé* prämiert wurde (Mai 1948).

oben: Szenenfoto aus *Quai des Brumes,* 1937: die Szene, auf die alle echten Malet-Liebhaber warten ...
Diskussion mit René Dary über das Skript von *120, rue de la Gare.*

MANTEL- UND DEGENROMANE

Nach dem Erfolg von *120, rue de la Gare* bat mich Niquet, mein alter Mitarbeiter bei Ferenczi, der mit Hachette einen kleinen Verlag mit dem Namen Editions et Revues françaises gegründet hatte, ihm kleine Erzählungen mit nicht mehr als 75.000 Zeichen zu schreiben. Ich schrieb diese Fortsetzungsgeschichten zur gleichen Zeit wie *Nestor Burma contre C.Q.F.D.* und *L'Homme qui mourut au Stalag.*

Dieser Verleger hatte mehrere Reihen, unter anderem auch eine mit Mantel- und Degenromanen. Er wollte einen Roman dieser Art von mir. Obwohl es seltsam war, einen Krimiautoren, der ein wenig Erfolg auf seinem Gebiet hat, zu fragen, ob er nicht Mantel- und Degenromane schreiben wolle, was doch etwas ganz anderes ist, nahm ich seinen Vorschlag an, denn solche Romane gefielen mir immer schon und ich bedauerte, daß das französische Kino nicht echte Mantel- und Degenromane verfilmen konnte. Sie sind unsere Western.

Nur, in den Western trägt der Cowboy Jeans und einen Colt am Gürtel und er ist photogener und glaubwürdiger als die andern mit ihren Capes und Federhüten. Bis sie ihre Degen gezogen haben, hat sie der Sheriff schon längst umgelegt. Man könnte doch ausgefallene Szenarien aus der französischen Geschichte schreiben. Schon allein die Königin Margot wäre eine wahre Fundgrube. Sie war eines Tages mit ihrem Liebhaber im Bett, als ihr Bruder, Heinrich III. von Navarra, ins Zimmer stürzte und den Liebhaber mit Hilfe eines Dolchs aus ihr herauszog. Der bedauernswerte Mann verlor sein Blut gleichzeitig mit seinem Sperma. Natürlich, Mantel und Degen oder nicht, das war eine ganz andere Art von Kino.

DER BRUCH

Ich wollte Breton aus Prinzip nicht mehr wiedersehen, als er 1946 aus dem Exil zurückkehrte. Ich war der Meinung, daß es vom surrealistischen Standpunkt aus gesehen nicht richtig war, Krimis zu schreiben. Entweder war man Surrealist oder man schrieb Krimis, beides zu tun, schien mir unvereinbar. Die Surrealisten verabscheuten Journalisten, die ihr Leben mit gelegentlichen Lobeshymnen auf den Polizeichef verdienten, wie z.B. Roger Vailland, oder Leute, die Romane schrieben, wie Queneau, oder sogar Maler, die wie Max Ernst auf Biennalen ausstellten. Ich glaubte, eine Seite in meinem Leben umgeblättert und einen anderen Weg eingeschlagen zu haben. Also traf ich mich weder mit Breton noch mit den andern der Gruppe.

Ich hatte nur noch mit Magritte schriftlichen Kontakt. Er hatte aus anderen Gründen mit Breton gebrochen. Magritte und einige seiner belgischen Freunde überzeugten mich davon, daß es diese Unvereinbarkeit nicht gab. In dieser Sache war ich wirklich streng. Sie waren der Ansicht, daß mein Surrealismus in den Roman übergegangen sei. Es stimmt, daß ich diese Romane nicht so geschrieben hätte, wenn ich nicht Surrealist und Poet gewesen wäre. Ich muß zugeben, daß ich mich fast für meine ersten Bücher schämte. Damals glaubte ich, die Bezeichnung „Krimi" erschwere eher meinen Fall.

Als ich viel später *L'Histoire du surréalisme sous l'Occupation* von Michel Fauré las, erfuhr ich, daß man ernsthaft erwogen hatte, mich deswegen aus der Gruppe *La Main à plume* auszuschließen. Da aber die Surrealisten Fantomas und allgemein die sensationelle Literatur liebten, war es vielleicht weniger schlimm, als ich glaubte.

MARCEL DUHAMEL

Ich traf Marcel Duhamel vor dem Krieg im Café Flore, in Gesellschaft von Prévert. Tanguy, der ihn seit der Rue du Château gut kannte, hatte mir von ihm erzählt. Ich hatte seinen Namen als Übersetzer in Büchern gelesen. Vor dem Krieg stieg er ins Verlagswesen ein. Er hatte eine Reihe lanciert, die man nur in Supermärkten fand, die Serie *Frissons;* sie hatte nur mäßigen Erfolg. Es waren ziemlich gewagte amerikanische Unterhaltungsromane. Ich erinnere mich an einen von ihnen: *La proie facile.* Er erzählte die Geschichte eines Arbeitslosen, der die Platzanweiserin im Kino fragte, ob sie ihn mit nach hinten nehmen könne. Das war eine Art Kennwort. Sobald sie einen Moment frei hatte, machte sie eine Sonderschicht, indem sie den Mann während der Filmvorführung befriedigte.

Le Petit César („Der kleine Cäsar“) war in dieser Reihe erschienen, die ein Vorläufer der *Série noire* („Schwarze Serie“) war. Das Publikum war nicht gerade begeistert. Man weiß nie so recht, warum eine Reihe Erfolg hat oder nicht. Die *Série noire* lief nicht gut. Marcel Duhamel gründete auch die *Série blême* („Blasse Serie“), die Reihe *Oscar* bei Denoël und *Panique,* welche zwar alle ausgezeichnete Bücher herausbrachten, aber alle drei ein Reinfall waren. Warum? Das wird immer ein Geheimnis bleiben.

Duhamel kannte sich sehr gut aus im Amerikanischen. Eines Tages, kurz nach der Befreiung, waren wir mit einer kleinen Gruppe beim Boulevard Raspail und diskutierten. Zwei amerikanische Soldaten kamen zu uns und fragten uns etwas. Duhamel fing an, mit ihnen Slang zu sprechen. Wenn man ihn so sprechen hörte, hätte man glauben können, er sei Amerikaner. Großartig! Ein großartiger Kerl!

Zuerst schätzte er mich. Und dann nicht mehr, ich weiß nicht, warum. Ich muß wieder einmal etwas Blödes gesagt haben, in meiner Art, Unverschämtheiten auszuteilen, ohne lange zu überlegen. Ich sollte mich mehr in Acht nehmen. Als *120, rue de la Gare* herauskam, gab ich es ihm zu lesen, er sagte etwas Gutes darüber und fügte hinzu: „Ich werde dir ein ganz unglaubliches Buch schicken.“

Ich glaube, er übersetzte gerade Peter Cheyney oder „Keine Orchideen für Miss Blandish“ von James Hadley Chase. Er hielt sein Versprechen nicht. Ich blieb auf gutem Fuß mit ihm und besuchte ihn oft in seinem Büro der NRF, um zu sehen, ob er nicht in der *Série noire* eines meiner Bücher veröffentlichen könnte. Ich gab ihm einige Texte zu lesen und jedesmal sagte er: „Nein, du kannst es besser.“

Eine höfliche Art zu sagen, man nehme nichts.

Ich ließ mich nicht entmutigen und besuchte ihn mehrmals. Ich weiß nicht, unter welchen Umständen Maurice Renault, mein Agent, ihm einige meiner Bücher schickte, unter anderem „Die Brücke im Nebel“. Seine Antwort an Maurice Renault lautete: „Ich habe Malets Romane, die sie mir geschickt haben, durchgeblättert. Nach dem zu urteilen, was ich gesehen habe, sind das Unterhaltungsromane, die nicht dem entsprechen ...“ undsoweiter. Was mir daran mißfiel, war, daß er die Bücher nur durchgeblättert hatte. Ich mag Leute nicht, die Bücher überfliegen. Bücher liest man, vor allem, wenn man Verlagsdirektor ist.

Ich kann nicht sagen, daß meine Romane trivialer sind als andere. Marcel Duhamel sagte einmal zu mir: „Französische Krimis sind schäbig. Amerikanische sind besser."

Mein einfacher Kommentar: „Ach ja? Das ist deine Meinung."

Und darum wurde ich nie in der *Série noire* veröffentlicht, was nur wenige überraschte.

Zeichnung von Milleret.

DIE SCHWARZE TRILOGIE

Nach dem Erfolg des bekannten „Ich werde auf eure Gräber spucken“ von Vian-Sullivan sagte ich mir, ich könnte es doch auch in dieser Richtung versuchen. In der SEPE wurden die Nestor Burmas in einem unbefriedigenden Rhythmus verkauft. Vielleicht würde ein schwarzer, pechschwarzer Roman die Schwelle von 50.000 Exemplaren überschreiten. Auch diese Illusion mußte ich aufgeben, am Anfang jedenfalls. Ich schrieb drei Bücher, die man später die schwarze Trilogie nannte. Ich hatte keine besonderen Ambitionen, als ich diese Romane schrieb, ich wollte nur Gefühle oder Gedanken ausdrücken, die mich schon lange beschäftigten. Ein Krimi mit Nestor Burma war nicht das richtige Sprachrohr dafür. Ein Teil dieser Bücher ist relativ autobiographisch.

In „Die Sonne scheint nicht für uns“ erzähle ich einige Geschichten, die ich selbst erlebt habe, als ich in Paris herumlungerte. Die Szene in der Petite-Roquette zum Beispiel. Ich war einige Monate dort eingesperrt. Ich erinnere mich, wie ich eines Abends heulte, als mir bewußt wurde, daß ich bis zur Volljährigkeit im Gefängnis bleiben würde. Genau in diesem Moment schrie der Aufseher im Gang: „7143, entlassen.“ Das ist der Anfang des Romans.

Eine seltsame Anekdote über dieses Buch: Kurz nachdem es bei Scorpion veröffentlicht wurde, traf ich den Graveur Germain Delatousche, dessen Namen ich schon lange aus den anarchistischen Zeitungen kannte. Er hatte „Die Sonne scheint nicht für uns“ gelesen und sagte: „Sie haben die Cité Jeanne d'Arc außergewöhnlich treffend beschrieben.“

Ich dankte für das Lob, sagte ihm aber nicht, daß ich die Cité Jeanne d'Arc im 13. Bezirk nie gesehen hatte. Ich konnte sie mir vorstellen, weil in der Presse viel über ihren Abbruch 1934 geschrieben worden war. Es war zweifellos kein Versailles. Ich hatte es apokalyptisch beschrieben, wie ich es mir vorstellte, und Delatousche, der den Ort kannte, fand, es sei ein treffendes Portrait. Die Macht des Geistes!

1949 kam Pierre Chenal, der bekannte Filmregisseur von *Dernier Tournant* und „Das Leben ist kein Roman“, der damals in Argentinien lebte, nach Paris. Ihm hatten meine Dialoge in „Die Sonne scheint nicht für uns“ gefallen und er fand, ich wäre ein guter Szenarist für Filme. Wir arbeiteten einige Tage zusammen am Szenario seines *Crime à crédit,* der später in Argentinien gedreht wurde. Ich habe diesen Film nie gesehen, weil er in Frankreich nie gezeigt wurde. Pierre Chenal war sehr anspruchsvoll und meine Dialoge gefielen ihm doch nicht so gut. Damit hatte es sich. Während unserer Zusammenarbeit hatte er die Idee, „Die Sonne scheint nicht für uns“ zu verfilmen. Er wollte es mit dem Buch „Wer einmal aus dem Blechnapf frißt“ von Fallada verbinden. Wie viele Filmprojekte wurde diese Geschichte nie gedreht (ich war schon daran gewöhnt).

Den Titel des ersten Romans der Trilogie, *La vie est dégueulasse* („Das Leben ist zum Kotzen“) meinte ich als Provokation. Das war ein Fehler, denn er schreckte die Leser ab. Die Leute wagten es nicht, den Buchhändler danach zu fragen. In der Nummer 4 vom Mai 1948 beschrieb ich selbst in der Zeitschrift *Les Fiches littéraires* diesen Roman folgendermaßen:

„Weil ich den Humor liebe, nenne ich dieses Buch einen ‘zarten Roman’. Und ich glaube, daß ihm trotz der acht oder neun Morde, die in ihm vorkommen, diese Bezeichnung zusteht, denn der blutrünstige und bejammernswerte Held ist zartfühlend. Er leidet unter einer krankhaften Schüchternheit, die ihn zwingt, seine Männlichkeit mit dem elementar symbolischen Mittel eines Revolvers zu bestätigen.

Am Anfang wollte ich den Abstieg eines Banditen mit Idealen (Bonnot) zum gewöhnlichen Verbrecher zeigen. Diese Sozialstudie verwandelte sich bald in die Darstellung eines Minderwertigkeitskomplexes. In beiden Fällen jedoch bleibt das Thema dasselbe: das Versagen. Im ersten Fall ist es das unfreiwillige Versagen der Illegalisten, die die ursprüngliche Reinheit ihrer Revolte nicht zu erhalten wußten. Im zweiten Fall ist es das freiwillige Versagen eines unbewußten Selbstmordkandidaten. Ich habe diesen zweiten Fall näher behandelt als den ersten, weil ich der Lockung der Psychoanalyse nicht widerstehen konnte, die als Ermittlungsmethode alles in allem der der Romandetektive nahe steht. Meine Spezialitäten sind – und dieses Buch darf das nicht vergessen machen – Kriminalintrigen. ‘Das Leben ist zum Kotzen’ ist übrigens nicht ganz unberührt davon. Freud spielt darin die Rolle, die gewöhnlich dem brillanten Ermittler übertragen wird. Er verfolgt das Unbewußte des Schuldigen, der gleichzeitig auch das Opfer ist.

Das sei eine medizinische These, beschwerte sich ein Kritiker und fügte hinzu, das habe nichts mit Literatur zu tun. Ob ich Wert darauf legte, daß das Buch eine Beziehung zur Literatur hätte? Ich gebe zu, ich habe weder versucht, literarisch noch anti-literarisch zu sein. Im Jahr 1948 schienen mir diese Diskriminierungen überholt zu sein. Mit Hilfe von Träumen und persönlichen Erinnerungen, mit vielleicht verfehlten Interpretationen des Verhaltens großer Krimineller habe ich versucht, einen gewaltigen und brutalen Schrei nach Liebe auszustoßen, denn dieses Buch ist letztlich ein Roman über Liebe und Leidenschaft, eine verzweifelte Suche nach dem affektiven Absoluten, zwischen den Zeilen steht das allmächtige Bild der Frau, die wie eine Kaiserin, Haare und Augen leuchtend vom tödlichen Widerschein des Goldes, ihre mörderisch hohen Absätze in die Brust ihres Opfers bohrt. Aus diesem Grund wäre es mir unangenehm, wenn man diesen Roman wegen bestimmter heikler Passagen mit der jetzt so beliebten Supermarkt-Erotik verwechseln würde. 'Das Leben ist zum Kotzen' ist etwas anderes."

Um den Gesetzen des schwarzen Romans zu gehorchen und bestimmte böse Gedanken loszuwerden, baute ich ziemlich brutale Episoden ein. Das Persönliche an diesem Buch ist die Nekrophilie. Ich bin immer schon schüchtern gewesen und als ich sechzehn Jahre alt war, glaubte ich, daß es unmöglich sei, mich je einem lebendigen Wesen sexuell zu nähern, ich sagte mir, daß es besser wäre, es mit Toten zu tun zu haben.

„Das Leben ist zum Kotzen" war ein totaler Mißerfolg bei Catineau. Jean d'Halluin, der Verleger von Boris Vian, kaufte die Restauflage und brachte eine neue Ausgabe heraus, die sich ziemlich gut verkaufte. Daraufhin fragte er mich, ob ich kein anderes Buch hätte. Da war noch „Die Sonne scheint nicht für uns", eine Mischung aus Erfindungen, verschiedenen authentischen Geschehnissen und persönlichen Erinnerungen. Schon 1946 hatte ich in *La Rue,* der ersten Zeitung von Léo Savage, „zarte Geschichten" geschrieben. Eine dieser Geschichten, *Un bon petit diable* (einer, der seine Mutter aus dem Fenster wirft) habe ich übrigens für „Die Sonne scheint nicht für uns" übernommen.

Dann kam „Angst im Bauch", die Fortschreibung einer Novelle *(On ne tue pas les rêves),* die zwei Jahre zuvor in *Lectures de Paris,* einer Zeitschrift von Jacques Catineau, erschienen war. Dieses dritte Buch wurde wegen Jean d'Halluins finanzieller Schwierigkeiten nicht gedruckt. Es blieb 22 Jahre in meiner Schublade. Von 1947 bis 1969. Seine Auferstehung verdankt es Jean-Claude Romer, dem Leiter der Filmzeitschrift *Midi-Minuit fantastique.* Romer fragte mich eines Tages, wo er dieses „Angst im Bauch" finden könne, das bei Scorpion auf allen Buchumschlägen angekündigt und selbst bei den pfiffigsten Buchhändlern nicht zu finden sei. Ich sagte ihm, daß dieser Roman ein Manuskript geblieben sei. Romer veranlaßte die Neuauflage von „Das Leben ist zum Kotzen" und „Die Sonne scheint nicht für uns" bei Eric Losfeld, zu denen man dieses berühmte „Angst im Bauch" hinzufügte ... und die schwarze Trilogie war entstanden.

DIE NEUEN GEHEIMNISSE VON PARIS

Anfang der fünfziger Jahre machte ich jeden Donnerstag mit meinem Sohn, der damals zehn war, einen Spaziergang durch Paris. Wir fuhren mit dem Bus bis zur Porte d'Orléans und gingen von dort zu Fuß weiter. An einem dieser Donnerstage war ich ziemlich deprimiert (meine Bücher hatten überhaupt keinen Erfolg). Wir spazierten in der Nähe des Vélodrôme d'Hiver, und vor dieser Pariser Landschaft, der Métro auf der Pont de Passy, der Seine und dem Eiffelturm sagte ich mir, daß es doch ungewöhnlich sei, daß seit Louis Feuillade und seinem Film *Les Vampires* niemand dieses zauberhafte Dekor mehr benutzt hatte. Damals gab es die häßliche Seine-Front noch nicht. Mir kam die Idee, eine Serie von Krimis zu schreiben, die immer in einem anderen Bezirk spielten und diese administrativen Grenzen nicht überschritten. Das wäre ein Roman in festen Grenzen unter freiem Himmel – ein Paradox. Monate vergingen, bis ich Maurice Renault von meiner Idee erzählte. Ich hatte ihn 1948 auf seltsame Weise kennengelernt:

Im Januar dieses Jahres schrieb ich für *Combat* – das war übrigens

Carte Michard au service de la France

Grand film d'espionnage,
de police de mœurs
et de sales aventures.

Scénario et dialogues de Leo Malet

MUSIQUE DE CHAMBRE

Images de Farinole

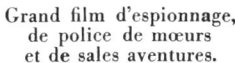

2e épisode

Etranges clandestins

Ich hatte einen kleinen „Film" gemacht: *Carte Michard au service de la France.* Drehbuch und Dialoge: Léo Malet. Bilder: Farinole. Der „Film" war gegen Marthe Richard gerichtet; sie hatte dazu beigetragen, daß die Bordelle geschlossen wurden. Von einer Frau wie ihr, mit einer ziemlich zweifelhaften Vergangenheit, war das doch ein bißchen starker Tobak. (Die zweite Episode erschien in *La Rue,* Nr. 10, August 1946.)

einer meiner seltenen Streifzüge in den Journalismus – den Artikel *A l'assassin.* Er war gegen *Super Détective* gerichtet, eine Zeitschrift, die nur zwei- oder dreimal herauskam. In dieser von Amerika inspirierten Zeitschrift wurden Photos von desertierten GIs veröffentlicht, man versprach 10.000 Francs Belohnung für denjenigen, der sie verriet. Ich fand das empörend. Der Schluß meines Artikels wurde nicht abgedruckt. Solange ich *Super Détective* kritisierte, ging es. Ich aber war über diese Belohnung von 10.000 Francs entrüstet und schloß den Artikel mit: „10.000 Francs Belohnung aussetzen! Der deutsche Militärbefehlshaber in Frankreich bot zumindest Millionen!" Die Widerstandskämpfer vom *Combat* fanden das geschmacklos. Dieser Artikel wurde von Maurice Nadeau veröffentlicht und hatte merkwürdige Folgen. *Détective,* die große Wochenzeitung der sensationellen Kurznachrichten, fühlte sich angegriffen und schickte Claude Bourdet, dem Direktor vom *Combat,* eine Beschwerde. Es kam zu einem großen Krach, viel zu groß im Verhältnis zur Sache, er bestätigte aber die Meinung vieler, daß ich eine Nervensäge sei.

Der Artikel erschien etwa zur selben Zeit wie die erste Nummer der Zeitschrift von Ellery Queen, *Mystère magazine,* die von Maurice Renault gefördert wurde. Er schickte mir zusammen mit seiner Zeitschrift einen langen Brief, an *Combat* adressiert, den ich erst drei Wochen später erhielt. Ich sollte mir ein Urteil über die Unterschiedlichkeit der beiden Publikationen bilden. Maurice Renault war mit meiner Kritik an *Super Détective* einverstanden, befürchtete aber, daß die Leser die beiden Zeitschriften verwechselten. Er bat mich – ohne es zu verlangen – im *Combat* eine Notiz zu machen, die die Sache klären würde. Ich wandte mich an Nadeau, schließlich wurde aber nichts veröffentlicht, weil „die Aufregung" in der Rue Montmartre noch zu groß war.

Dieser groteske Zwischenfall hatte glückliche Folgen für mich. Durch ihn lernte ich Maurice Renault kennen, der einer meiner besten Freunde wurde und mich beruflich als Agent betreute. Ich habe ihm viel zu verdanken. Als literarischer Agent baute er meine Karriere auf. Er fand Laffont, Le Fleuve noir, Le Livre de Poche und François Beauval für mich. Maurice Renault war außerdem der einzige Mann in Frankreich, der wirklich etwas für den Kriminalroman und den Science Fiction getan hat.

Ich schrieb an Maurice Renault, bevor er mein Agent war, sicherlich, um ihn um zwei- oder dreitausend Francs zu bitten und fügte hinzu: „Mir fehlt es nicht an Ideen. Erst kürzlich habe ich mir gedacht, daß es nicht schlecht wäre, Romane zu schreiben, die immer in einem andern Bezirk von Paris spielen." Maurice Renault fand meine Idee gut und versuchte, einen Verleger dafür zu interessieren. Nach einigen Absagen, darunter auch diejenige von Nielsen von *Presses de la Cité,* der den Namen Nestor Burma lächerlich fand (da er keine lächerlichen Namen mochte, unterzeichnete Nielsen einen Vertrag mit Jean Bruce, dessen Held Hubert Bonisseur de la Bath hieß, was, wie jedermann feststellen kann, kein lächerlicher Name ist), unterbreitete Maurice Renault die Idee Robert Laffont, der sofort einverstanden war und sie sehr unterhaltsam, „intellektuell deutsch" fand. Robert Laffont sicherte mir einen Monatslohn zu, ich gab meine Arbeit als Packer bei Hachette auf und fing an zu schreiben.

Der erste Roman *Le soleil naît derrière le Louvre* („Bilder bluten nicht") spielt im ersten Bezirk und erschien 1954. Der fünfzehnte

links: Plakat für *die Ratten im Mäuseberg.*
unten: Ich hatte die Gewohnheit, jeden Donnerstag mit meinem Sohn in Paris spazieren zu gehen...

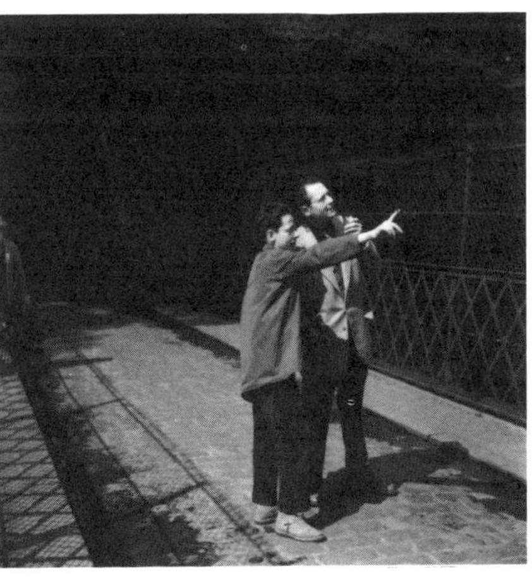

und letzte, *L'envahissant cadavre de la plaine Monceau* („Wer einmal auf dem Friedhof liegt ...") spielt im 17. Bezirk und erschien 1959. Von der Idee her hätte ich die Pariser „Schnecke" weiter verfolgen müssen, ich kannte aber einige Bezirke besser als andere und konnte deshalb die Spirale nicht fortsetzen. Zwei Wochen lang spazierte ich in jedem Bezirk herum, nicht um zu orten, sondern eher, um zufällig seine Intrigen aufzudecken. Dann schrieb ich das Buch in einem oder zwei Monaten.

Die Markthallen lieferten mir das Dekor für den ersten Bezirk. Sie gaben mir die Idee, in der Nacht zwischen Gemüse und dem Strich herumzuirren – eine Welt, die ich besser kannte als die der Banken. Der Louvre ließ mich an eine Geschichte mit einem gestohlenen Bild denken. In meinem Kopf war ein Satz, mit dem ich das Buch beenden wollte: „Die Sonne ging hinter dem Louvre auf."

Im Roman über den zweiten Bezirk, *Des kilomètres de linceuls* („Stoff für viele Leichen"), taucht das Gespenst des Anarchisten Moreno auf, ein Produkt aus meiner Phantasie und der Wirklichkeit. Auf der ersten Seite wird seine Hinrichtung durch die Francisten beschrieben, ebenso wie die von zwei anderen Mitgliedern der Kolonne Durruti. Ich mußte an Georgette „Mimosa" denken, die frühere Gefährtin von Fernand Fortin, eine hübsche Blondine, die ich bei Colomer kennengelernt hatte. Ich hatte mit ihr einen ganzen Tag lang Plakate für den *Club des insurgés* geklebt. Sie ging nach Spanien und erlitt leider dasselbe Schicksal wie die Figuren meines Romans.

Am Anfang von *La Nuit de Saint-Germain-des-Prés* („Die Nächte von St. Germain") stand eine Beobachtung, die ich eines Tages über einen der Alteingesessenen von Saint-Germain gemacht hatte, einen Maler, der der Liebhaber einer scheinbar nicht sehr begabten jungen Schauspielerin gewesen war. Wir irrten uns aber alle, denn sie hatte Talent und wurde berühmt. Sie hetzte von einem Erfolg zum anderen. Ich versetzte mich in die Haut ihres alten erfolglosen Liebhabers und sagte mir, ein solcher Kerl müsse grausame Komplexe haben. Ich nahm die Überlegung in den Roman auf, die wirkliche Geschichte dieses Buchs aber ist diejenige von gestohlenen Schmuckstücken, welche eine Versicherungsgesellschaft zu finden versucht.

2

I. Arrondissement

Bilder bluten nicht

1. Während er einen ausschweifenden Ehemann überwacht, durchstreift Nestor Burma das *Carreau des Halles:* „Ich schlängelte mich zwischen den stinkenden Gemüsehaufen hindurch, und wenn ich die Flügel hängen ließ, dann nicht, weil mich die Kulisse bedrückte ..."
2. In einem *Bananenlagerhaus* in der *Rue Pierre-Lescot* entdeckten Kommissar Faroux und seine Männer eine Leiche ...

1

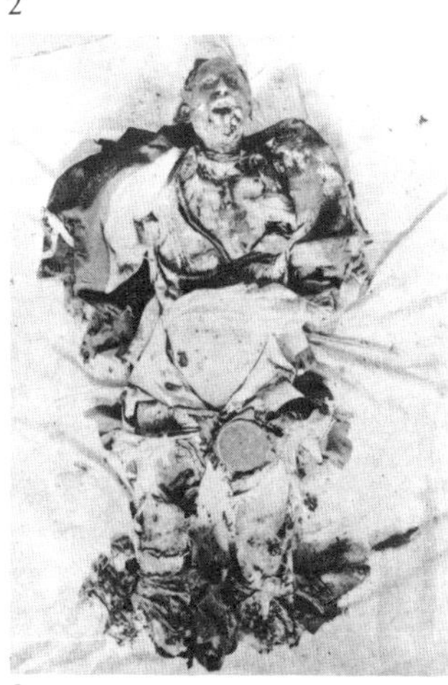

3

3. „... ich begab mich aufs *Kommissariat in der Rue des Bons-Enfants.* Hier waren sie immer noch etwas mißtrauisch, seitdem die Bombe von Emile Henry die Räume in die Luft gesprengt hatte und einem halben Dutzend der bewußten 'lieben Kinder' posthum vom Polizeipräsidenten ein Orden verliehen wurde ..." (Hier die Überreste eines von einem umgepolten Dampfkocher zerfetzten Beamten.)
4. Auf dem *Place du Théâtre-Français* verließen ihn seine Kräfte: „... In meinen Ohren rauschte es. Mein Blick verschleierte sich. Mir ging es genauso dreckig wie Musset am andern Ende des Säulengangs, zerschlagen, schlapp, erschöpft wie er; Aber er ist in Stein gehauen, und er hat seine Muse, die ihm beisteht, seine Muse in starrer Haltung, wie die Krankenschwester auf der wohlbekannten Reklame für Aspirin."

4

SERVICES RAPIDES
DUCROS
RHÔNE · VAUCLUSE · GARD · HÉRAULT · AUDE
PYRÉNÉES ORIENTALES
BOUCHES DU RHÔNE · VAR · ALPES MARITIMES
PARIS·CENTRE
PASSAGE DU CAIRE

1

2

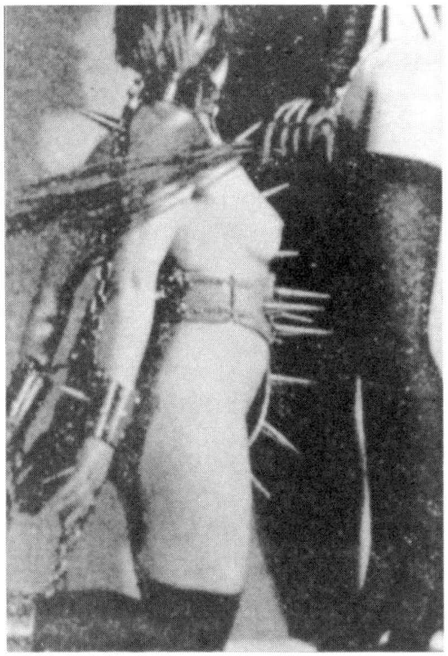

3

SUR LA MORT D'UNE CAMARADE

Le « Libertaire » a annoncé la semaine dernière la mort de la camarade Georgette, ancienne compagne de Fortin et vendeuse habituelle de la « Revue Anarchiste ».

La nouvelle était déjà confirmée par de nombreux miliciens et par Durruti lui-même mais nous attendions une confirmation officielle qui vient d'être fournie par la « Sanidad de Guerra » dans tous les quotidiens espagnols.

D'après ces informations Georgette — qui appartenait au Groupe International de la Colonne Durruti — a été fusillée, avec trois autres femmes dont nous ignorons actuellement les noms, le 17 octobre, par les fascistes, après une longue lutte à Perdiguerras (lutte dans laquelle périrent Berthonieux, Boudoux, Giral et bien d'autres).

Signalons que, sur ces quatre femmes fusillées Georgette et une camarade allemande du P.O.U.M. (Trude, croyons-nous) étaient infirmières en première ligne.

Aucun commentaire n'est à ajouter à cet acte de barbarie fasciste.

Nous reparlerons plus tard de la petite Georgette mais tous les camarades se souviennent de celle qui, dès l'âge de 15 ans fréquenta les milieux anarchistes, notamment le **Libertaire** quotidien, l'**Insurgé**, l'**En-dehors**, puis, enfin, la **Revue Anarchiste**.

Elle était également connue sous le nom de **Mimosa** dans les fêtes anarchistes où elle prêtait son concours.

« Les Amis de la **Revue Anarchiste** de Barcelone. »

4

II. Arrondissement

Stoff für viele Leichen

1. Der Detektiv hat auf dem Place du Caire eine Verabredung mit seiner Klientin Esther Levyberg: *„Die Köpfe der Sphinxe an der Fassade des Gebäudes zur Passage du Caire schienen mich erkannt zu haben.* Sie gaben mir ein Rätsel auf ..."

2. ... Er findet sie aber in der *Passage du Caire,* in der Nähe eines Ladens für Schaufensterpuppen (im Hintergrund L.M.).

3. Unter einem Bogen in der Rue Montorgueil kommt Nestor Burma nach dem üblichen Stockschlag zu sich, mit Handschellen an den Körper einer toten Prostituierten gebunden: „Als Schmuck trug sie, außer einer Halskette, an Hand- und Fußgelenken Eisenfesseln, die durch Ketten verbunden waren. Ich kannte diese Aufmachung *Tantalus,* das Programm für Masochisten, aus dem Katalog einer Firma, die vor dem Krieg Reizwäsche und andere erotische Artikel geführt hatte."

4. Ein im Libertaire vom 20. November 1936 erschienener Artikel über den *Tod von Georgette „Mimosa",* dessen Umstände die Exekution des Anarchisten Moreno in *Stoff für viele Leichen* inspirierte.

III. Arrondissement

Marais-Fieber

1. Der Besitzer einer *Gießerei* im Marais-Viertel verschwindet spurlos ... Seine Frau, eine Klientin von Nestor Burma, zeigt dem Detektiv die Werkstatt, in der Andenken von Paris und andere Spielereien gegossen werden.

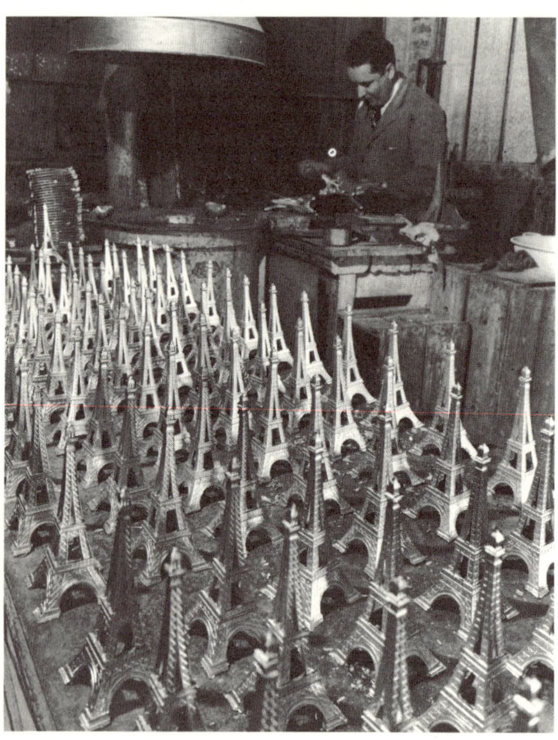

1

2. An der Ecke des Francs-Bourgeois und Vieille-du-Temple steht der Tour *Barbette,* der letzte Überrest eines Hotels, das einmal Isabeau von Bayern gehört hatte. Der Herzog von Orléans verließ dieses Haus, als er von den Killern von Jean dem Furchtlosen umgebracht wurde. Ungefähr fünfhundertfünfzig Jahre später hinterläßt Nestor Burma dort eine Leiche ... (am Fuß des Turms L.M. auf Erkundung).

2

IV. Arrondissement

Spur ins Ghetto

1. *La Rue Quincampoix.* Die Strichmädchen von der „Quincampe".
2. Auf Erkundung in der Rue des Rosier sieht Burma „zwei Abbildungen von Plattenhüllen des Sängers *Dave Cash.* Die hebräischen Platten kann man in dem Laden kaufen – und sicher ebenfalls cash bezahlen ..."
3. Am *Bassin de l'Arsenal* entlang verfolgt Burma eine Engländerin, die ihn zum Versteck Bramovicis führen wird. Hier verfolgt der Autor die Spuren seines Romanhelden, die Treppe hinauf, die zur letzten Schleuse vor der Seine führt, in der Nähe des Quai de la Râpée.

1

2

3

1

V. Arrondissement

Bambule am Boul' Mich

XXXX

1. Im *Dupont-Latin*-Ex-Soufflet bekommt Nestor Burma plötzlich Fieber ...
2. „Ich ließ mein Auto an der Rue des Arènes stehen, überquerte die Rue Monge und stieg *die Treppe zur Rue Rollin* hinauf ..."

4

3. *Le Champollion,* das kleinste Kino in Paris, mit genau hundertsiebenundfünfzig Plätzen.
4. Neben den Gittern der heute abgerissenen *Halle aux Vins* wird der junge Medizinstudent Paul Leverrier tot in seinem Auto gefunden ...

3

VI. Arrondissement

Die nächte von St. Germain

1. Der Keller in der Passage Dauphine, in dem Nestor Burma der Wahl von Miss Müll beiwohnt, war in meinen Gedanken das *Tabou,* ich gab ihm aber einen anderen Namen: La Cave-Bleue.
2. *Saint-Germain-des-Près:* „Wir setzten uns auf den Teil der Terrasse, von dem man den schönsten Blick auf die reizvollste Kirche von Paris hat."

1

2

3

3. *Paul Boubal,* der frühere Patron des *Flore* (rechts) und *Pascal,* sein ständiger und sympathischer Kellner, spielten beide Statistenrollen in *Die Nächte von St. Germain ...*

VIII. Arrondissement

Corrida auf den Champs-Elysées

1. Bevor die Corrida losgeht, faulenzt Nestor Burma auf dem Balkon des (erfundenen) Cosmopolitan-Hotels auf den *Champs-Elysées* herum und verbringt dort Ferien auf Kosten einer amerikanischen Schauspielerin, deren Leibwächter er in Cannes gewesen war.

2

1

2. Tony Charente, der imaginäre Schauspieler von *Corrida auf den Champs-Elysées* ... gleicht ein wenig allen jungen Stars, die damals Kino machten – vielleicht eine Mischung zwischen Henri Garat und *Jean-Pierre Aumont* (hier dieser letztere mit den Schwestern von Maria Monetz und Simone Simon).

3. Der Autor unter dem *Pont Alexandre III.:* „Die Brücke macht einen so majestätischen Eindruck wie der Zar, der ihr den Namen gegeben hat. Soviel ich weiß, ist das die einzige Brücke, an der das Schild angebracht ist: „Teppichklopfen verboten". Waren damit die Teppiche aus dem Grand oder dem Petit Palais gemeint?"

3

In *Corrida aux Champs-Elysées* („Corrida auf den Champs-Elysées“) geht es um eine Schauspielerin, die nach fünfzehn Jahren eine letzte Chance für den Film bekommt. Der Film wird ein Erfolg. Sie selbst glaubt aber nicht daran und begeht in der Nacht der Premiere Selbstmord. Die Idee dazu gab mir das Comeback von Charles Vanel. Er war ein beachtenswerter Schauspieler und hatte jahrelang nicht mehr gespielt, bis ihn Clouzot für *Le Salaire de la peur* („Lohn der Angst“) engagierte. Er war die Entdeckung. Man sprach nur noch von ihm. Ich fragte mich dasselbe, das ich mich bei meinem Freund, dem Maler, und meiner Freundin, der Schauspielerin, gefragt hatte. Was für eine Wirkung konnte es haben, wenn man nach zehn Jahren Schatten wieder im Rampenlicht steht? Auch wenn man seine Arbeit gewissenhaft macht, wie wird das Publikum reagieren? Der Schauspieler könnte zweifeln: „Bin ich wirklich noch so gut, wie man sagt? Und wenn es ein Reinfall wird, was habe ich dann noch für Möglichkeiten?“ Ich ließ mir diese Gedanken durch den Kopf gehen und dachte an Charles Vanel, der glücklicherweise seinen Erfolg ohne Gedanken an einen Selbstmord ausgekostet hat. Ich entschloß mich, als Hauptfigur eine Schauspielerin zu nehmen. Eine Frau war für mich photogener als ein Mann. Ich fügte Starlets, Beaus und Schauspieler wie Tony Charente hinzu, der ein Schwarm dieser Damen war! Ich gab ihm diesen Namen zu Ehren einer Dame aus der Geschichte Frankreichs, die mir gefällt: Madame de Montespan, die Geliebte von Ludwig dem XIV., aus der die Dame von Tonnay-Charente wurde.

Für *Mic mac moche au Boul' Mich* („Bambule am Boul' mich“) grub ich wie meistens in meiner Erinnerungskiste. Ich hatte von einem Erpresser gehört, dessen bevorzugtes Jagdgebiet das Quartier Latin war. Dort hatte er seine Informanten, die studierende Söhne aus guter Familie überwachten. Sie versuchten, diese jungen Leute bei ihren Eskapaden zu erwischen, und wenn sie das nicht konnten, solche zu inszenieren und kompromittierende Photos davon zu machen.

Der Erpresser wartete dann geduldig darauf, daß im Gesellschaftsteil vom *Figaro* die Verlobung des Herrn X mit Mlle. Duglandier de la Blottière bekanntgegeben wurde. Dann ging er zum glücklich Verlobten und zeigte ihm die Bilder aus seiner Studienzeit. Er drohte ihm, diese der Familie der Braut zu vermitteln, wenn er nicht eine gewisse Summe zahle. Ich ließ mich von diesem Trick inspirieren, um eine Art anachronistischen Magier auftreten zu lassen, einen dieser zwielichtigen und romantischen Typen, wie ich vor dem Krieg einige im Quartier Latin gekannt hatte. Zum Beispiel Max Toller, ein sehr sympathischer Kerl, der den Touristen „Ehrenmitgliedsdiplome" für das Quartier Latin verkaufte. Dieses Diplom war auf sehr schönem Papier gemacht, es sah ein wenig wie ein Adelsbrief aus. „Wir Scholaren bestätigen, daß Herr Soundso Ehrenbürger des Quartier Latins ist, usw." Das alles in gotischer Schrift, samt Schleife und Siegel.

Mein Freund Alexandre Breffort, ein ehemaliger Taxichauffeur und jetziger Mitarbeiter beim *Canard enchaîné,* erfolgreicher Dramaturg von *Irma la Douce* („Das Mädchen Irma la Douce"), erzählte mir, daß es in der Rue de Bercy ein Bistro gab, in dem fast ausschließlich Hausangestellte verkehrten (Kammerdiener, Chauffeure, usw.). Man konnte dort eine Liste von den bürgerlichen Häusern erhalten, in denen man mit der Hausherrin ins Bett ging. Ich machte aus dem Bistro eine Art Vermittlungsbüro für erhitzte Chauffeure. Das paßte zum 16. Bezirk: *Pas de bavards à la Muette* („Das stille Gold der alten Dame") entstand.

Ich kannte Paris gut. Ich war aber seit zehn oder fünfzehn Jahren nicht mehr an bestimmten Orten gewesen. Deshalb ging ich dorthin und ließ mich von der Atmosphäre des Bezirks und seiner Architektur erfüllen. Das Paris von 1954 war noch das von 1925. Wer hätte ahnen können, daß es sich ab 1960 so schnell verändern würde?

1968 fanden einige junge Leute zwischen dem Bau von Barrikaden, der Flucht vor der CRS und verschiedenen anderen Späßen Zeit, um neue Kräfte zu sammeln. Sie lasen vergessene Bücher, die zwischen 1950 und 1960 erschienen waren. Vielleicht hatten sie sie in einer Schachtel am Quai gefunden, die sie als subversives Baumaterial benutzen wollten. Es handelte sich nicht um philosophische Bücher, sondern um hundsgemeine Krimis. Ich erröte, wie es sich schickt, wenn ich gestehe, daß es meine Bücher waren.

Das Gefecht zog vorüber und alles ging wieder mehr oder weniger normal weiter, als diese jungen Leute, diesmal mit friedlichen Absichten, anfingen, bei den Buchhändlern herumzuschnüffeln, um sich die Bände zu kaufen, die ihnen in ihrer Sammlung noch fehlten. Nestor Burma war diesmal der Gesuchte.

Diese ganz andere „Agitation“ wurde schließlich bekannt und man gab die Neuen Geheimnisse von Paris neu heraus.

Ich habe mich lange gefragt, was diese 68er-Veteranen und nach ihnen die anderen jungen Leute, die dieses heiße Jahr nicht miterlebt hatten, an diesen Romanen, die einzig und allein zur Entspannung des Lesers geschrieben wurden, fanden.

Ich habe mich erkundigt – einmal Detektiv, immer Detektiv. Es scheint, daß diese neuen Leser unter anderem am Bild des verschwundenen Paris, das ich ihnen beschreibe, interessiert sind.

Es springt ins Auge und ins Herz: Ich habe „archäologische“ Romane geschrieben. Ich habe es miterlebt wie alle, aber nicht mehr. Wissen Sie, wie das ist, wenn Ihnen jemand sagt, daß es eine Straße, die Sie kannten, nicht mehr gibt? Zwischen zwei Häusern zeigt sich von Zeit zu Zeit der Skelettarm eines Krans, ein häßlicher, todbringender Arm. Ein Kran, zwei Kräne, das sind doch nicht die Krallen der Marsmenschen, oder? Kurz, ich habe der zuerst schleichenden und dann brutalen und schnellen Zerstörung von Paris beigewohnt. Ich habe keine Zeit gehabt (vielleicht aus Angst vor der Wirklichkeit), mir das Ausmaß der Schäden vor Augen zu führen. Die Neuauflage meiner Bücher hat mich dazu gezwungen, die Sache näher anzuschauen. Ich bereue es nicht, daß ich eines Tages in einem Anflug von schlechter Laune geschrieben habe: „Diese Bande von Schuften, die unter dem Namen Städtebauer bekannt ist, hat beschlossen, Paris dem Erdboden gleichzumachen.“ Was für Dreckskerle!

Ich bin zu den Orten meiner Romane zurückgekehrt, heimgesucht von meinen Figuren und mir selbst. Was suchte ich dort? Ich hätte auf Mac Orlan hören sollen, der sich weigerte, das, was von Hamburg blieb oder von der Rue de Siam in Brest, ansehen zu gehen, um seine Erinnerungen nicht zu zerstören. Vielleicht war aber Mac Orlan im Gegensatz zu mir nicht fähig, seine Wut aufrechtzuerhalten.

Von den poetischen und sentimentalen Landschaften meiner Jugend und der folgenden Zeit habe ich nicht mehr viel gefunden.

Überall, oder fast überall, stehen nun diese Scheißhaufen aus Stahl, Glas und Beton. Blinde Fenster, die nie geöffnet werden, hinter denen man nur mit Mühe lebendige Wesen vermutet. Und was für ein Leben? In ihren Kokons, abgeschnitten vom Viertel und der Stadt, wie Belagerte, das Fernsehen ist ihre einzige Verbindung zur Außenwelt. Außer, wenn es Büros sind. Aber diese gleichen den Wohnungen derer, die darin arbeiten, und nur der Geruch unterscheidet sie. Das Material ist dasselbe. Der Geist auch.

Ich gäbe wer weiß was, um aus einem dieser Bullaugen ein Zeichen der Verzweiflung, einen Hilferuf, ein schmutziges Tuch winken zu sehen. Das wäre nicht dreckiger als die Luft rundherum, und es wäre menschlicher.

Kommen wir auf das zu sprechen, was man die Seine-Front nennt, die monströse Vereinigung von gigantischen Blocks, die auf den Ruinen von Javel aufgebaut sind und die man, so wird gesagt, mit Manhattan verbrüdern wolle. Das ist der Gipfel! Gesehen vom ehemaligen Standort des romantischen Viadukts von Auteuil, das man zerstört hat, um die Garigliano-Brücke zu bauen, diese Masse von Bauten, die hingeklotzt worden sind, als wolle man mit ihnen die ganze Stadt angreifen, erdrückt den Turm von Paris, wenn man ihn überhaupt sieht, den mit dem Namen Eiffel. Ja, ich weiß! 1889 hat das „Eisenbabel" die Sensibilität vieler Künstler verletzt. Sehen Sie selbst, daß man sich daran gewöhnt hat und daß man ohne ihn nicht mehr leben kann. Er ist das Symbol von Paris geworden. Jawohl! Dieser Turm, dieser stählerne Phallus von vollkommener Überflüssigkeit, hat zumindest Stil. Aber diese Gebäude! Wo man mit den Augen des Fernsehens auch hinsieht, sie sehen überall gleich aus: In Bangkok, Tokio, New York, Kleinkleckersdorf und Timbuktu, überall dieselben aufeinandergetürmten Kästen. Das ist der Triumph der Uniformität, die Internationale des reproduzierten Produkts. Blocks, Blocks! Die Blocks blockieren und machen uns dumm.

Von der Mitte der Grenelle-Brücke, die abgerissen und den Normen des Autoverkehrs angepaßt wiederaufgebaut wurde, etwa in der Nähe des Ortes, an dem Lady Betham, die Mätresse von Fantômas, in der Nacht den verhängnisvollen Fiaker anhalten ließ, sehe ich diese neuen Tempel des Jahres 2000. Ich weine nicht

Le plus fort tirage des illustrés du Monde
3e Année - N° 67 1 FR. 25 - TOUS LES JEUDIS - 16 PAGES 6 Février 1930
DÉTECTIVE
A QUI FERA RETROUVER LE GENERAL KOUTIEPOFF
FRANCS
ТОМУ КТО ПОМОЖЕТ НАЙТИ ГЕН
LIRE EN PAGES 4,5,12 ET 13
REPORTAGE SENSATIONNEL DES "CINQ"..

SQUELETTE
BISTE...

Hitler, des armures
et ce squelette privé
, ont dernièrement
vé — preneur dans
es Domaines, rue de
Parfaitement ! Pour
ot mille francs, vous
ette pièce anatomi-
in aide du commis-
te ici à trois per-
se dire « qu'on est
quand même sur
été un citoyen hon-
nscient et conscien-
ne vente à la criée !
en triste, en effet...

3

IX. Arrondissement

Streß um Strapse

1. In *Streß um Strapse* wird aus dem *General Koutiepoff,* der 1931, genau wie sein Nachfolger General Miller 1937, entführt wurde – die Umstände wurden nie geklärt – aus literarischen Gründen zum General Goropoff, dem dasselbe passiert: „Der ehemalige Offizier des Zaren und

2

unbestrittene Führer der Weißgardisten in Europa ist nämlich auf geheimnisvolle Weise verschwunden. Wenige Monate vor dem Krieg. Von der GPU verschleppt, sagen die einen, von der Gestapo, behaupten die andern."

2. Das Haus Natascha am Boulevard Haussman, ein *Geschäft für Luxuswäsche aller Art.*

3. Im Zimmer des Selbstmörders findet die Polizei ein rätselhaftes *einbeiniges Skelett,* das in der Auktionshalle vom Hotel Drouot gekauft worden war. Im März 1957 wurde wirklich ein einbeiniges Skelett versteigert, in der Auktionshalle des Domaines, in der Rue de Richelieu ...

2

X. Arrondissement

Wie steht mir Tod?

1. Auf dem Weg zur Wohnung seines Klienten überquert Burma, begleitet von seiner Sekretärin, den *Canal Saint-Martin,* in dem dies eine Mal keine Leiche schwimmt.

2. *Das Café Batifol,* der Treffpunkt der arbeitslosen Schauspieler: „Hier herrschte nicht mehr das Treiben von früher, als das Lokal bei den Stammgästen unter dem Namen *Strand* bekannt war, wo sich alles traf, was in Paris an Schauspielern ohne Engagement oder am Ende der Karriere herumlief. Statisten, kleine Theaterschauspieler, Musiker. Schäbige Menschenhändler kamen und wählten ihre Leute aus. Zehn Prozent behielten sie von der kläglichen Gage."

3. In der *Passage de l'Industrie,* in einer sogenannten Künstleragentur, wird Hélène auf Mission von einem unechten Impressario betatscht. (Photo: eine Vorstellung im *Concert Mayol)*

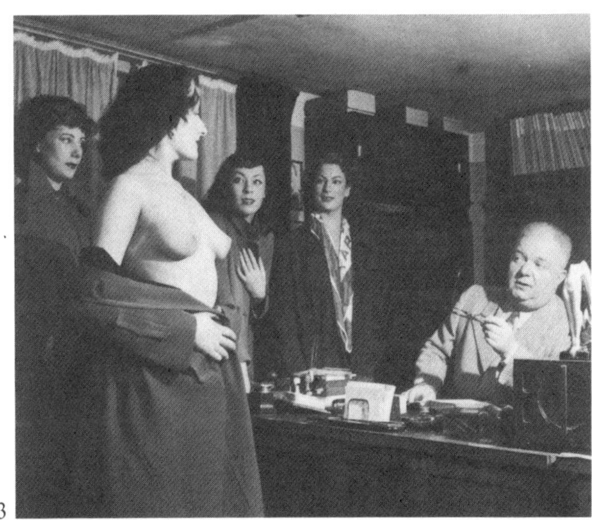

3

XII. Arrondissement

Kein Ticket für den Tod

1

1. *Die Achterbahn,* auf der sich Nestor Burma mit einem Individuum herumschlägt, das versucht hat, ihn aus dem Wagen zu stoßen: Ich wurde von einem seltsamen Unfall inspiriert, der 1956 auf der Foire du Trône passierte – ein junges Mädchen war aus der Achterbahn gestürzt ...

2. Nestor Burma hat nichts zu tun und geht auf die *Foire du Trône,* die sich damals auf dem Place de la Nation befand: „Ringkämpfer, Schießbuden, Karamelbonbons, Lotteriebuden. Spielen Sie mit, setzen Sie ... das Rad dreht sich ... die 15 gewinnt. Die 15 gewinnt fünf Kilo Zucker. Wahrsagen, Handlesen, Liebeshoroskop, Schiffschaukeln ..."

2

3. „Durch eine niedrige Toreinfahrt gelangt man auf die trübselige *Cour Saint-Charles.* Links und rechts Bruchbuden, Werkstätten, Dreckwasser im Rinnstein, holpriges Pflaster, schmuddelige Wäsche vor den Fenstern und entsprechender Gestank."

Im Mai 1957 löste ein Inspektor des 12. Bezirks, der von den Zeitungen „Der Maigret aus Bel-Air" genannt wurde, das Geheimnis eines fast zehnjährigen Falls. Ein Bewohner der Cour Saint-Charles, Bouqiaux, war verschwunden. Seine Frau hatte ihn einfach in Stücke geschnitten. Dann hatte sie den Kopf ihres Mannes in der Familiengruft begraben und den Rest in einem Koffer in die Seine geworfen ...

4. Seine Nachforschungen führen Burma nach *Bercy, die Weinstadt,* wo ein Weinhändler in einem Gärbottich ertrunken ist.

4

XIII. Arrondissement

Die Brücke im Nebel

1. *Passage des Hautes-Formes.* Dort hatte Albert Lenantais, der anarchistische Lumpensammler; seinen Schuppen. „Zwischen der Rue Nationale, Ecke Rue de Tolbiac, und der Rue Baudricourt. Nicht häßlicher als andere Gegenden. Nur die Rue des Hautes-Formes selbst ist ziemlich verkommen. Dazu steht noch ein Schild 'Sackgasse' da. Das bewegt die Leute nicht dazu, sich

in die Straße zu begeben.“
2. *Cité-refuge de l'Armée du Salut,* in der Rue Cantagrel, gebaut von Le Corbusier.
3. *Pont Tolbiac,* die Metallbrücke über den Gleisen von Paris-Austerlitz ...

XIV. Arrondissement

Die Ratten im Mäuseberg

1. Unter den Gewölben des Wasserspeichers von Montsouris löst sich die Intrige der Ratten im Mäuseberg ...

2. *Rue Blottière:* „Die beschissenste Straße in diesem beschissenen Viertel." Nestor Burma erwarten dort einige Leichen. Vor der Tür des Orts des Verbrechens „... hielt eine Gaslaterne blinde Wache. Eine jener echten Gaslaternen, die vom Aussterben bedroht sind. Man wundert sich immer, daß keine Leiche an ihnen baumelt."

3. *Die Muschelbüste.* Das Schlüsselobjekt des Romans. Versteckt sie einen Schatz? „In den Schaufenstern von Wäschegeschäften dienen solche Büsten dazu, Büstenhalter auszustellen. Diese hier war von einem ungezügelten Geist in den phantastischsten Kunstgegenstand verwandelt worden, den man sich erträumen kann: ein ungewöhnliches Stück, Teil einer Sirene, irgendeiner grauenhaften Galionsfigur, irgendeines Geisterschiffes, liebkost von glitschigen Algen und bunten Muscheln. Wie erstarrte Küsse."

2

4

3

4. Léo Malet hebt einen Zigarettenstummel auf – er imitiert Burma, der Sherlock in Aktion imitiert – auf der *Passerelle, die zur Villa des Camélites führt,* wenn man der Eisenbahnlinie folgt, die unter der Fußgängerbrücke verläuft.

1

2

3

XV. Arrondissement

Ein Clochard mit schlechten Karten

1. Päul Demessy, der Verschollene aus *Ein Clochard mit schlechten Karten,* arbeitet bei *Citroën, am Quai de Javel.*
2. *Vélodrome d'hiver* – das legendäre *Vel' d'Hiv':* „Ich weiß nicht, welche Sportveranstaltung im Vélodrome d'Hiver stattfand. Vielleicht war's auch was Politisches. Jedenfalls war die Hölle los. Das Geschrei der tobenden Menge war schon auf dem Pont de Passy zu hören ..“
3. Nestor Burma besucht den berühmten *Bal Nègres in der Rue Blomet,* auf der Suche nach einer Stammkundin – Jeanne, die Skandalöse des Häuserblocks: „Als ich den Bal Nègres betrat, schlug es zehn. Eine tropisch heiße Musik empfing mich. Exotisch, frenetisch, vielleicht etwas übertrieben für meinen Geschmack ...“
4. *Der Häuserblock für schmale Brieftaschen in der Rue de la Saida,* in dem die Handlung des Romans beginnt, mit seinen „halsbrecherischen Eisentreppen außen an den Häusern.“

4

XVI. Arrondissement

Das stille Gold der alten Dame

1. *Rue Berton,* in der Balzac „ein Haus mit Hinterausgang" besaß, „um vor den Gläubigern zu flüchten." Nestor Burma trifft dort Suzanne, ein junges Mädchen aus guter Familie, sie ist

2

1

3

ein wenig verrückt, mit einem Revolver in der Hand und der Leiche des Chauffeurs zu ihren Füßen ...

2. Der Gestapo-Mann *Masuy,* der Erfinder der Badewannenfolter, hänselt während seines Prozesses 1947 die Richter. In *Das stille Gold der alten Dame* spielt er eine posthume Rolle.

3. „Das Eisengitter in der Avenue Mozart war heruntergelassen, wie vorgesehen. Vom nächsten Bistro aus rief ich den Juwelier an..." Ich dachte an den *Juwelier der Avenue Mozart, der von einem gewissen Gaucher getötet worden war,* dem Mörder mit dem schlechten Mundgeruch, von dem Jakob sprach, als ich ihm begegnete.

XVII. Arrondissement

Wer einmal auf dem Friedhof liegt

1. und 2. Die Produzentin der Enigme aux Folies-Bergères hatte mir erzählt, daß eine berühmte italienische Schauspielerin Filme suchte, die mit ihr in sehr aufschlußreichen Stellungen gedreht waren. Darüber schrieb ich in *Wer einmal auf dem Friedhof liegt.* Hier ist eine Schauspielerin, die eine Doppelgängerin sucht, die in einer Zeitschrift Modell steht, im prickelnden Paris. Ich dachte da natürlich an *Folies des Paris-Hollywood,* eine Zeitschrift, die auf ihren Seiten nackte Doppelgängerinnen von Brigitte Bardot bis Sophia Loren zeigte.

3. *L'île de la Grande Jatte:* „Zwischen zwei kahlen Bäumen, deren tiefe Äste ins Wasser hängen, erkenne ich ein Café auf Pfählen mit einem Bootshaus. Die nackte Laube nebenan steht im Sommer bestimmt in Blüte. (...) Für romantische Paare auf der Flucht vor dem Alltag mag das anders aussehen, aber unter dem grauen Himmel wirkt die Szenerie eher traurig."

1

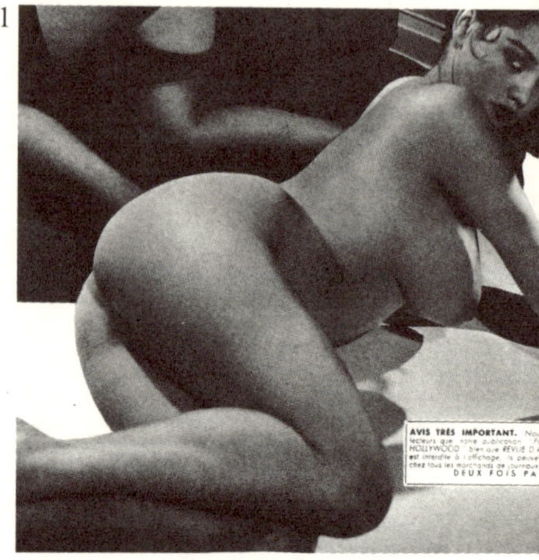

2

3

über das Verschwinden der Citroën-Fabrik, aber ich muß an dieses ganze Netz von verschwundenen kleinen Straßen denken, an dieses mythische Labyrinth des Volksromans, wo Theseus schließlich dem Minotaurus begegnete, der ihn mit dem ganzen Viertel zugleich auffraß. Sagen Sie mir, wo, in welchem Land, in welchem Lager befinden sich jetzt die neptunischen Statuen, die über die Bögen der Brücke wachten? Wo ist der Bal de la Marine? Wo ist die Rue des usines ... und Mme. Sacco, die Hellseherin, von der Breton in *Nadja* spricht? Wo ist das Vélodrome d'Hiver, erschüttert vom Tumult der Sechstagerennen und der politischen Versammlungen?

Mein Freund Marcel Jean, einer der letzten aus der surrealistischen Gruppe von der Place Blanche hat in seiner *Autobiographie du surréalisme* über ein Gedicht von Apollinaire geschrieben: „Vielleicht haben die ganz großen Städte die Kraft, ihre städtische Poesie wiederzugewinnen: trotz der schrecklichsten Architekturkatastrophen ..."

Marcel Jean glaubt noch an vieles. Ich nicht! Nur die Freiheitsstatue auf ihrem monumentalen Sockel am Ende der Ile des Cygnes scheint dieser bekannten Seine-Front die Stirn zu bieten. Wer weiß, vielleicht wird sich die Bronzeflamme, die sie hochhält, eines Tages vor Zorn entfachen und all das in Brand stecken.

Léo Malet, wie er einen Bezirk nach dem andern durchstreift, Karikatur von B. in *L'Information.*

Das Schwierigste beim Aufbau eines Romans, das habe ich schon hundert Mal erfahren, ist der Anfang. Er ist immer mühsam. Die ersten zwanzig Seiten jedes meiner Romane sind mehrere Male geschrieben, umgeschrieben, neu geschrieben worden, Sätze wurden geändert, anders modelliert. Schließlich findet man den Trick, der alles in Gang setzt. Für ein Buch von 200 Seiten benötigte ich mindestens 800 maschinengeschriebene Seiten. Ich feilte immer aus, war nie zufrieden. Wegen eines durchgestrichenen Wortes schrieb ich die ganze Seite nochmal. Ich habe später erfahren, daß Dashiell Hammett dieselbe Manie hatte.

Ich arbeitete ohne Kartei, ohne Plan, spontan. Deshalb füllten sich meine Schubladen mit Romanskizzen, die durch eine unvorhergesehene Schwierigkeit oder eine Falle, die ich nicht gewittert hatte, unterbrochen worden waren.

Ich bin zu faul oder zu lebhaft, um einen Plan zu machen und mich daran zu halten.

Am Anfang habe ich eine sehr unklare Idee über die allgemeine Linie und die Auflösung des Romans. Zum Beispiel in *M'as-tu vu en cadavre?* („Wie steht mir Tod?"), zehnter Bezirk, Faubourg Saint-Denis, Saint-Martin und die Chansons. Ich dachte an den Chansonnier und Kabarettisten Fragson, der während der Belle Epoque von seinem Vater getötet wurde. Verbrechen aus Leidenschaft: Sie hatten dieselbe Geliebte. Mir kamen noch andere Chansonniers in den Sinn und der Klub ihrer Bewunderinnen. Ich brauchte keine anderen Elemente, die Auflösung kam mir im Laufe des Schreibens in den Sinn. Ich legte los. Und es gelang mir ... oder es gelang mir nicht. Bei „Wie steht mir Tod?" ist es mir gelungen. Auch bei *Boulevard ... ossements* („Streß um Strapse"), das von einem einbeinigen Skelett inspiriert war, das im Hôtel Drouot verkauft wurde, von den Erinnerungen an einen Fabrikanten von aufblasbaren Puppen in der Passage de l'Opéra und von der Affäre Koutiepoff, diesem General der Weißen, der die Hoffnung auf den Wiederaufbau des Zarenreichs nicht aufgegeben hatte und wahrscheinlich 1931 in Paris von der GPU entführt worden war.

Es kam aber auch vor, daß ich mitten im Schreiben vor einer Mauer stand, die ich mir selbst durch eigene Komplikationen aufgebaut hatte. Bei *Du Rebecca rue des Rosiers* („Spur ins Ghetto") war das der Fall. Ich ging im betreffenden Bezirk spazieren, auf der Suche nach Inspiration. Ein Typ beobachtete pfeifend mein Kommen und Gehen, ein junger, rundlicher Dummkopf mit einer hochgeklappten Mütze auf dem Kopf, der sich offensichtlich über mich amüsierte. Da ich im Leben nicht Nestor Burma bin, ging ich weg, aber diese Begegnung hatte mich wieder auf eine Spur gebracht, ich nahm diesen pfeifenden Spötter in den Roman auf. Nestor Burma packt ihn am Kragen und zwingt ihn, auszupacken. Alles andere ging wie geschmiert, bis zum Wort „Ende".

Ein anderes Mal passierte mir etwas Erstaunliches. In *Nestor Burma revient au bercail* (vor den Neuen Geheimnissen von Paris geschrieben) war die Tochter eines ehemaligen Angehörigen der OAS, der Geheimorganisation nationalistischer Algerienfranzosen und Mitglieder der französischen Algerienarmee, verschwunden. Sie hinterließ eine Banknote, auf der mit rotem Lippenstift unbeholfen die Buchstaben O-A-S geschrieben waren, wie in großer Hast. Ich hatte ungefähr eine Ahnung, wer der Mörder sein sollte. Aber dann: die Aufdeckung! Der Täter war überhaupt nicht der, an den ich gedacht hatte. Ich war selbst auf eine falsche Spur geraten. Der Schuldige war Castelet. Ich nahm diesen Namen, wie ich auch einen andern hätte nehmen können, Dupont oder Durand. Die ersten drei Buchstaben dieses Namens, Castelet, CAS, ergeben OAS, wenn man sich ein wenig Mühe gibt!

Dieses Mädchen hatte zwar erraten, wer ihr Mörder war, hatte aber die ersten Buchstaben dieses Mannes falsch geschrieben! In diesem Fall wurde ich vom Roman geführt, denn ich wußte wirklich nicht, wer schließlich der Schuldige sein würde. Meine unklare Idee vom Anfang war falsch gewesen. Ich wurde von meinen Romanfiguren gerettet.

Wenn ich an einem Roman arbeitete, war ich wirklich mit ganzem Herzen dabei, vierundzwanzig Stunden am Tag, bis er fertig war. Manchmal dauerte es zwölf Tage, wie für *L'ombre du grand mur,* manchmal aber auch zwei Monate. Während dieser Zeit konnte ich nichts anders tun, ich war immer in Kontakt mit meinen Romanfiguren. Ich wachte sogar in der Nacht auf und dachte an sie.

Als ich die Neuen Geheimnisse von Paris schrieb, wohnte ich in einer Vier-Zimmer-Wohnung. Ich baute die Dialoge auf, indem ich um den Tisch herumging, und wenn ich sie klar im Kopf hatte, tippte ich sie in meine Schreibmaschine. Meine Inspiration war launisch. Von dem Tag an, an dem man das Haus abriß, in dem ich diese Romane geschrieben hatte, und ich in einer Sozialwohnung von weniger als 40 Quadratmetern wohnen mußte, konnte ich nicht mehr schreiben. Ich hatte keine Inspiration mehr. So sind Schriftsteller eben, sie haben alle ihre Macke ...

Manche meiner Berufsgenossen schreiben drei Stunden am Vormittag, treffen am Mittag Freunde, gehen spazieren oder ins Kino usw. Andere schreiben sogar an zwei Büchern auf einmal, eines am Morgen, das andere am Nachmittag. Das war unmöglich für mich, ich konnte mich nicht zurückziehen, ich konnte nur am Buch arbeiten. Wenn ich aus irgendeinem Grund meine Arbeit für zwei oder drei Tage abbrechen mußte, hatte ich einen körperlichen Widerwillen, mich wieder daran zu setzen.

Als ich die Romane der Neuen Geheimnisse von Paris schrieb, verbrachte ich die letzten dreißig Stunden vor Fertigstellung ohne Schlaf, ich tippte auf meiner Maschine. Corydran half mir durchzuhalten, eine Mischung aus Aspirin und Amphetaminen, die unter anderen auch Jean-Paul Sartre zu sich nahm. Eines Tages, 1965 oder 66, entdeckte man, daß Jugendliche von zwölf Jahren sich für irgendein Velorennen mit Corydran dopten. Da hieß es: Droge! Droge! Und man verbot Corydran. Natürlich erhöhte sich mein Blutdruck dadurch ein wenig, aber ich bin nicht daran gestorben! Ich nahm übrigens nur dann eine Pille, wenn es wirklich nötig war, nicht wie Sartre, der pro Tag ein Röhrchen davon schluckte! Ich gab mich mit einer Pille alle fünf Stunden zufrieden, und das nur für die zwei, drei letzten Tage. Dann hatte ich genug von meinem Buch, ich mußte fertig sein! Ich hatte den ganzen Roman im Kopf, aber die letzte Erklärung mußte noch geschrieben werden, noch ein letztes dramatisches Element war hinzuzufügen und dann war der Roman fertig. Ich weiß nicht, warum, aber wenn ich ans

An meinem Arbeitstisch in dem heute abgerissenen Haus in der Rue Gabriel-Péri 4, ehemalige Rue du Ponceau, in Châtillon-sous-Bagneux.

Wort „Ende“ kam, war es immer fünf Uhr morgens.

Dann ging ich hinunter ins Bistro, das um diese Zeit öffnete, trank einen Kaffee, diskutierte ein wenig mit dem Wirt und sagte mir jedesmal, das ist gut, was du eben geleistet hast. Fünfzig Stunden ohne Schlaf hinter der Schreibmaschine ... Aber das wirst du in zehn, fünfzehn Jahren nicht mehr machen können! Das stimmt, ich könnte es nicht mehr. Zum Glück haben die Neuauflagen meiner Bücher es mir dann erlaubt zu leben, ohne die ganze Nacht an der Underwood sitzen zu müssen.

Wenn ich das Wort „Ende“ schrieb, war ich gleichzeitig erleichtert und unzufrieden: „Jetzt ist es wieder so weit, was für einen Quatsch hab ich diesmal geschrieben!“ Das war mein erster Eindruck. Wenn ich jetzt aber meine Bücher wiederlese, werde ich sehr nachsichtig und sage mir: „Nun, so schlecht ist es auch wieder nicht.“ Das ist wie bei Jacques Prévert, der mir Passagen aus seinen Filmdialogen vorlas und dann sagte: „Großartig, nicht wahr?“

Wenn Kritiker sagen, ich hätte den französischen schwarzen Roman erfunden, protestiere ich nicht, aber es stimmt nicht ganz. Ich denke an die Burmas, nicht an die schwarze Trilogie. Ich habe diese Romane geschrieben, wie ich sie im Kopf hatte, mit meinem Temperament, meinem Sinn fürs Leben, meinem Geschmack am

Sarkasmus, meinem naiven Zynismus. Wenn zum Beispiel Burma in „Wie steht mir Tod?“ vor seiner toten Klientin steht, muß er sich hinsetzen, weil ihm die Aufregung die Luft nimmt und er sagt: „Einen Kunden zu verlieren, das nimmt einen immer ziemlich mit.“

Das stellt die Sache klar. Oder, wenn Burma mit der Zigeunerin in „Brücke im Nebel“ eine Leiche in einem Wagen transportiert, um sie an der Seine abzuladen, sie dort ankommen und merken, daß die Leiche verschwunden ist – sie hatten eine Irrfahrt mit dem Auto gemacht, der Laderaum hatte keine Türen, der Körper mußte herausgefallen sein – bricht Belita zusammen und Burma sagt ihr, um sie zu trösten: „Ist doch nicht so schlimm. Wir suchen uns ’ne neue ...“

Wegen des amerikanischen Einflusses schreiben die Autoren heute Bücher, die man nicht mehr ganz als Krimis qualifizieren kann. Einige meiner Berufsgenossen lehnen die Bezeichnung Krimi sogar ab. Ich erhebe Anspruch darauf. Ich versuche, das Rätsel und die Bewegung zu versöhnen. Die Intrige: Wer hat getötet? Man weiß es erst auf der letzten Seite. Diese Atmosphäre gehört nur mir. Leute, die meine Bücher gern lesen, und Kritiker sagen, daß meine Krimis eine besondere „Atmosphäre“ hätten. Ein wenig wie bei Simenon, obwohl es nicht dasselbe ist – die ganze Simenon-Palette mit dem mit feinen Strichen gezeichneten Dekor.

Simenon hat den Nebel für sich beansprucht, seine Bewunderer sagen fast, daß er ihm gehöre. Rühren sie den Nebel nicht an! Simenon hat dieses Dekor an sich gerissen und spricht mit der ihm eigenen Sensibilität darüber. Ich habe dasselbe gemacht. Meine Sensibilität ist vielleicht nicht dieselbe. Simenon hat den Nebel nicht erfunden, ich habe Paris nicht erfunden. Der Schriftsteller soll sich des Stoffes bedienen, wie es ihm beliebt. Die Landschaften der Stadt sind schön – ich spreche von den Landschaften von früher: die Gaslaterne an der Straßenecke, deren Schein sich in einer Pfütze widerspiegelt, die kleine Frau, die auf dem Strich steht. Diese poetische Landschaft ist wie das Dekor in Carnés „Der Tag bricht an“ oder „Hafen im Nebel“, es verschwindet langsam unter den dicken Betonmassen, wo es keine Geheimnisse

„Es ist doch erstaunlich, daß ich mich nie mit dem Eiffelturm beschäftigt habe ..." Zeichnung von Tardi.

mehr gibt. Vielleicht gibt es andere, ich weiß es nicht, aber vom poetischen oder plastischen Standpunkt aus ist es nicht mehr dasselbe.

UNTERBRECHUNG

Ich bereitete gerade den sechzehnten Roman über das elfte Arrondissement vor – er sollte *La méprise de la Bastille* heißen – als mir bei einem Spaziergang durch diesen mir sehr gut bekannten Bezirk schwindlig wurde. Ich ging zu einem befreundeten Arzt. Nach der Blutuntersuchung stellte er fest, daß ich 25 g Fett pro Liter Blut hatte, ein Rekord, 10 g waren normal. Von da an fühlte ich mich manchmal nicht wohl. Zu diesem Unwohlsein kamen noch andere, persönliche Scherereien, die meine Begeisterung dämpften und mich am Schreiben hinderten: der Abbruch des Hauses, in dem ich fünfundzwanzig Jahre lang gelebt hatte, der Umzug in eine Sozialwohnung, das Verschwinden meiner jungen Geliebten (Hélène, die nicht Hélène hieß), mein Sohn sollte seinen Militärdienst in Algerien leisten usw. Seither bin ich unfruchtbar. Drei Jahre lang konnte ich keine einzige Zeile mehr schreiben. Dazu kam, daß man Paris langsam abriß! Das war viel für einen Mann.

Ich war nicht mehr fähig, die Neuen Geheimnisse von Paris fortzusetzen und entschloß mich zusammen mit Robert Laffont, die Reihe zu unterbrechen. Die Neuen Geheimnisse waren kein großer Publikumserfolg. Die Presse war zwar einstimmig positiv, das Publikum folgte ihr aber nicht. Erst seit den Neuauflagen bei Robert Laffont ist es aufgewacht.

Ich hatte überhaupt kein Geld und fühlte mich verloren. Ich konnte überhaupt nichts mehr tun. Es gelang mir, einen kurzen Roman zu schreiben, der in Mexiko spielt, in einem Mexiko, das ebenso in meiner Vorstellung existierte wie Johnny Metals Amerika. Die Intrige in diesem *Ça va chauffer à Santa Regina* war so etwas wie Spionage. Ich legte den Roman dem Direktor von *Masque* vor, der mir sagte: „Er ist ein wenig zu brutal für uns. Schwächen Sie ihn ab. Und außerdem muß eine der Romanfiguren von der CIA sein ..."

Ich versuchte, seinen Anweisungen zu folgen, mein Herz war aber nicht bei der Sache. Das Resultat war unbefriedigend, es bedeutete überhaupt nichts mehr. Diese umgeänderte Form wurde dann auch abgelehnt. Der Direktor hätte meinen ersten Entwurf nehmen sollen. Man muß sich entscheiden: Ein Schriftsteller ist jemand mit Temperament oder einer, der aus Geldgründen irgendwas macht.

Einige Jahre vergingen mit verschiedenen Arbeiten „literarischer Neubesohlung". Armand Lanoux hatte bei Arthème Fayard einen wichtigen Posten und stellte mich ein, um einige Unterhaltungsromane von 300 bis 350 Seiten auf ungefähr 200 Seiten zusammenzufassen. 1959 lebte ich einige Monate von dieser Arbeit. Nach den „Überschriftenkürzern" kamen nun die „Textkürzer". Ich kürzte Pierre Decourcelle, Paul Bartnay, Michel Morphy, Xavier de Montépin, Eugène Sue, Paul Féval, Senior und Junior, Michel Zévaco und andere, an die ich mich nicht mehr erinnern kann.

Ich lebte von der Nächstenliebe meiner Freunde, von Jean Rousselot und Anatole Jakowski, die eine Sammlung für mich organisierten. Sie schrieben einen Rundbrief an Hunderte von Berufsgenossen, in dem sie meine schwierige Situation beschrieben.

Léo Malet mit seinem Lieblingsmodell, 1975.

Manche schickten 100 Francs, andere 50. Ich wollte nie wissen, wer wieviel gegeben hat. Ich weiß, daß Leute mit wenig Geld sich wirklich angestrengt haben. Diese Sammlung ergab eine ziemlich hohe Summe, die uns zusammen mit dem Lohn meiner Frau half zu überleben.

Ich hatte meine Schwierigkeiten damit, wieder unterstützungsbedürftig zu sein, aber so war es einfach. Das ist sicher das Burma-Gesetz.

1962 gelang es mir, ein neues Abenteuer für Nestor Burma zu schreiben. Es war ein wohltätiges Unternehmen: Jean Diwo, der Direktor von *Télé 7 jours,* hatte bei mir einen Roman bestellt, der im Fernsehmilieu spielen sollte, und den er als Fortsetzung in seiner Zeitschrift veröffentlichen wollte. So entstand die wöchentliche Fortsetzung *6/35 contre 819.* Der Titel wurde später in *Nestor Burma en direct* geändert und bei *Fleuve noir* herausgegeben.

1965 verkaufte ich als Bouquinist auf den Quais des Seineufers antiquarische Bücher. Flamant, der Generalsekretär der Pariser Stadtverwaltung, hatte mir dazu verholfen, weil er mein literarisches Schaffen schätzte.

Der Beruf eines Bouquinisten ist nicht so einfach, wie man glauben könnte. Zuerst muß man sich eine normierte Kiste beschaffen. In meiner Naivität glaubte ich, die Stadtverwaltung stelle diese frei zur Verfügung. Das war aber nicht der Fall. Man mußte sie kaufen, die billigste Kiste kostete 30.000 Francs. Man konnte sich auch eine gebrauchte Kiste besorgen und das tat ich. Ich stellte sie an dem von der Stadt bestimmten Standort auf, am Quai de l'Hôtel-de-Ville, beim Pont Louis-Philippe, ein benachteiligter, praktisch ausgestorbener Platz. Das kündigte einen guten Verkauf an! Ich füllte die Kisten mit meinen eigenen Büchern. Ein Teil meiner Bibliothek wanderte an das Seine-Ufer. Ich verkaufte meine Sammlung von Scorpion, die Boris Vians, Maurice Raphaël, einige kartonierte Exemplare der *Série noire* usw. Einmal kam ein ziemlich gewitzter Kerl zu mir: „Ich habe einige Bücher zu verkaufen."

Ich schaute sie mir an – es waren keine Krimis – und kaufte ihm ein paar ab. Bevor er ging, bestand er darauf, mir seine Visitenkarte zu geben. Ich wußte nicht recht, ob das ein Witz sein sollte. Dieser Mann fährt mit seinem Auto zu mir und verkauft mir zwei, drei Bücher für einen lächerlichen Preis. Er war „Privatdetektiv". Ein Privatdetektiv verschachert Léo Malet Bücher. „Nestor Burma, Bouquinist!" Nicht alle Tage waren so „romantisch". Es kamen wirklich zu wenig Kunden und während ich so auf dem Klappstuhl vor meinen Kisten saß, in denen niemand wühlte, hatte ich das Gefühl, meine Zeit zu verlieren. Ich ruinierte mich sogar, denn wenn ich interessante Bücher fand, behielt ich sie für mich, anstatt sie weiter zu verkaufen. Ich gab diesen Spaß nach einigen Monaten auf.

1966 handelte mir Maurice Renault, unermüdlich und mehr denn je entschlossen, mir zu helfen, einen Vertrag bei *Fleuve Noir* aus. Ich schrieb Romane für sie, die die Fortsetzung der in *Labyrinthe* veröffentlichten Bücher waren – wenn man sie klassifizieren will. Nestor Burma blieb derselbe, glaube ich.

Damals waren einige meiner Leser unzufrieden. Sie sagten, die Qualität habe abgenommen und dann noch bei *Fleuve noir. Fleuve noir* war bei ihnen nicht beliebt. Ich verstand diesen Vorwurf und die Ablehnung von *Fleuve noir* nicht. Meine Romane bei *Fleuve Noir* unterscheiden sich von den „Neuen Geheimnissen" durch das „Gefäß". Sie brechen aus, sie überschreiten die Grenzen von Paris, aber ich habe ebensoviel Herz, Aufrichtigkeit und Respekt vor dem Leser und vor mir selbst hineingesteckt wie in die früheren Romane.

MEINE LIEBLINGSAUTOREN

Ich habe nie mit der Absicht gelesen, etwas zu lernen. Ich habe mir nie gesagt: „Diesen Autor muß man gelesen haben." Ich habe immer aus Spaß gelesen. Um so besser, wenn ich etwas dabei lernte. Das bißchen Kultur, das ich habe, erlas ich mir, ohne daß ich es wirklich suchte. Vielleicht war der Boden fruchtbar. Ich habe Lücken, aber das ist mir egal. Diese zynische Individualität muß am anarchistischen Hintergrund liegen.

Was meine Lieblingsautoren angeht, ist mein Geschmack einfach, populär, zum Beispiel Daphné du Maurier. Ich weiß, daß das die Denker mit Stirnfalte amüsiert, aber „Rebecca" und „Das Gasthaus Jamaica", um nur diese zu nennen, muß man erst schreiben können. Und da ist auch noch Georges du Maurier, der Onkel von Daphné, Autor von *Peter Ibbetson,* der auch nicht nichts ist.

Ich mag die traumhafte Atmosphäre von Julien Greens Romanen, die sich immer in sozusagen nicht existierenden Dekors abspielen: tote Städte, verlassene Straßen, stickige Luft und Schwefelgeruch: In dieser Atmosphäre ist De Chirico zu spüren.

Diese katholischen Schriftsteller sind unglaublich! Ich würde ihnen nie meine kleine Schwester anvertrauen, wenn ich eine hätte! Nehmen Sie Graham Greene, den Autor von „Am Abgrund des Lebens" und „Zentrum des Schreckens", in diesen Büchern wütet der Teufel!

Mauriac ist auch nicht schlecht, wenn er weit weg ist von *La*

Veillée des chaumières und *Echo de Noël.*

Ich habe fast alle Werke von Léon Bloy gelesen, noch ein Katholik. Mit seinem Gott geht er mir ein wenig auf den Wecker, aber was für eine Gesundheit! Er ist ein großer Schreihals, spezialisiert auf ein phantastisches Zeter und Mordio. Er rächt sich manchmal für die Tritte in den Arsch, die man erhalten hat. In „Der Verzweifelte", einem zum großen Teil autobiographischen Schlüsselroman, zeichnete er unvergeßliche Vitriolportraits von gewissen Schriftstellern seiner Epoche. Er hatte es insbesondere auf Alphonse Daudet abgesehen, den er von Herzen zu verabscheuen scheint. Er nannte ihn Gaston Chaudesaigues. Ich zitiere: „Mit seiner Art eines jüdischen Auvergners, der im Süden geboren ist, eines Geschäftsmanns aus der Provinz, ist er einer der schlechtesten Literaturschieber ..."

Wenn wir schon bei den Daudets sind, reden wir von Léon. Ich mag Léon Daudet. Immer eine große Klappe. Politisch gesehen sind wir wie Tag und Nacht, aber von der Politik abgesehen ... Er nahm auch Abstand davon, wenn er einen Schriftsteller verteidigen oder auf ihn aufmerksam machen wollte, der zwar nicht seine Ansichten teilte, den er aber seiner Aufmerksamkeit würdig fand. So setzte er sich für Céline und sein „Reise ans Ende der Nacht" ein wie einige Jahre zuvor für *Ceux du trimard* von Marc Stéphane, einem alten Anarcho-Illegalisten, der mehr oder weniger mit der Bonnot-Bande liebäugelte, also überhaupt kein Anhänger des Königshauses war.

Le Paris vécu von Léon Daudet ist eines der schönsten Bücher über Paris. Als Pamphletist hatte er eine spitze Feder, wie man sagt. Er malte wunderschöne Bilder: Den Abgeordneten, der wegen seines schmierigen und gehässigen Verhaltens beim Tod von Philippe Daudet befördert worden war, wie Daudet glaubte, nannte er „Blutabgeordneter meines Sohnes". Léon Daudet ist wieder zu entdecken. Leider trägt er die Last seines politischen Engagements.

Louis-Ferdinand Céline. Ich habe „Reise ans Ende der Nacht" gelesen, als es herauskam. Es ist und bleibt ein außerordentliches Buch. Niemand hat das besser gemacht. Ich mache L.-F. Céline nur einen Vorwurf: Er hat es einer Reihe von Epigonen erlaubt, sich einzubilden, es genüge zu schreiben „Scheiße, da ist dieser

Dreckskerl“, um Talent zu haben und ein neuer Céline zu sein. Er kann nichts dafür, aber er hat vielen Leuten, die ich nicht nennen werde (sie haben es trotz ihrer Tricks nicht weit gebracht), den Weg gebahnt.

„Tod auf Kredit“, das von den Experten und Kritikern als „besser“ eingestuft wird als „Reise ans Ende der Nacht“, gefällt mir nicht so gut. Nach diesen beiden Romanen fing Céline an zu phantasieren – das ist einer seiner Reize. Wenn er in einem seiner Pamphlete schreibt, daß Louis XVI. wegen seiner bourbonischen Nase ein Jude sein muß, dann kann man seine Gedanken nur schwer nachvollziehen. Nach dem Erscheinen dieser Pamphlete kam der Krieg, Hitler und dessen makabre Siebensachen. Als Célines Pamphlete erschienen, war noch nicht die Rede von Völkermord, man hat ihm das fälschlicherweise untergeschoben. Ich muß zugeben, daß ich mich bei der Lektüre von *Bagatelle pour un massacre* („Die Judenverschwörung in Frankreich“) und *Ecole des cadavres* ehrlich amüsiert habe. Pech, wenn man sich darüber aufregt, ich fand diese Bücher humorvoll.

Mac Orlan ist auch einer meiner Lieblingsautoren. Ich genieße seine Romane immer wieder: Abenteuer, Piraten, Sensationen. *A bord de l'étoile matutine, Le Chant de l'équipage, L'Ancre de miséricorde* usw. Er hat ein heute unauffindbares Buch geschrieben: *Le Manuel du petit aventurier,* in dem er erklärt, daß es besser ist, in den Pantoffeln zuhause zu sitzen und von ungewöhnlichen Abenteuern zu träumen.

Mac Orlan selbst blieb nicht bei seinen Pantoffeln, er arbeitete als großartiger Reporter für verschiedene Tageszeitungen, ging nach Afrika und sah fast ganz Europa. Von einer dieser Reisen brachte er die ausgezeichnete Reportage *Filles et ports d'Europe* zurück. Diese Häfen mußte man sich ansehen! Für mich, der auf Anraten von Mac Orlan bei seinen Pantoffeln geblieben ist, wäre das zuviel Mühe gewesen. Ich bediente mich der Abenteuer der andern. Wenn ich die Pampa beschreiben wollte, nahm ich einfach einen Band vom *Petit Mousse* aus meiner Bibliothek.

Ich möchte noch Paul Léautaud erwähnen. Mir gefällt sein bissiger Geist, seine Meckererseite und seine Liebe für Katzen. Und dann noch Henri Calet, auch ein Fußgänger in Paris. Er schrieb ausgezeichnete Sachen über die Hauptstadt.

Zu einer bestimmten Zeit hätte ich Céline, Léautaud und Mac Orlan gern persönlich kennengelernt. Im letzten Moment fragte ich mich aber: „Was habe ich ihnen zu sagen! Nichts! Und was haben sie mir zu erzählen? Nicht mehr, als sie in ihren Büchern geschrieben haben.“ Deshalb gab ich meinen Begegnungsgelüsten nicht nach. Ich glaube, ich hätte mich mit keinem von ihnen verstanden. Mit Mac Orlan nicht, weil er reaktionär war. Ich bin mit dem Alter auch reaktionär geworden, ich sammle alle Krankheiten auf, aber damals war ich es nicht – im Gegensatz zu ihm.

Von den Krimiautoren gefällt mir natürlich Dashiell Hammett und mehr noch Raymond Chandler und einige andere Autoren aus der *Série noire,* ich habe aber auch eine Schwäche für Agatha Christie. Alles in allem bleibe ich den Klassikern treu. Der Neue Krimi zum Beispiel, der zeitgenössische schwarze Roman läßt mich kalt. Ich finde ihn extrem gekünstelt, die Rolle der Politik darin ist zu simpel. Diese Krimis scheinen von Leuten geschrieben zu sein, die unbedingt Zeugen ihrer Zeit sein wollen. Damit muß man vorsichtig sein: Wenn man anfängt, Zeuge zu sein, steht man schließlich auf der Anklagebank.

Heute lese ich nur noch selten für die geistige Hygiene. Wenn ich ein schlechtes Buch lese, bekomme ich einen schweren Kopf, lese ich ein gutes Buch, bin ich deprimiert und sage mir: „Mein armer alter Esel, du existierst nicht, du hast überhaupt nie existiert!“ Den größten Teil meiner Zeit verbringe ich damit, dem Lärm der höllischen Sanduhr zuzuhören.

STRÜMPFE, STRAPSE UND BH'S

Die Herausgeber von *Vouvou* gaben sich die Ehre, in ihrem *Dictionnaire des contemporains* einen Vermerk über mich machen zu wollen und schickten mir einen Fragebogen. Sie fragten nach Namen, Beruf, Verwandten, Universitätsbildung usw., und was ich sammle. Ich antwortete, daß ich Werbung für Damenunterwäsche sammelte. In *Vouvou* wurde diese Antwort nicht abgedruckt. Sie müssen

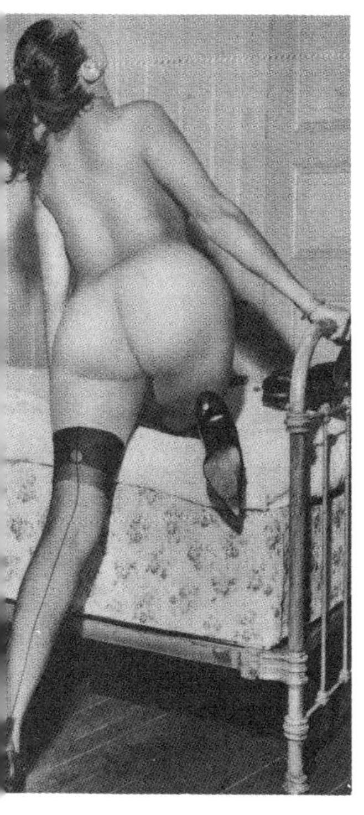

links: Dieses Photo aus *Paris-Olivoude* ist erstaunlich, auf eine Art sadistisch. Man könnte glauben, jemand biete sich dem Schlächter dar ... Die Position der Frau hat etwas Dramatisches, sie scheint sich verzweifelt am Bett festzuklammern. Es gibt 36 Stellungen, diese hier ist die 37., die dramatische Stellung ... Deshalb habe ich es aufbewahrt. Es gehört zu meinen persönlichen Phantasien.

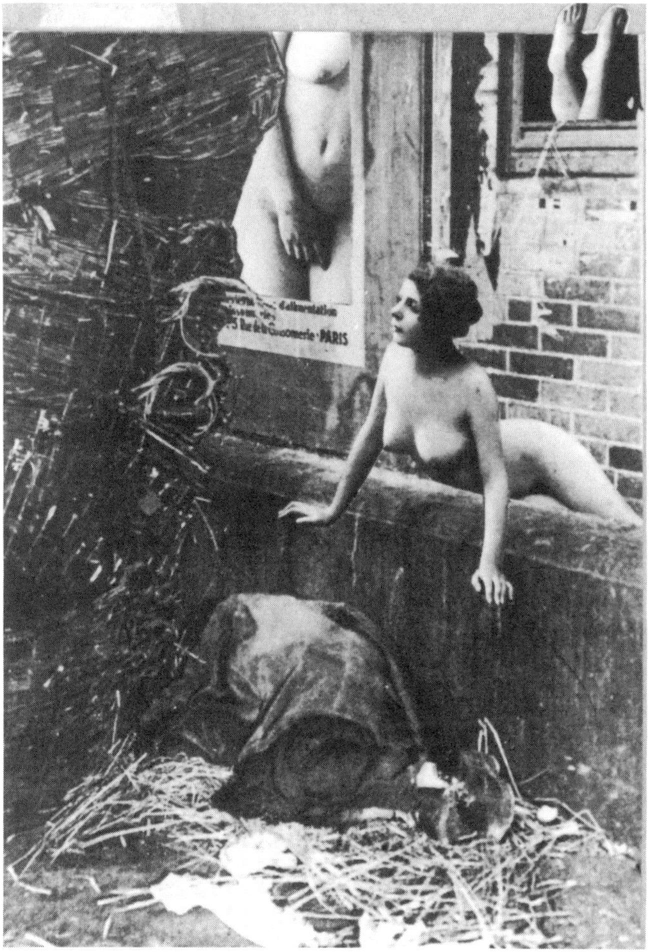

Ich hatte mir eine Anzahl Postkarten mit dem Eiffelturm gekauft. Auf jede von ihnen klebte ich so ein kleines Ding aus *Paris-Olivoude.* Ich schickte sie, als Dankesschreiben, an die Kritiker, die meine Neuen Geheimnisse lobten. Die ersten Karten erreichten ihre Adressaten nie, sie wurden von Briefträgern geklaut.

rechts: Collage von Malet mit dem Titel *Der Traum des Léo Malet,* 1935.

geglaubt haben, ich scherze. Hätte ich doch Schwiegermutterzähne gesammelt! Ich berichtigte sie nicht.

Ich sammle tatsächlich solche Werbung, zu meinem Vergnügen, denn ich war immer schon empfänglich für diesen Firlefanz und Flitter, der mit der Nacktheit der Frau einhergeht. Ein nackter Körper erregt mich nicht. Wie jemand sagte: „Die Wahrheit ist zu nackt, sie regt Männer nicht mehr an."

Ich überraschte viele, als ich mir Visitenkarten drucken ließ, auf denen stand „Léo Malet, gewöhnlicher Fetischist und Sexbesessener". Warum gewöhnlicher Fetischist? Jeder Durchschnittsfranzose ist mehr oder weniger Fetischist. Ich kenne keinen Mann, den Damenunterwäsche nicht träumen läßt. Ein solcher Fetischismus ist nicht krankhaft, er ist normal. Der echte Fetischist würde sich mit der Unterwäsche begnügen, sie lange streicheln, sie wäre sein einziges Wunschobjekt. Ein solcher Mann ist ein Fall für die Medizin. Bei mir ist das vielleicht nicht der Fall, denn ich schenke nur Unterwäsche, damit die Frau sie anzieht und ich sie wieder ausziehen kann. Deshalb gefallen mir Büstenhalter, die sich vorne öffnen lassen. Bei ihnen braucht man nicht die Gymnastikübungen, die man machen muß, um einen normalen Büstenhalter zu öffnen. Es geht schneller und man ist eher bei der Sache. Solche Artikel sind schwer erhältlich. Ich mußte schon viele Läden abklappern, bevor ich das gewünschte Objekt fand. Kürzlich sagte mir ein Verkäufer in einem Wäschegeschäft, nachdem er gehört hatte, was ich wünschte: „Ah, Sie meinen einen Büstenhalter zum Stillen von Säuglingen!"

Mit einem kleinen Lächeln auf den Lippen antwortete ich: „Nein, nicht unbedingt ..."

Mir haben schöne Brüste immer schon gefallen. 1925 muß ich richtig frustriert gewesen sein, denn die Frauen waren eher flach und knabenhaft. Der Busen geht mit der Mode, große Brüste, kleine Brüste, normale Brüste ... Kaum zu glauben, sie müssen einmal aufgeblasen und das andere Mal abgenommen werden!

Wäscheläden gehören meist älteren Frauen mit bis oben zugeknöpften Blusen. Sie sind sehr verständnisvoll, helfen einem, meinen persönlichen Erfahrungen nach, über seine Verlegenheit hinweg. Angesichts meiner Schüchternheit auch noch in meinem Alter habe ich es lieber mit solchen mittelalterlichen Damen zu tun als mit jungen Unverschämten, denn ich fürchte immer, daß letztere ein Gewerbe führen und mich ins Hinterzimmer ziehen wollen.

Wie ich erwähnt habe, ging ich schon jung ins Bordell für flüchtige Begegnungen, die mich nicht ganz befriedigten. Das Bewußtsein, daß Strümpfe, Strapse und BHs, all diese Kniffe, die den erotischen Akt begleiten und verschönern und die den Menschen vom Tier unterscheiden, mit dem Liebesakt verbunden sind, stellte sich erst später ein. Ich habe noch nie eine Kuh mit Strapsen gesehen ... obschon ... wenn man es sich überlegt, es wäre nicht schlecht!

Der beste Augenblick für die Liebe ist der Nachmittag, in der Nacht machen es zu viele. Ich träume von einer Junggesellenwohnung voller Spiegel, mit „Sofas so tief wie Gräber", mit Musik und Parfüm ... Mit meinem Talent sollte ich die Möglichkeit haben. so etwas zu machen. Manchmal werde ich wütend, wenn ich denke, daß ich mit einem Bein schon im Grab stehe und diese tiefen Sofas nie gehabt habe. Mir bleibt nur das Grab, das ist alles. Nun, ich hoffe wenigstens, daß die schönsten Frauen von Paris – und ich kenne einige – zu meinem Begräbnis kommen werden.

Ich bin vielleicht der einzige, der nie einen Pornofilm gesehen hat. Diese Art Film sagt mir überhaupt nicht zu. Man weiß von vornherein, wie es enden wird, es ist nicht spannend. Ich ziehe die erotische, erotisierende Werbung vor – das Wort ist treffender. Früher war ich ein eifriger Leser von *Vogue* oder *Votre Beauté*. Man konnte darin viele schöne Sachen entdecken. Ich erinnere mich an ein sensationelles Paar Brüste, zwischen denen ein Kreuz an einer Kette baumelte. Diese Werbung hatte mich für einen Artikel inspiriert, den ich mit dieser Reklame zur Straffung der Brüste illustrierte. Er wurde in *Documents 34,* einer belgischen surrealistischen Zeitschrift, veröffentlicht. Nach dem Erscheinen dieses Artikels haben die Brüste überlebt, aber das Kreuz verschwand. Ich muß damals viel gelesen worden sein, und nicht nur in Belgien. Eine andere merkwürdige Reklame fand ich vor langer Zeit in *Elle*. Sie zeigte eine mit sich selbst zufriedene Frau. Darunter stand in großen Buchstaben: „Leicht anzuziehen".

DAS VERSCHWINDEN EINES JUGENDLICHEN

Ich schreibe schon seit langem nicht mehr. Man könnte übrigens sagen, daß sich alles dagegen stellt, daß ich schreibe. Erstens inspiriert mich Beton nicht und zweitens verstehe ich die Mentalität, die Psychologie meiner Zeitgenossen nicht mehr. Ich fühle mich ihnen gegenüber verloren. Ich weiß nicht, wie ich sie auf dem Papier zum Agieren bringen kann, denn ich weiß nicht, wie sie denken. Ich kannte all meine Romanfiguren von innen, ich wußte, welche Gesten sie machen, wie sie handeln. Ich bin nicht allein in dieser Lage. Ich habe mit Robert Margerit darüber gesprochen. Er sagte zu mir: „Ich verstehe auch nichts mehr. Also schreibe ich nicht mehr." Ich fürchte, daß ich ein alter Dummkopf geworden bin, den die Gegenwart überholt hat.

Meine Inspiration ist weg. Zwischen 1967 und 1972 machte ich mir die Mühe, für *Fleuve noir* sieben Bücher zu schreiben, aber das Herz war nicht ganz dabei. Ich war von einer Art Depression heimgesucht, die mich daran hinderte zu schreiben. Ich bin immer noch ihr Opfer. Ich fühle mein Alter sehr. Als sich René Crevel, den ich in der Surrealistengruppe gut gekannt habe, 1935 umgebracht hatte, hinterließ er nur ein Wort auf einem Stück Papier: „Überdruß ..." Ich fühle diesen Überdruß auch manchmal, ich werde mich aber nicht umbringen. Noch nicht! Erst an dem Tag, an dem ich mich entschieden habe. Ich habe eine Selbstmordtheorie, die eine ganze Kaskade von Folgen verursacht: Man muß sich zu Stoßzeiten unter die Métro werfen, wenn die Leute zur Arbeit gehen. Sie kommen zu spät zur Arbeit, werden zurechtgestutzt, entlassen, arbeitslos, verelenden und die einzige Lösung ist, wieder bei den Métroschienen anzufangen!

Wenn ich gefragt werde, wann ich die Reihe der Neuen Geheimnisse fertig schreibe, sage ich immer, daß ich mich eines Tages daransetzen werde. Ich lasse eine Spur Hoffnung, damit der Gesprächspartner nicht entmutigt wird. Ich bin sehr eng mit

linke Seite: Allein, in Châtillon-sous-Bagneux.

meinen Romanfiguren verbunden, als wären sie Menschen aus meiner Familie, und ich denke an sie wie an Verstorbene. Ich möchte sie gern wiederauferstehen lassen, denn sie fehlen mir manchmal, Nestor Burma, Marc Covet, Florimond Faroux, Hélène ... Aber ich fühle, daß es unmöglich ist, und das schmerzt.

Ich habe sehr gut angefangen. Wie ein Blitz, der einschlägt. Nur, ich wurde mein eigenes Opfer: Damals hätte ich jeden Monat ein Buch schreiben sollen. Die Knüppelmethode. Das war aber nicht meine Art, ich wollte nicht irgendwas schreiben. Ich wartete, bis etwas in meinem Oberstübchen bereit war. Zwischen 1942 und 1949 ging das gut, es war zwar kein großer Erfolg, aber es war ehrlich. Zwischen 1954 und 1960 kamen bei Laffont meine besten Romane heraus, die *Nouveaux Mystères de Paris.*

Ich war immer mit dem einverstanden, was ich tat. Gewisse Berufsgenossen haben entschieden, daß sie, wenn sie die Feder in die Hand genommen haben, große Schriftsteller sind. Ich bin sehr glücklich, Unterhaltungsromane und Krimis geschrieben zu haben. Ich schäme mich für nichts, auch nicht für die Romane, die ich unter Pseudonymen geschrieben habe. Ich habe sie immer mit Respekt dem Leser gegenüber geschrieben. Vielleicht ist nicht gerade alles, was ich gemacht habe, brillant, aber in jedem Fall wollte ich den Leser respektieren und mich selbst auch.

Mein ganzes Leben lang habe ich Verstecken gespielt, entweder mit dem Wohnungsbesitzer oder dem Steuereintreiber. Heute bin ich sehr glücklich, falls man so sagen darf, wenn ich ein Schreiben vom Steuereintreiber erhalte. Ich kann sofort bezahlen, ohne auf den Zahlungstermin achten zu müssen. Ich bin erleichtert, es ist fast ein Vergnügen, bar auf die Hand zahlen zu können.

Heute kann es vorkommen, daß ein stinkreicher Sänger vor den Mikrophonen weint, weil er einige harte Jahre hinter sich hat. Ich lache bitter darüber, wenn ich das höre. Einige harte Jahre schafft man mit links. Ich habe 50 solcher harten Jahre erlebt. Erst nach 1971 konnte ich mir drei Mahlzeiten am Tag leisten, das heißt, nachdem ich von den alten Achtundsechziger-Kämpfern wiederentdeckt worden bin und *Livre de Poche* meine Bücher neu herausgab und vertrieb.

Mein Traum wäre, genug zu verdienen, um ein großes Haus

auf dem Land kaufen zu können, mit einem großen, verwilderten Garten und vereinzelten Wolfsfallen drum herum. Und wenn möglich mit einer Zugbrücke und Wachen. Mit Söldnern, die da wären, um nach Passanten Ausschau zu halten!

Ich bin sehr gesellig, aber ein wenig asozial. Ich habe Angst vor Eindringlingen. Ich belästige nicht gerne Leute und habe es nicht gern, wenn man mich belästigt. Das ist die Definition eines Egoisten. Das beweist auch die Tatsache, daß ich als Anarchist bei den Individualisten war. Die Anarchokommunisten sind für die Masse, für eine organisierte Gesellschaft. Sie lassen schon fast Mitgliederkarten drucken. Der Anarchokommunist vertraut auf die Masse. Die Masse! Die Menschenmenge! Die Menge, die „Hängt ihn“ schreit, wenn sie einen Mann zwischen zwei Polizisten sieht; die sich an Geschworenenprozessen ergötzt; die zu Hinrichtungen rennt; die, nachdem sie Sacha Guitry und Tino Rossi geliebt hat, schreit „Tötet ihn!“, wenn vor ihnen ein Polizeiwagen vorbeifährt, der sie zum Vélodrome d'Hiver führt; die mit den Füßen zur Schau des 14. Juli stampft.

Versuchen wir also, uns mit einer Gesellschaft wie der unseren zu versöhnen, sie ist zwar nicht vollkommen, es gibt Ungerechtigkeiten, man kann sie aber verbessern, man kann sagen, was man will, man ist frei. Es gibt keinen Polizisten hinter jedem Bürger, keinen Bereichsabgeordneten, Hausabgeordneten, Familienabgeordneten, der dich überwacht. Klar, man riskiert, arbeitslos zu erwachen, sicher, aber ist es nicht besser arbeitslos zu sein als zur obligatorischen Arbeit verurteilt?

Es gibt Leute, die sich in dieser unvollkommenen Gesellschaft mehr oder weniger zurechtfinden. Manche verlieren ihre Ehre dabei, andere nicht, das ist alles. Ich meinerseits habe versucht, es so gut wie möglich zu machen, damit ich mich nicht schämen muß, wenn ich in den Spiegel schaue. Ich bin nur mir selbst Rechnung schuldig. Meine eigene Moral gleicht vielleicht der christlichen. Letztlich sind die Zehn Gebote gar nicht so schlecht: „Du sollst nicht töten“ usw., während man über die Berechtigung bestimmter politischer Ansichten Zweifel haben kann.

Paulette und ich haben lange Zeit in linken und extrem linken Organisation gekämpft. Das Herz ist links, sagte man. Aber leider sind die Großzügigkeit, die Brüderlichkeit, die Gerechtigkeit, die Freiheit, all diese Ideale von gerade denjenigen verhöhnt worden, die die rote Fahne gehißt haben, das Symbol der menschlichen Emanzipation, und es ist soweit gekommen, daß dort, wo diese berühmten, emanzipatorischen Revolutionen begonnen und gesiegt haben, die schlimmste Tyrannei herrscht, in der der Mensch mit Ketten gebunden ist.

Mit dem Alter habe ich verstanden, daß den großzügigen Menschen Fallen gestellt werden. Um das zu erklären, ein Zitat von Jaurès; Jaurès, dessen Namen die Knutomarxisten Frankreichs mit unvergleichbarer Unverschämtheit immer noch benutzen: „Gleichheit und Gerechtigkeit können nicht auf Kosten der Freiheit erreicht werden. Und wenn wir in der von uns erträumten sozialen Ordnung nicht auf Anhieb der Freiheit begegnen, der richtigen, vollen, lebendigen Freiheit ... werden wir zur aktuellen Gesellschaft zurückkehren, trotz ihrer Unordnungen, ihrer Ungerechtigkeiten, ihrer Unterdrückung ...“

Jaurès ahnte, daß der Sozialismus in schlechte Hände fallen würde. In Anbetracht dessen, was in den Ländern passiert, in denen man den Menschen mit Gewalt zum Glück zwingen will, meine ich, daß die liberale, bürgerliche Gesellschaft mit ihren bekannten „formellen Freiheiten“, die aus Abscheu und Verzweiflung entstanden sein sollen, gut ist. Eine kleine, gute, bürgerliche Republik, die von Zeit zu Zeit gerüttelt wird von der Ermordung des Präsidenten.

Es besteht ein Mißverständnis über mich. Man hält mich für einen Mann der Linken. Ich weiß jedoch schon lange nicht mehr, was links und was rechts ist. Wenn man mich unbedingt klassifizieren will, bin ich eher rechts ... Manche nennen das sogar „rechter Anarchist“, aber Achtung, rechts ... Die Rechte nach Léo Malet! Das ist etwas ganz Besonderes, ich selbst kann es nicht definieren. In Wahrheit will ich nicht in das eingereiht werden, was man heute „links“ nennt.

Dieses Mißverständnis rührt von der Lektüre meiner Krimis her, die heute, wie man mir sagt, von jungen „Linken“ sehr gern gelesen werden. In diesen Romanen drücke ich Ideen aus, die zwar denen der Linken gleichen, die aber keine linken Ideen sind.

Es sind Ideen eines freien Mannes und eines Nonkonformisten.

Ich verleugne die Dokumente und Flugblätter, die ich vor dem Krieg unterzeichnet habe, nicht, aber einige von ihnen würde ich heute nicht mehr unterschreiben. Es geht da um den geschichtlichen Zusammenhang. Ich bin nicht einer von denen, die sagen: „Ich habe das zwar geschrieben, aber heute denke ich nicht mehr so, also wird es nicht in meinem Gesamtwerk erscheinen." Ich stehe zu meiner Verantwortung, was aber beispielsweise die Schwarze Trilogie angeht, glaube ich, daß ich sie heute nicht mehr schreiben würde. Meine Sensibilität hat sich entwickelt, verändert, wenn man so will, ich werde aber die Vergangenheit nicht ausradieren.

Was wird mein Double von siebzehn Jahren unter der schwarzen Fahne heute von Léo Malet denken? Sicher viel Schlechtes. Der junge Malet war ein Revolutionär, und ich bin es nicht mehr. Es gibt Leute, die den alten Mann abstreifen, ich habe den Jugendlichen abgestreift.

Léo Malet, bei der Enthüllung einer Tafel an seinem Geburtshaus, eingeweiht von Georges Frêche, dem sozialistischen Bürgermeister von Montpellier.

ANHANG

Die Unmenge von Personen, Zeitschriften, Buch- und Filmtiteln, die Malet in seiner Autobiographie erwähnt, findet sich zum großen Teil im Textzusammenhang erläutert. Im Folgenden haben wir in alphabetischer Reihenfolge einige Namen erklärt, die für den deutschen Leser nicht geläufig sind und die sich aus dem Text selbst nicht aufhellen lassen. Die Buch- und Filmtitel wurden auf deutsch übernommen, sofern es deutsche Fassungen gibt. Die übrigen Titel wurden als Originaltitel belassen.

Action française: nationalistische, antisemitische, monarchistische Organisation, 1898–1936.

Argot doux: „gemäßigtes" Argot.

Brasillach, Robert: 1909–1945. Schriftsteller, Nationalist.

Cachin, Marcel: kommunistischer Politiker.

CGT: Confédération Générale du Travail. Kommunistische Gewerkschaft.

CGTU: 1922 von der anarcho-syndikalistischen Minderheit der CGT gegründete Gewerkschaft. 1926 spalten sich die Anarcho-Syndikalisten ganz ab und gründen eine eigene Gewerkschaft. 1936 schließt sich die CGTU wieder der orthodoxen CGT an.

Chanson rosse: bissig-böses Lied.

Chez Zervoz: Zervoz ist der Inhaber der Galerie des Cahiers d'Art, Les Cahiers d'Art waren ein Kunstmagazin.

Dranem, Armand Ménard: Künstler in Café-Konzerten.

Dubout, Albert: Maler.

Ferry, Jules: 1832–1893, französischer Politiker, Minister, Linksrepublikaner.

France-Soir: große französische Abendzeitung.

Fu-Manchu: Dr. Fu Manchu, orientalischer Schurke.

Guitry, Sacha: 1885–1957, Schauspieler und Komödiant.

Javel: früheres Dorf bei Paris, heute 15. Bezirk von Paris.

Lacenaire, Pierre-François: 1800–1836, berühmter Verbrecher und Rebell, genannt „Dandy des Verbrechens".

La Petite Mousse: Wochenzeitschrift mit Zeichnungen von Arnould Galopin.

La Poupée d'ivoire: Die Elfenbeinpuppe.

La Prolétarienne: Genossenschaftskneipe für Anarchisten und Sozialisten in Montpellier.

Lariboisière: Krankenhaus in der Rue Ambroise-Paré in Paris.

La Vache enragée: Cabaret in Montmartre.
La Vache qui rit: französischer Weichkäse, Markenzeichen ist eine lachende Kuh.
Le Canard Enchaîné: politisch-satirische Wochenzeitschrift.
Le Chat Noir: bekanntes Cabaret für Künstler, Anarchisten, Literaten und Journalisten.
Le Merle blanc: satirische Zeitschrift, Konkurrenz von Le Canard Enchaîné.
Libertad: Joseph Albert, Anarchist.
Louis-le-Grand: Straße in Paris.
Lupin, Arsène: Held der Detektivserie von Maurice Leblanc (1864–1941), bekannt als „Gentleman"-Einbrecher.
Michelet: höhere Primarschule in der Nähe der Esplanaden.
Noctambules: Cabaret im Quartier Latin.
Noël-Noël: Lucien Noël, Sänger, Zeichner, Komödiant.
NRF: Nouvelle revue française. Von André Gide gegründete literarische Zeitschrift und Verlag, heute Gallimard Verlag.
Pagnol, Marcel: 1895–1974, bekannter französischer Schriftsteller aus dem Süden.
Pieds-Nickelés: Comicfiguren von Louis Forton.
POI: Parti ouvrier international, französische Sektion der IV. Internationale (Trotzkisten).
Poincaré, Raymond: 1860–1934, französischer Staatsmann, mehrfach Ministerpräsident und Präsident der Republik.
Quai des Orfèvres: Sitz der Kripo in Paris.
Rignault, Alexandré: Schauspieler.
Rossi, Tino: Schmalzsänger.
Rue Louis-Blanc: Le Libertaire befand sich in dieser Straße.
Sadoul, Georges: 1904–67, französischer Filmhistoriker.
Soliloque d'un pendu: Selbstgespräche eines Erhängten.
Tachismus: abstrakte Maltechnik nach dem 2. Weltkrieg.
Thérive, André: 1891–1967, Schriftsteller, Mitbegründer und Theoretiker des Populismus.
Torrent: Filmdrehbuch von Lherbier. Der Filmheld ertränkt sich in diesem „Wildbach".
Tour pointue: Polizeidienststelle im Gerichtsgebäude in Paris.
Weidmann, Eugène: 1908–1939, ermordete im Jahr 1937 zusammen mit zwei Komplizen, Roger Million und Jean Blanc, die er im Gefängnis seiner Heimatstadt Frankfurt kennengelernt hatte, nacheinander eine junge amerikanische Tänzerin, einen Chauffeur, einen Theateragenten,

einen deutschen politischen Flüchtling, eine junge Gouvernante, einen Immobilienhändler und das oft für lächerlich kleine Summen. Die Leichen begruben sie in seinem Schlupfwinkel in La Voulzie oder im Wald von Fontainebleau. Bei seiner Verhaftung verletzte er einen Polizisten schwer, er wurde am 16. Juni 1939 geköpft. Das war die letzte öffentliche Hinrichtung in Frankreich.

A.J.

FOTONACHWEIS

Almassy Paul: 204 (3), 206 (1)
Bovis Marcel: 200, 203 (1), 214 (4), 215 (1)
C.E.R.M.T.R.I.: 136
Cinémathèque Française: 185, 186, 214
CIRA: 68
Citroën: 218 (1)
Colomb Denise: 199 (2)
Doisneau Robert / RAPHO: 202 (1), 205 (1), 213 (2), 216
Folco Michel: 151
France-Soir: 214 (3)
Girdner W.W. / RAPHO: 214 (4)
Ivanoff-Limant Serge: 243
Jacques René: 114, 219 (1), 220 (2)
Jahan Pierre: 212
Jakowski Anatol: 197
Keystone: 26, 43, 131
Musée de Montmartre (*Kempf* Michael). 41, 43, 44
Musée de la Police (*Kempf* Michael): 199 (3), 219 (2)
Rank Robert: 157
Roger-Viollet: 32, 55, 92, 199 (4), 215 (2)
Rondeau Gérard: 238
Ronis Willy: 199 (1)
Seeberger Frères: 204 (2 + 4), 218 (2)
Top: 211 (2)
Universal Photo: 206 (2), 214 (1)
Andere Dokumente: Sammlung des Autors, private Sammlungen; Rechte vorbehalten.

INHALT

Léo Malet
»SCHWARZE TRILOGIE«

DAS LEBEN IST ZUM KOTZEN
Krimi aus dem Pariser Anarchistenmilieu. Band 1

DIE SONNE SCHEINT NICHT FÜR UNS
Vom kurzen Glück zur Guillotine. Band 2

ANGST IM BAUCH
Träume, schlimmer als der Tod. Band 3